組織化皇權

組織化皇權

中國共產黨的文化、再造和轉型

鄭永年 著

邱道隆 譯

CITY UNIVERSITY OF
HONG KONG PRESS
香港城市大學出版社

編　　輯	陳小歡	
封面設計	譚家威	Création 城大創意製作

緬懷

我的父親鄭堂土（1911–1997）
和
我的母親褚鳳香（1922–2002）

目 錄

序言

　　筆者一直想撰寫一本有關中國共產黨的書，這一興趣可以追溯到 20 世紀 80 年代初筆者在北京大學國際共產主義運動專業就讀期間。作為那時候的學生，我們都被告知，中國共產黨是其締造者（尤其是毛澤東）創造的全新事物。大多數學生，也包括筆者在內，從未質疑過中國共產黨的新穎性，因為在幾千年的王朝政治中，並不存在這樣的組織。事實上，「政黨」這一術語，也是中國進入近代以後才從國外輸入的概念。由於中國共產黨表現為一個列寧主義的政黨，中國之外的學者在看待中國共產黨時，往往也有着相似的觀點，他們大多數都認為，中國共產黨只不過是列寧主義在中國的變種。

　　在 1989 年民主運動期間和民主運動後，當筆者試圖回答一個否定問句時，筆者開始質疑中國共產黨作為一個政治實體的新穎性，這個問題就是：「為什麼中國沒有民主？」就像那時候很多中國學者一樣，當筆者開始探尋答案時，筆者關注的是北美和歐洲現有的民主國家。換句話說，要回答這個否定問句：「中國為什麼沒有民主？」筆者不得不先思考：「為什麼在民主國家裏有民主？」基於當時文獻的研究，筆者發表了有關西方民主發展的一系列文章，檢視了西方民主的不同理論。[1] 在筆者於 20 世紀 90 年代末離開中國後，筆者有了更多的時間和空間來反思這個問題。在筆者的許多文章裏，筆者都試圖檢視不同因素對民主可能產生的影響，例如社會—經濟發展、人均國內生產總值、文化、教育、精英政治和其

---

1. 這些文章大多數在北京的《讀書》雜誌上發表。

他因素，在西方討論這一話題的教科書上，這些因素被認為對民主化很重要。[2]

2001 年，筆者受邀到台灣參加一次國際會議，並在會議上提交了一篇有關中國的政黨制度和民主化的文章。台灣在 1996 年發生了第一次民主選舉，它很快被視為亞洲第三波民主化浪潮的代表。然而，基於筆者自己對亞洲民主發展的觀察，筆者開始意識到，在當地文化和這一地區所輸入的民主形式之間，存在着巨大的鴻溝。儘管亞洲文化並不拒絕民主，但是民主如果想要有效運轉，那麼就需要一種「正確」的民主形式。換句話說，如果建立了一種「正確」的民主形式，那麼亞洲文化就能夠變得與民主相兼容。日本就是一個很好的例子。那一趟的台灣之旅，給予筆者一個很好的機會去檢視文化因素和民主化之間的關聯。這是筆者第一次更加深入地探究，一個特定的政黨制度如何影響民主化。為了更好地理解中國，筆者也閱讀了其他亞洲社會的政黨制度和政黨的相關文獻，包括印尼、馬來西亞、泰國、菲律賓、日本和台灣。筆者開始認為，儘管所有這些社會都建立了一個（多）政黨制度，但是政黨的運作幾乎無法遵照已經確立的規則和規範，而這些規則和規範卻在西方有效地規範了民主的運作；相反，在這些社會裏，所有的政黨都根據這些社會的傳統規則和規範來運作，即便在名義上他們被視為世界民主俱樂部的一員。雖然筆者對這些社會的知識了解有限，但是筆者對它們的政黨和政黨制度的閱讀，刺激着筆者去質疑亞洲政黨和政黨制度的新穎性，尤其是中國的。筆者認為，儘管在大多數亞洲社會裏，政黨和政黨制度都是從西方「進口」的，但更為重要的是，它們是這些社會裏長期存在的傳統文化的產物。筆者還認為，如果我們在檢視這些社會的政治變化時，僅僅觀察例如政黨、政黨制度和選舉這樣的結構性因素，從知識上說是遠遠不夠的，因為這種結構性的解釋太表面化了。更重要的，同時也更有意義的是，我們必須觀察在結構因素背後運作的哲學和文化原則。正是在這背景下，

---

2. 參見：Zheng Yongnian, *Will China Become Democratic? Elite, Class and Regime Transition* (Singapore and London: Eastern Universities Press, 2004). 這是筆者有關中國民主化的文章合集。

筆者主張，中國共產黨是中國文化的產物，儘管它有一個「進口」的列寧主義框架。這就埋下了筆者提出一個解釋中國共產黨的文化方法的最初動機。

在筆者多年的研究中，其他幾個因素進一步刺激了筆者從這個角度撰寫本書。正如反映在傳統範式中的那樣，研究中國的學者群體中存在着有關中國政治發展的線性思維，筆者對此特別不滿意。在西方和中國學者的腦中，「歷史的終結」成為一個高度制度化的思維觀念。從個人層面說，筆者當然喜歡民主。多年來，筆者一直試圖探索，如何能夠在中國實現民主化。然而，線性思維無助於我們進行科學的研究，因為它幾乎不能夠告訴我們，就民主化而言，中國究竟發生了什麼事。不錯，自 20 世紀 70 年代末的改革開放以來，中國的一黨制能夠容納不同的民主要素；但是並沒有跡象表明，中國將會像學術界所期望的那樣，發展成為一個民主國家。在很大程度上，線性思維是馬克思主義歷史決定論的產物。它拒絕了歷史的開放性。無需多言，轉型範式並沒有告訴我們，中國的政治制度現在到底是什麼。改革開放以來發生的政治變化，使得中國政治制度在很大程度上背離了毛澤東打下的基礎。學者們試圖在傳統術語上加上前綴來描述和解釋中國的新發展，例如「後極權主義」、「後威權主義」和「軟威權主義」。但是這些努力都不太成功。這些術語固有的意思，就暗示了中國的政治制度是「不正常」的，是一個會在未來消失，並在民主化後變得正常的政治制度。

很明顯，儘管學者們作出了巨大的努力來辨明影響中國共產黨轉型的因素，但是迄今為止，所有的預測都沒有實現過。所有這些「錯誤」預測背後的一個主要原因，就是沒有從中國自己的角度來檢視中國。更常見的情況是，當學者們解釋中國的發展時，他們往往先作出一個規範性或道德性的判斷。一旦作出了道德判斷，其解釋就變得具有嚴重的價值導向，這反過來很容易導致有偏見的結論。當解釋中國的發展時，西方的學者通常基於他們對自己社會的觀察，而不是基於中國本身。例如，當學者們質疑為什麼中國不民主時，他們通常不是提供一個對中國自身的評估，而是提供基於西方經驗的解釋。他們通常暗示說，中國共產黨應當追隨西方的模

式，也就是放棄一黨制，接受多黨制。雖然這種道德判斷或許沒有錯，但是問題在於，這種發展並沒有發生，也不是正在發生，而且根本沒有人能夠確定，它將來會否發生。

從方法論上說，要探尋一個社會中獨特現象的原因，有效的方法是，將我們的解釋放在不存在這個現象的社會裏進行檢驗。例如，要回答中國為什麼不民主，我們可以明辨推動和維繫西方民主制度的關鍵要素。如此一來，我們就能夠搞明白，為了變得民主，中國應當如何發展。然而，在採用這種方法的時候，我們必須認識到方法論上的局限性。當然，中國之所以成為中國的原因，是不能夠從解釋歐洲或美國或日本的理論中得來的。無需多言，很大部分有關中國的傳統知識，恰恰都有這種局限，它們誕生的方式，是被作為一個非民主社會的例子，或是作為映襯西方特殊性的反面典型。[3]

這種趨勢是不可避免的，尤其是當把中國研究置於一個比較視野之下時。這種趨勢在筆者早期有關中國民主化的著作中，也非常普遍。然而，筆者意識到，這種方法在研究中國時，極容易誤導我們對中國進行價值判斷。一旦我們作出了價值判斷，對中國發展

---

3. 筆者對這個問題的反思，很大程度上得益於美國社會科學家韓格理（Gary Hamilton）和他對「為什麼中國沒有資本主義」的反思。在他反思馬克斯·韋伯的中國觀的一篇文章中，韓格理指出：「在探究一個社會或若干社會中的一個獨特事件的原因時，將我們的解釋在不存在這個事件的社會或若干社會裏檢驗一下，總是極有幫助的。例如，托克維爾向我們表明，英格蘭和普魯士缺少革命，恰恰突出了法國大革命的原因和後果。在這種情況下，提出一個否定問句是合理的，它是好的歷史研究的一個重要技巧，因為它是對獨特性的檢驗，或許對歷史學家來說還是唯一可行的檢驗。畢竟，獨特性是一個通過比較得出的斷言，也是很多歷史研究潛在的假設。但是，否定問句的答案又能夠揭示不存在這個獨特事件的社會中的什麼問題呢？例如，我們從托克維爾在《舊制度與大革命》裏對法國的解讀中，能學到什麼有關英格蘭和普魯士的東西？毫無疑問我們學到很多有趣的事實，但是這些事實整合之後得出的綜合性理論，只能適用於法國；我們並不能學到英格蘭或者普魯士有什麼獨特的東西。要素的因果統一只在肯定案例上才得以保留，而在否定案例上會被摧毀。對一個否定案例進行分析而得出的要素，只能成為這類否定案例的個例……而非一個獨特社會本身的關鍵特徵。因此，當我們從一個社會中學到的東西，是通過其展示的否定案例得來的，我們就總是應當對這種知識特別謹慎。例如，英格蘭之所以成為英格蘭的原因，以及普魯士之所以成為普魯士的原因，我們是無法從解釋法國的理論當中完全發現的。」Gary G. Hamilton, "Why No Capitalism in China? Negative Questions in Historical, Comparative Research," in Andreas E. Buss, ed., *Max Weber in Asian Studies* (Leiden: E. J. Brill, 1985), p. 66.

很重要的許多因素 —— 如果我們從它們自身角度來研究的話 —— 將會被輕易地忽視掉。反思西方的中國研究，尤其是北美的中國研究，沈大偉（David Shambaugh）觀察到：「西方的分析家往往不太關注這些改革（就是中國共產黨為了增強其統治能力而採取的所有改革措施），因為它們是漸進式的，很難追蹤，而且還因為它們發生在一黨制裏，並且旨在增強而非取代這一制度。如果改革不符合民主原教旨主義，那麼它們就不是正當的。它（中國共產黨）的主要目標在於增強其統治，並作為唯一的執政黨保有權力。」[4] 可以理解的是，錯誤的預測往往伴隨着忽視這些改革。正如舒耕德（Gunter Schubert）指出的：「在西方學術界，這似乎是一個確定的認知，即當前中國的共產主義一黨統治 …… 已經是歷史的棄兒 …… 因此，政權變革將會發生 …… 這只是時間問題。」[5]

通過觀察在西方政治發展中起着重要作用的因素來檢視中國的另一缺陷，這樣的方法幾乎不能使我們對中國整體發展有所認識。正如沈大偉指出的：「今天，大多數對中國政治的研究，日漸關注的是更小的分析單元，未能提出關於中國或是中國共產黨未來的更全面的觀點或預測。美國的中國研究領域，似乎對雞毛蒜皮的小事知道得越來越多。」[6]

事實上，我們很難責備學者。雖然對於任何社會科學研究來說，價值中立都是非常重要的，但是人們很難徹底地做到價值中立。除了人們的意識形態導向外，在人們的研究導向裏還蘊含着文化價值。在中國內部，這一傾向自 20 世紀初的五四運動以來，就一直牢固地存在。在清王朝覆滅後，中國開始探索其現代的國家形式。中國的知識分子在這過程中起到了重要的作用。自由主義的學者接受了西方的教義，呼籲全盤西化，他們認為西方是中國應當仿

---

4. David Shambaugh, *China's Communist Party: Atrophy and Adaptation* (Washington, DC and Berkeley, CA: Woodrow Wilson Center Press and University of California Press, 2008), pp. 2–3.

5. Gunter Schubert, "One-Party Rule and the Question of Legitimacy in Contemporary China: Preliminary Thoughts on Setting Up a New Research Agenda," *Journal of Contemporary China* 17(54) (February 2008): 191–204, at 191–192.

6. David Shambaugh, *China's Communist Party*, p. 23.

效的模範。中國知識分子承擔的狂熱使命，對中國的社會科學研究產生了影響。在近代以前，中國並沒有像西方那樣發展出社會科學。西方社會科學學科在中國的傳播，與西方政治價值和政治思想在中國的傳播，是交疊進行的。在這過程中，中國的社會科學研究很大程度上被政治化了，這意味着政治目的嵌藏在社會科學研究中。學者們已經準備好引入西方發展出的社會科學概念和理論來解釋中國的社會現象。更重要的是，大多數學者堅定地認為，西方制度比中國的制度優越。因此，他們從未質疑，應用這些概念和理論來解釋自己的國家，從科學上說是否錯了。

馬克思主義認為，知識分子的任務分為「認識世界」和「改造世界」。為了改造世界，我們必須先認識世界。不幸的是，中國知識分子在認識世界之前就準備去改造世界了。遺憾的是，當他們試圖運用帶有濃厚文化內涵的西方知識來解釋他們的社會時，往往誤解了自己的社會。一個用於解釋蘋果的概念或理論，當被用於解釋橘子的時候，往往會出問題的。當然，當中國的知識分子誤解了自己的社會時，就無法去改造它了。

考慮到中國學者長期以來的傳統就是扮演社會良心的角色，就可以理解學者們為何變得如此富有政治使命感。然而，這往往導致一種情況，就是他們理解中國的方法更具政治性和道德性，而不是科學性。這種情況在改革開放三十多年後的今天依然存在。在他們的研究中，例如像「（後）極權主義」或「（後）威權主義」這樣的概念，都有着很深的價值內涵。筆者認為，學者們的價值判斷不應阻礙他們進行科學的研究，雖然這種價值判斷以這樣或那樣的方式都是不可避免的。他們的學術努力應當與他們的政治理念區隔開來。如果中國的學者不能夠在「它應是什麼」和「它是什麼」之間劃出一條界限，就會繼續阻礙他們提出解釋自己社會的社會科學概念和理論。

本書有三個主要任務。第一，它試圖提出一種概念來解釋中國政治的一個事實存在，也就是中國共產黨。要解釋當代中國，我們就不能避開中國共產黨，它是 1949 年中華人民共和國成立以來，中

國最重要的政治行為者。然而，近幾十年來，當中國研究的重點轉移到非黨行為者（例如國家和社會）身上時，中國共產黨在海內外的學術研究中都被邊緣化了。

如何理解中國共產黨？學術界大多關注的是，中國共產黨會否放棄一黨制，以及中國會否轉變為一個多黨制。在追求這種線性思維時，他們往往援引西方和世界上其他地方已經建立的民主模式。將中國共產黨放在世界政治發展的背景下進行研究，這確實是很重要。但是，當我們在產生中國共產黨的土壤之外去看待中國共產黨時，它的未來就必然是不可知的。本書試圖回答一個實證性問題：「中國共產黨是什麼？」而非一個規範性問題：「中國共產黨應當是什麼？」筆者將中國共產黨放在中國自己的環境裏。在將中國共產黨概念化為「組織化皇帝」上，筆者努力探索作為一個政治事實存在的中國共產黨所蘊含的文化內涵、歷史連續性和歷史非連續性。「組織化皇權」這一術語，並不帶有任何價值判斷，它所指的僅僅是中國共產黨在當代中國的文化存在。筆者認為，如果不探索其歷史和文化連續性，就沒有人能夠抓住中國共產黨的本質所在。本書認為，中國共產黨是中國傳統皇權政治文化在當代的再造。中國共產黨在改革開放時期所做的事情，也是這種文化的一種再造。此外，如果不理解其歷史非連續性，那麼就很難明白，中國共產黨是如何在不同的時期裏生存和發展的。因此，文化再造並不排除中國共產黨發展和容納民主要素的可能性。從這個意義上說，筆者質疑轉型範式中的「歷史終結論」觀點。歷史是開放的，它永遠都不會終結或者被終結。通過容納民主要素，中國共產黨並沒有向西方意義上的政黨轉型。為了在新的社會—經濟環境中生存下來，中國共產黨不得不自我轉型。然而，當中國共產黨自我轉型的時候，也是一個文化再造的過程。這就是中國共產黨作為組織化皇權的主題。

本書的第二個任務就是要科學地觀察作為一個政治存在的中國共產黨。筆者認為，科學的思維方式和由這種思維方式產生的概念和理論，是可以分開看待的。如今用於描述和分析社會現象的所有概念和理論，都是社會科學家運用科學的方法觀察一個特定的社會或若干社會得出來的。因此，當我們試圖運用從社會 A 中得出

的一個現有概念或理論，去解釋社會 B 中的一個社會現象時，首先
要質疑一下這概念和理論是如何得出來的，這是非常重要的。遺憾
的是，在西方產生的概念和理論，當被用於分析和描述中國的社會
現象時，極少被質疑。本書借用美國非常流行的新制度主義的概念
和理論，也借用了歐洲新馬克思主義學者和以某種方式受到馬克思
主義影響的學者的理論和概念，這些學者包括了安東尼奧・葛蘭西
（Antonio Gramsci）、米歇爾・福柯 （Michel Foucault） 和皮埃爾・布
迪厄 （Pierre Bourdieu）。在本書中，這些概念或理論更多地被視為
思考方式而不是分析工具。通過運用這些概念和理論，筆者試圖達
到兩個目標：第一，筆者想要觀察文化在不同的時空下是如何再造
的。不難發現，新制度主義和新馬克思主義中的一個共同主題是：
文化是如何蘊含在社會和政治實踐中的，以及它又是如何通過這種
社會和政治實踐再造的。新制度主義和新馬克思主義使得我們能夠
研究，高度制度化的規範和規則，不論是正式的還是非正式的，是
成文的還是不成文的，對人類和人類組織造成的深入影響。第二，
筆者試圖探索中國共產黨的本質，正如它表現在其為了霸權和主導
而持續的鬥爭上。安東尼奧・葛蘭西的政治思想和米歇爾・福柯的
社會學與此相關。葛蘭西的政治思想為筆者反思中國共產黨提供了
無盡的靈感；而福柯和布迪厄的社會學，在筆者看來，當運用於描
述和分析中國共產黨時，和葛蘭西所起的作用份屬同類。

筆者的第三個任務，就是要解釋改革開放以來發生的所有政
治變化的文化意涵。如何解釋這些政治變化，是研究中國的學者所
面臨的一個主要挑戰。無需多言，解釋發生了什麼，影響到我們對
未來會發生什麼的預測。樂觀的學者會認為，中國所發生的政治變
化，將最終導致中國的民主化，使其成為「民主俱樂部」的一員。
例如，傳統意識形態的衰落 （馬克思主義和毛澤東主義）、非政府
組織 （NGOs） 和公民社會的發展、中產階級的成長和社會運動的出
現，都把中國推向民主的方向。另一方面，悲觀的學者認為，中國
將會繼續保持一黨制。原因很簡單：中國共產黨所允許發生的所有
政治變革，都是為了鞏固其統治。

　　當然，樂觀派和悲觀派都無法為這些變化提供一個有意義的解釋。樂觀派通常錯誤地將這些變化與民主化聯繫在一起。事實上，某些變化和民主化之間的聯繫，在西方和其他正在發展民主的國家裏可以建立起來。例如，中產階級在創立和維繫許多民主社會中的民主上起到了重要作用。然而，這種聯繫並不必然在像中國這樣的發展中國家裏重複出現。還沒有跡象表明，所有這些變化將會推動中國產生西方式的民主化。換句話説，中國共產黨有效地容納了許多民主要素，同時保持了其一黨制。另一方面，悲觀派過度地強調了一黨主導的生存，並且在很大程度上忽視了毛澤東式的政權和後毛澤東式的政權之間的區別。

　　為什麼樂觀派和悲觀派都未能提供一個滿意的解釋來説明中國政治發生了什麼？關鍵在於二者往往將中國的政治變化放在西方文化背景下來解釋。筆者認為，任何對中國的政治變化有意義的解讀，都必須在中國的文化背景下進行。只有在中國的文化背景下，我們才能夠解讀那些新發展對於中國政治的意義，例如非政府組織、公民社會和中產階級。本書在中國文化的背景下檢視了中國所有的政治變化。中國共產黨作為「組織化的皇帝」，意味着中國政治的連續性和非連續性，並告訴我們，儘管中國共產黨正在自我轉型，但是它將不會成為任何西方式的民主國家，它也不會維繫其傳統的皇權。和傳統皇權不同，組織化皇權能夠容納不同的民主要素。但這並不意味着帝制文化將會消失。作為組織化皇帝的中國共產黨是中國帝制文化的再造。但是，它是一個轉型了的皇權，為了維繫其霸權，它對社會—經濟轉型打開了自己的大門。

致 謝

　　對於這個持續了多年的研究項目，筆者要向許多人和機構表達深深的謝意。儘管不可能將他們一一列出，但是筆者還是必須答謝以下人員和機構。

　　回到 20 世紀 80 年代初的北京大學，許多教授和講師教授了筆者有關中國共產黨的課程。筆者對中國共產黨開展研究的最初興趣，來自於在他們課堂上的學習。筆者依然能夠回憶起，他們如何作出有意識的嘗試，不讓自己對中國共產黨的解釋偏離於官方的描述。然而，正是從他們的嘗試中，筆者領悟到，中國共產黨能夠以不同的方式來解讀。在普林斯頓大學，筆者從白霖（Lynn White III）教授、吉爾伯特・羅茲曼（Gilbert Rozman）教授和薄克敏（David Bachman）教授那裏獲益良多。他們提出了自己的方法論和對中國共產黨的解釋。

　　在新加坡國立大學東亞研究所，王賡武教授總是在許多問題上為筆者提供了無盡的智力靈感來源，包括對中國共產黨的認識。王賡武教授是富有大智慧的歷史學家，從他身上，筆者認識到，歷史不會在不同的時空裏自我重複，它也不會輕易地消失。在英國諾丁漢大學（The University of Nottingham），筆者從與政治和國際關係學院的許多同事們的多次探討中受益良多，他們是凱瑟琳・格策（Catherine Goetze）、凡妮莎・普帕瓦茨（Vanessa Pupavac）、安德烈斯・比埃勒（Andreas Bieler）、西蒙・托米（Simon Tormey）和亞當・莫頓（Adam Morton）。從他們身上，筆者更新了自己有關新馬克思主義（Neo-Marxism）、米歇爾・傅柯和皮埃爾・布迪厄的知識。筆者還從當代中國研究學院的同事們那裏學到了很多東西，尤其是張曉玲、王正緒和武斌。

多年來，許多人以各種方式直接或間接幫助筆者。筆者要對柏思德（Kjeld Erik Brodsgaard）、傅士卓（Joseph Fewsmith）、吳國光、沈大偉（David Shambaugh）、彼得·卡贊斯坦（Peter J. Katzenstein）、王旭、夏勇、謝伏瞻、黃朝翰、由冀、薄智躍、李君如、王長江、周天勇、王紹光、胡鞍鋼、崔之元、郭夏娟、趙力濤、林泰威和黎良福表示特別的感謝。

筆者開始這項研究的時候，還在新加坡國立大學東亞研究所，2005 年前往英國諾丁漢大學後，筆者繼續開展這項研究工作。筆者在 2008 年返回新加坡國立大學東亞研究所後完成了這項研究。感謝這些機構為筆者的研究提供了一個高產的環境。筆者尤其要感謝東亞研究所圖書館的黃惠雲（Ng Hui Hoon）女士，她努力地為筆者定位和尋找筆者所需要的材料和信息。

筆者最為感謝的是楊麗君。沒有她在精神和智力上的支持，沒有她的奉獻和犧牲，這本書就誕生不了。這本書獻給她。

鄭永年

第一章

重新重視研究中國共產黨

2007 年 10 月 15 至 21 日，中國共產黨召開了第十七次全國代表大會。在大會召開之前的 2007 年 9 月 11 日，毛澤東的政治秘書李銳撰寫了一封給胡錦濤總書記的公開信。這封信的標題是《關於黨本身改革的幾點建議》。[1] 在這封信裏，李銳列舉了一系列的觀點，並表明了為什麼黨自身的改革應當成為中共領導層的頭等關切。這些觀點圍繞着民主這一主題有組織地展開。

李銳首先引用了陳獨秀一些有關民主的強而有力的論斷。陳獨秀是中共的創始人之一，他曾在 1919 年的「五四運動」中起到了重要的作用。就在他去世之前的 1942 年，陳獨秀批評了斯大林（Joseph Stalin，或譯史太林）在蘇聯的專制獨裁，並為民主大聲疾呼。他說：

> 最淺薄的見解，莫如把民主主義看作是資產階級的專利品。如果有人反對或鄙薄資本主義社會的民主，這不是馬克思主義，而是法西斯主義；這不是反對資產階級，而是幫助資產階級更凶橫地、更露骨地迫害無產階級。民主不是哪一個階級的概念，而是人類幾百年鬥爭才實現的。[2]

在信中，李銳還詳盡地闡述了毛澤東的個人專斷如何導致、以及為什麼導致了中國無窮盡的政治災難，這些災難包括反右運動（1957-1958），大躍進（1958-1960）和文化大革命（1966-1976）。在李銳看來，要阻止這樣的災難再次發生，中國共產黨應當致力於政治改革。此外，中國共產黨自身的改革是中國當前所有改革成敗的關鍵，是中國政治體制改革的中心環節。那麼，如何致力於黨自身的改革呢？李銳提到，1989 年他在哈佛大學參加一個學術會議時，聽到一些西方學者稱中國為「黨國」（Party-state），因此他提出，黨改革的目標應當是憲政主義，即黨自身應當服從於國家，而非相反。正如李銳在 2002 年中共十六大前所做的那樣，他建議全國人民代表大會應當制定《政黨法》，使黨能夠在法律的範圍內活動。

---

1. 李銳：《關於黨本身改革的幾點建議》，參見：http://www.yzzk.com/cfm/Content_Archive.cfm?Channel=ae&Path=223847801/40ae4a.cfm（最後瀏覽時間：2009 年 8 月 4 日）。
2. 引自李銳：《關於黨本身改革的幾點建議》，同上註。

在中國，李銳並不是唯一一個認為黨需要進行改革的人。近些年來，中國有越來越多像李銳一樣的人開始呼籲，黨自身要進行改革。2007 年 3 月，在全國人民代表大會召開之前，中國人民大學的前副校長謝韜發表了一篇題為〈只有民主社會主義才能救中國〉的文章。這篇文章發表在自由派雜誌《炎黃春秋》上，這本雜誌在黨內外的自由派中廣為流傳。[3] 在這篇文章裏，謝韜提出了一系列關於黨自身改革的類似建議。謝韜提到：「孫中山創立民國，有了憲法，有了國會，但蔣介石強調一個黨，一個領袖，（國民）黨在憲法國會之上，領袖在黨之上，還是專制獨裁。」[4]

謝韜講述了這樣一個故事：他的入黨介紹人張友漁在彌留之際曾對他說：「抗戰（1937-1945）勝利後，我們目睹國民黨專制獨裁貪污腐敗，最終盡失人心丟掉政權。我們這些老同志無論如何不能眼睜睜地看着我們（中國共產）黨也走上這樣一條路。」根據謝韜文章裏的觀點，黨的領導應當拋棄傳統的馬克思主義和共產主義，而應學習歐洲的社會主義模式，也就是民主社會主義。他提出只有民主社會主義才能救中國。[5]

李銳和謝韜都是曾在中共黨內擔任過重要職位的人，他們都生活在中國。當他們察覺到自己的意見可以產生政治影響力時，亦即他們認為自身的觀點將會在中國社會的黨內外自由派中產生共鳴時，他們就表達出自己的觀點。他們也預測到自己將會受到黨內保守勢力和社會中所謂「左派」人士的強烈回應。

儘管圍繞着李銳和謝韜的觀點有許多爭論，但是無論是黨內的自由派還是保守派，都逐漸認識到一個問題，即對黨的領導層來說，中共自身的改革是一個迫切的議程。他們之間的區別在於黨應當朝什麼方向進行改革。過去這些年來，中國共產黨正在加速失去

3. 謝韜：〈只有民主社會主義才能救中國〉，《炎黃春秋》2007 年第 2 期。參見：http://www.chinaelections.org/NewsInfo.asp?NewsID=100318（最後瀏覽時間：2007 年 11 月 2 日）

4. 同上註。

5. 同上註。張友漁（1899–1992），中國著名的法學家和國際問題專家之一。20 世紀 80 年代，他在促進中國的法制改革上起了重要的作用。

自身的認同，在黨內如此，在社會群體中也是如此。胡錦濤在十七大上所做的報告中就承認：「對改革發展穩定一些重大實際問題的調查研究不夠深入。」[6] 黨的認同的削弱是一個長期的問題。胡錦濤指出：

> 我們（中國共產）黨不斷探索和回答什麼是社會主義、怎樣建設社會主義，建設什麼樣的黨、怎樣建設黨，實現什麼樣的發展、怎樣發展等重大理論和實際問題，不斷推進馬克思主義中國化，堅持並豐富黨的基本理論、基本路線、基本綱領、基本經驗。社會主義和馬克思主義在中國大地上煥發出勃勃生機，給人民帶來更多福祉，使中華民族大踏步趕上時代前進潮流、迎來偉大復興的光明前景。[7]

以上的討論有多種作用。李銳和謝韜都提出了至少兩個有關中國共產黨的重要問題。第一個問題是：「中國共產黨是什麼？」這個顯而易見的問題卻沒有顯而易見的答案。正如胡錦濤在十七大報告中所指出的那樣，中國要建設什麼樣的黨？如何建設？這是一個開放式問題。當中就存在了一個黨對自身進行定位的問題。黨如何定位自身？中國的社會群體怎麼定位黨？這些都是有待回答且具有重要政治意義的問題。李銳表達了他對中國「黨國體制」的不滿，並且堅持應當制定一部規範政黨的法律。他認為黨應當成為國家機構的一部分。換句話說，中國共產黨至今還不是國家機構的一部分，而是超越於所有國家機構之上。第二個問題是：「中國共產黨正在朝什麼方向發展？」最近，不同社會群體（即自由派和新左派）有關中國共產黨的爭論，正是出於中共正處於轉型階段這一事實。改革開放以來，儘管中共自身的威權主義結構依舊不變，但是黨已經發生了劇烈的變化。由於中共是中國唯一的執政力量，黨的任何重大變化都會影響到政治權力在不同的政治群體和社會群體之間的重新分配。相比其他群體而言，一些群體將會受益更多。同樣地，

---

6. 胡錦濤：《在中國共產黨第十七次全國代表大會上的報告》，2007 年 10 月 15 日，英文版。北京：新華社，第 5 頁。

7. 同上註。第 8 頁。

一些群體也許會成為這種變化的受害者。因此可以理解，不同的群體都會提出他們所認為的中共的理想模式。謝韜關於中共應當採取民主社會主義模式就是在這樣的背景下產生的。

此外，這兩個問題對學術界也有重要的意義。正如本書之後將會論述的，近幾十年來，關於中國共產黨的研究正在逐漸淡化。現在，隨着黨的改革成為中國社會日益重視的一個議題，是時候重新重視研究中國共產黨了。因此，以上的論述旨在提醒學術界：要回答以上這些重要問題，我們還遠遠沒有準備好。

本書的目的，就是要回答這兩個關於中國共產黨的關鍵問題。第一個問題是：「什麼是中國共產黨？」要回答這個問題，本書將採用埃米爾・塗爾幹（Emile Durkheim）的研究方法，即研究「作為事實的社會現實」（social facts as things）。[8] 本書將試圖提出一種文化理論，來解釋作為一個事實和一個社會現實的中國共產黨。要回答第二個問題，本書將檢視中國共產黨是如何運作的，並且探討它為什麼這樣運作。本書不回答中國共產黨應當走向何方。換句話說，這個問題將從實證意義的角度來回答，而不是從一個規範意義的角度來回答。

在本章接下來的部分裏，筆者會首先討論為什麼中國共產黨依然重要，然後檢視已有政黨文獻與中國共產黨有何種相關性。在解釋為什麼有關中國共產黨的學術研究淡化了的同時，這一討論也將為下一章提供一些知識背景。在下一章裏，筆者將建立一個分析框架，從文化的角度來解釋中國共產黨。

---

8. Emile Durkheim, *The Rules of Sociological Method*, 8th edition, trans. Sarah A. Solovay and John M. Mueller, ed. George E. G. Catlin (Chicago: University of Chicago, 1938, 1964 edition), p.14.

1. 中國共產黨很重要

在當今世界，沒有任何一個政治組織能夠像中國共產黨一樣，在國際和國內都擁有如此巨大的影響力。中國共產黨是世界上最大的政黨。2008 年，它的成員總數就達到了 7,300 萬之多，[9] 比法國和伊朗各自的人口還要多（法國是歐盟中第二人口大國，擁有 6,400 萬人口，而伊朗有 7,100 萬人口）。中國共產黨還治理着中國這個世界上最大的國家，其人口多達 13 億以上。

自從 20 世紀 70 年代末鄧小平實行改革開放以來，中國取得了前所未有的經濟成就，經濟總量以年均 10% 左右的速度增長。就國內生產總值（GDP）而言，中國已經成為世界上第四大經濟體，僅次於美國、日本和德國之後。[10] 此外，中國經濟屬出口導向型經濟，深入地融入了世界體系。無論中國國內發生了什麼事，都會產生深遠而相應的外部影響。中國共產黨作為中國唯一的執政黨，在過去 30 年所發起的所有重大改革中，都起到了重要的作用。因此，快速的社會經濟轉型所帶來的一切後果，中共是唯一可以承擔的政治角色。

中國共產黨於 1921 年在上海成立，在過去的一個世紀裏，它已經歷了滄桑巨變。1921 年，中共是一個僅有 53 名黨員的小黨，20 世紀 20 年代和 30 年代，它經歷了國民黨的政治攻擊，但卻頑強地生存下來，並在隨後的幾十年裏大幅度擴張。在革命領袖毛澤東的領導下，中共在 1949 年成為了中華人民共和國的執政黨。1949 年後，中共還在毛澤東的「繼續革命」中生存了下來，這些「繼續革命」包括了「大躍進」和「文化大革命」。在鄧小平掌權之後，中國共產黨開始在中國進行空前的社會經濟轉型。

---

9. 譯者註：據中共中央組織部最新黨內統計數據顯示，截至 2016 年 12 月 31 日，中國共產黨黨員總數為 8,944.7 萬名。參見：《中共中央組織部：2016 年中國共產黨黨內統計公報》（2017 年 6 月 30 日），人民網：http://cpc.people.com.cn/n1/2017/0630/c64387-29375750.html

10. 譯者註：2010 年，中國已經超越日本，成為世界第二大經濟體。參見：《中國超越日本成為全球第二大經濟體》（2011 年 02 月 14 日），新華網：http://news.xinhuanet.com/fortune/2011-02/14/c_121074485.htm

圖 1.1 中國共產黨黨員人數（1945–2007）[11]

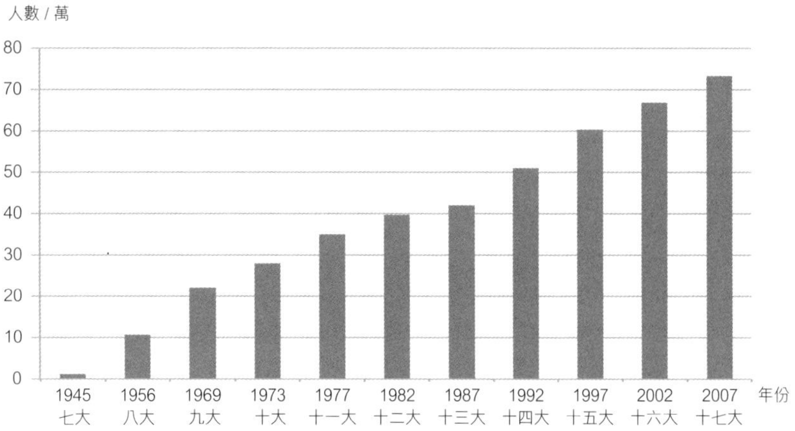

資料來源：根據中共中央組織部的數據，由作者自行彙編。

　　在過去的 30 年裏，中國共產黨經歷了更為劇烈的變化。黨吸收了 1,200 萬名新黨員，以每年 240 萬人的速度在增加（見圖 1.1）。到 2006 年底，中國共產黨擁有 360 萬個黨組織，它們包括了黨的委員會和基層黨組織。超過 42 萬個企業已經建立了黨組織。在 240 萬個非國營部門的企業中，17.8 萬個（佔 7.4%）已經建立了黨組織。[12] 換句話說，黨組織已經深入到所有類型的企業、機構和社會組織當中去了。

　　儘管中共依然保持着高度威權主義的結構，但它的人員構成已經發生了變化（見圖 1.2）。新發展的黨員通常更年輕，受過更好的

11. 譯者注：2012 年底，即十八大召開當年，黨員人數為 8,512.7 萬名；2016 年底，即十九大召開前一年，黨員人數為 8,944.7 萬名。

12. 據中共中央組織部最新黨內統計數據顯示，截至 2016 年 12 月 31 日，中國共產黨現有基層組織 451.8 萬個，其中基層黨委 22 萬個，總支部 27.7 萬個，支部 402.1 萬個。全國 18.9 萬個公有制企業已建立黨組織，佔公有制企業總數的 91.3%。185.5 萬個非公有制企業已建立黨組織，佔非公有制企業總數的 67.9%。參見：《中共中央組織部：2016 年中國共產黨黨內統計公報》（2017 年 06 月 30 日），人民網：http://cpc.people.com.cn/n1/2017/0630/c64387-29375750.html

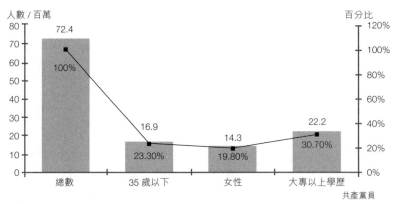

圖 1.2 中國共產黨黨員的組成（2006）[14]

資料來源：根據中共中央組織部的數據，由作者自行彙編。

教育。到 2006 年底，30 歲以下的黨員達到了 169 萬，佔黨員總數的 23.3%；接受過大專及以上教育的黨員合計有 222 萬人，大約佔黨員總數的 30.7%；女性黨員人數總計 143 萬，大約佔總數的 19.8%。[13]

從政策層面來看，不僅對中國而言，即使是對世界來說，中國共產黨也正變得日益重要。隨着中國經濟的快速崛起，中國在世界政治舞台上也扮演着重要的角色。然而，國際社會卻對中國發展的可持續性及發展的方向感到不確定。在對中國感到不確定的所有原因當中，最重要的無疑是對中國共產黨感到不確定。前蘇聯和東歐的共產黨都未能抵受住當地經濟改革和政治民主化所帶來的雙重挑戰。考慮到中國的社會經濟變化在許多方面都比這些前共產黨國家

---

13. 譯者注：據中共中央組織部最新黨內統計數據顯示，截至 2016 年 12 月 31 日，30 歲及以下黨員 1,369.0 萬名，佔黨員總數的 15.3%；大專及以上學歷黨員 4,103.1 萬名，佔 45.9%；女黨員 2,298.2 萬名，佔黨員總數的 25.7%。參見：《中共中央組織部：2016 年中國共產黨黨內統計公報》（2017 年 06 月 30 日），人民網：http://cpc.people.com.cn/ n1/2017/0630/c64387-29375750.html

14. 譯者注：據中共中央組織部最新黨內統計數據顯示，截至 2016 年 12 月 31 日，35 歲及以下黨員總計 2,272.5 萬名，佔黨員總數的 25.4%；女性黨員 2,298.2 萬名，佔黨員總數的 25.7%；大專及以上學歷黨員 4,103.1 萬名，佔黨員總數的 45.9%；參見：《中共中央組織部：2016 年中國共產黨黨內統計公報》（2017 年 06 月 30 日），人民網：http://cpc. people.com.cn/n1/2017/0630/c64387-29375750.html

更為劇烈，中國共產黨能夠在不斷持續的轉型中生存下來嗎？在學術界看來，這是一個合情合理的問題。中國共產黨曾經被認為是中國的先鋒隊，而現在，它逐漸減少的意識形態吸引力，即無吸引力且又笨拙的結構，以及令人大失所望的領導幹部，都使得黨的可持續性遭到質疑。中國的對外開放政策和冷戰後快速的全球化進程，都對黨的領導方式的改變產生了不斷增加的巨大壓力。黨的改革看來是最符合邏輯且必要的了。而確實，中國共產黨的領導層亦已致力採取不同方式的改革，以確保黨的統治地位。

儘管中國共產黨依然重要，但它還是讓學術界出現了形式多樣的思想困惑，學術界幾乎沒有關於中國共產黨及其未來發展的一致意見。學者們在解釋中國共產黨的發展方向和黨的本質的問題上，有着截然不同的看法。其中一個極端是，樂觀主義者傾向於相信中國當下僵化的列寧主義的「黨國」模式，最終將屈從並走向不可避免的民主大道。另一個極端則是，一些悲觀主義者認為中國的轉型已經陷入困境，同時還有人預測共產主義制度將不可避免地崩潰。兩大陣營的學者似乎都有可靠的證據來支持他們的論點。結果使讀者們開始懷疑究竟哪一個陣營更加可靠，同時也增加了中國共產黨未來的不確定性。

多年來，中國的學者們一直都在關注中國共產黨的可持續性問題。自從 1989 年天安門事件以來，許多學者頻繁地預測中國共產主義政權會垮台。就在蘇聯和東歐共產主義崩潰之後，馬若德（Roderick MacFarquhar）聲稱，中國走上和這些政權一樣的道路只是時間問題。[15] 1992 年，鄧小平晚年的南巡講話激起了中國更為激烈的改革和更大範圍的開放，但這似乎沒有使學者們改變這一根深蒂固的成見。1994 年，金駿遠（Avery Goldstein）認為：「儘管學者們對當下政權的可能壽命抱有不同的意見，但有一點是一致的，即他們所爭論的問題通常是：根本性的政治變化什麼時候會發生，以及

---

15. Roderick MacFarquhar, "The Anatomy of Collapse," *New York Review of Books*, 26 (September 1991), pp. 5–9.

變化發生後會是什麼樣；而對於這種變化是否會發生，則幾乎沒有異議。」[16]

近些年來，儘管中國經受了 30 年的改革考驗，越來越多學者依然傾向於認為，中國共產主義統治即將崩潰。2006 年，總部位於華盛頓的智庫卡內基國際和平基金會組織了一場辯論，議題是「重塑中國政策」。這場辯論提出了中國共產黨的可持續性問題。[17] 在辯論中，兩位美國頂級的中國問題專家，哈佛大學馬若德和哥倫比亞大學黎安友（Andrew Nathan）都反駁了對方的觀點。馬若德認為中國共產黨將無法再維繫下去，而黎安友則持相反的觀點。[18] 馬若德認為，「（中國的）政治體制是非常脆弱的……儘管中華人民共和國在經濟上確實取得了令人印象深刻的進步，但是它的政體已經陷入了系統性的危機。到北京的貴客所接觸到的，是令他們印象深刻的強大力量，但這是一個非常脆弱的體制……（在這場辯論中）我要分析一些問題，這些問題很有可能導致這個共產主義政權在幾年內就會垮台，而不是拖到幾十年後。」[19] 其他學者似乎也與馬若德有相似的悲觀看法。例如，謝淑麗（Susan Shirk）認為「中國也許是一個新興的超級大國，但是是一個脆弱的超級大國。其中最危險的，正是中國內部的脆弱性，而不是它的經濟或者軍事力量……中國的領導人正被恐懼所困擾，他們擔心他們來日無多。」[20]

儘管對中國共產黨的學術預測經常互相衝突，卻從來沒有人作出很大的努力去提出一種理論來解釋中國共產黨。雖然現在有關中國的發展和中國未來的文獻正在迅速增加，但在學術界，中國共產

---

16. Avery Goldstein, "Trends in the Study of Political Elites and Institutions in the PRC," *The China Quarterly*, 139 (September 1994), p. 727.

17. The Carnegie Endowment for International Peace, "Reframing China Policy: The Carnegie Debates," Carnegie Endowment for International Peace, 5 October 2006. 參見：http://www.carnegieendowment.org/events/index.cfm?fa=eventDetail&id=916&&prog=zch（最後瀏覽時間：2007 年 2 月 19 日）

18. Ibid.

19. Ibid.

20. Susan L. Shirk, *China: Fragile Superpower, How China's Internal Politics Could Derail Its Peaceful Rise* (Oxford: Oxford University Press, 2007), pp. 6–7.

黨的研究正在被邊緣化。通常情況下，當學者試圖檢視中國的發展和中國的未來時，他們傾向於關注各種其他要素而非中共本身，儘管他們也承認中國共產黨研究的重要性。大多數論證都集中在中國的經濟發展，以及經濟發展對其他方面發展的影響上，包括經濟發展對中國共產黨的影響。直到近些年來，才有人努力把中國共產黨重新帶回到討論的中心上。學者們檢視了中國共產黨如何努力在社會經濟條件變化下繼續存在。很有必要看一看，研究中國的學者們的學術關注點是如何從中國共產黨轉移到其他因素上去的。

2. 中國研究領域中的中國共產黨研究

正如何賽・蒙特羅（Jose Montero）和理查德・昆達（Richard Günter）所指出的，政黨「是當代政治科學誕生之時就應當進行分析的主題之一。」[21] 在 20 世紀 50 年代和 60 年代，政黨是社會科學，特別是政治科學中的一個主要研究對象。在西方產生了大量相關的研究成果，使我們能夠理解政黨是如何在政治發展過程中演進的，政黨又是如何與民主實踐相聯繫的。特別值得一提的是，在 20 世紀 60 年代，比較政治學中發展學派的許多學者也在研究發展中國家的政黨，[22] 而這些研究受到了在西方語境下產生的概念的嚴重影響。政治發展進程中會產生多種危機，包括政治合法性、政治整合和政治參與，學者們認為，在很大程度上，政黨應當對這些危機作出反應，也就是說，學者們是用研究發達國家政黨的方法來研究發展中國家的政黨。不過，也有一些研究致力於區分西方政黨和發展中國家政黨的不同，一些學者也試圖弄清楚，究竟發展中國家的政黨和他們的西方夥伴相比，起到了怎樣的獨特作用。[23] 西方研究

---

21. Jose Ramon Montero and Richard Günter, "Introduction: Reviewing and Reassessing Parties," in Richard Günter, Jose Ramon Montero, and Juan J. Linz, eds., *Political Parties: Old Concepts and New Challenges* (New York: Oxford University Press, 2002), p. 2.

22. Joseph LaPalombara and Myron Weiner, eds., *Political Parties and Political Development* (Princeton, NJ: Princeton University Press, 1969).

23. Ibid.

政黨的專家學者，經常從他們所理解的政黨應有的典型功能，去理解發展中國家的政黨。而對研究發展中國家政黨的學者來說，情況則不同，因為他們更傾向於關注發展中國家政黨的自適應能力（adaptive capabilities）和正在固定的規則。舉例來說，塞繆爾・亨廷頓（Samuel Huntington）就把政黨置於政治穩定的大背景中進行研究。在很大程度上，亨廷頓很少運用脫胎於西方政治發展經驗的概念去描述發展中世界的政黨，而是通過政黨的實際活動來研究它們。[24]

不幸的是，這些努力最終都未能形成一個有效的理論，使人們可以用它來解釋像中國這樣發展中國家裏的政黨。大多數學者在研究發展中世界的政黨時，依然處在那些西方經驗的概念的陰影當中。由於他們過於尋求政黨與民主之間的聯繫，故傾向於將政黨僅僅認定為社會群體進行政治參與的方式，或是統治集團用於應對快速擴大的群眾性政治參與需求的一個工具。從某種意義上來說，政黨很明顯只是一個利益集團。根據喬萬尼・薩托利（Giovanni Sartori）的定義，政黨「是社會和政府之間的核心中介組織」。[25]

自 20 世紀 70 年代以來，政黨研究逐漸靠邊站了。80 年代，在比較政治學領域下，人們對「國家」研究的興趣高漲，從而使得政黨研究不再是具有支配地位的範式。由於不滿以社會研究為中心的方法，一些學者如彼得・埃文斯（Peter Evans）和西達・斯考切波（Theda Skocpol），把國家重新納入到他們的研究議程上來。[26]以國家為中心的研究方法，強調國家本身和國家的各種不同的組成要素，例如行政管理部門、官僚政治和技術官僚。在對東亞發展進程的研究中，這一方法的運用顯得尤為突出，像查默斯・約翰遜（Chalmers

---

24. Samuel P. Huntington, *Political Order in Changing Society* (New Haven, CT: Yale University Press, 1968), chapter 7.

25. Giovanni Sartori, *Parties and Party Systems* (New York: Cambridge University Press, 1976), p. ix.

26. 與迪特里希・魯施邁耶（Dietrich Rueschemeyer）一道，他們三人出版了一本迄今為止依然經典的著作，說明了關注國家角色的必要性。參見：Peter B. Evans, Dietrich Rueschemeyer, and Theda Skocpol, *Bringing the State Back In* (Cambridge and New York: Cambridge University Press, 1985).

Johnson）和羅伯特・韋德（Robert Wade）兩位學者，都對所謂的「發展型國家」的出現和運作有濃厚興趣，這些「發展型國家」建立在有效的官僚治理基礎之上。[27] 不難發現，在以國家為導向的研究文獻裏，政黨的角色被忽略了。即使提到了政黨，它們的角色也只是邊緣化的和補充性的。

以國家為中心的研究方法，意味着將國家和社會進行概念上的分離。雖然這種概念上的分離從理論上說是有幫助的，但它提出的問題並不比給出的答案少。在或多或少的程度上，國家與社會和利益團體（包括政黨）相比，是更獨立自主的。因此，它才能夠制定政策，並對社會和利益集團施行這些政策。但這是如何發生的？運用怎樣的機制來執行這些政策？這些政策是在怎樣的基礎上形成的？又由誰來提出？在一個國家與社會相分離、國家更為獨立自主的情況下，國家如何獲取足夠的信息，並且讓社會遵從它的政策？

這些問題和思考，讓喬爾・米格代爾（Joel Migdal）、克奇利（Atul Kohli）和許惠文（Vivienne Shue）提出了「社會中的國家」（state-in-society）研究方法。這方法認為國家是嵌入在社會中的，它們之間的不斷互動是在共同轉型的過程中進行的。[28] 他們認為，國家結構本身就是社會組織，也需要在不同的層級上進行分解式研究和分析。[29] 通過採用這種方法，這些以國家研究為導向的學者們似乎承認了周圍的社會結構和社會力量在政治發展中的作用。[30] 然而，「社會中的國家」研究方法迄今為止還沒能將政黨研究重新帶

---

27. Chalmers Johnson, *MITI and the Japanese Miracle: The Growth of Industrial Policy, 1925–1975* (Stanford, CA: Stanford University Press, 1982); Robert Wade, *Governing the Market: Economic Theory and the Role of the Government in East Asian Industrialization* (Princeton, NJ: Princeton University Press, 1990).

28. Joel S. Migdal, Atul Kohli and Vivienne Shue, eds., *State Power and Social Forces: Domination and Transformation in the Third World* (New York: Cambridge University Press, 1994). 亦可參見：Joel S. Migdal, *State in Society: Studying How States and Societies Transform and Constitute One Another* (New York: Cambridge University Press, 2001).

29. Ibid.

30. 例如，彼得・埃文斯（Peter Evans）發展了「嵌入式自主」的概念，認為官僚機構的有效性依賴於國家與社會的聯繫與互動。參見：Peter Evans, *Embedded Autonomy: States and Industrial Transformation* (Princeton, NJ: Princeton University Press, 1995).

回來。一些學者提出，由於利益集團理論的影響，「在當代民主研究裏，強調政黨將不得不引起爭論」。[31] 儘管學者們開始意識到，在解釋發展中世界的民主轉型時，政黨非常重要，政黨是塑造民主政治的主要角色。但是新近的學術研究繼續將政黨研究置於選舉這樣狹小的背景中。[32] 這種學術偏見在研究後共產主義的政黨制度時也非常盛行。[33]

當最近幾十年全球化進程加速發展時，使這種偏見變得更加令人困惑的是，一些學者更進一步地將他們的注意力從國家轉移到非政府組織（NGOs）和不同形式的社會力量上，並以此作為他們分析的基礎。其他人則提出，全球市場正在削弱國家的權力和功能。[34] 對這些學者而言，在一個全球化的時代裏，民族國家已經不再重要，更別提政黨了。對許多學者來說，政黨研究的息微是很自然的，因為政黨正逐漸變得無關緊要。政黨無法成功地應對一系列的挑戰，它們的許多功能可以由其他較為非正式的社會組織力量更好地執行，比如可通過廣播媒體或互聯網讓政治家和公民直接進行接觸，或是通過直接民主的創新形式。[35]

儘管近些年來，少數學者「重新發現」了政黨在維繫一個民主制度運轉和促進發展中世界民主上的作用，[36] 但是以政黨研究為中

---

31. Herbert Kitschelt, Zdenka Mansfeldova, Radoslaw Markowski and Gabor Toka, *Post-Communist Party Systems: Competition, Representation, and Inter-Party Cooperation* (New York: Cambridge University Press, 1999), p. 5.

32. Scott Mainwaring and Timothy R. Scully, eds., *Building Democratic Institutions: Party Systems in Latin* America (Stanford, CA: Stanford University Press, 1995).

33. Kitschelt, Mansfeldova, Markowski and Toka, *Post-Communist Party Systems: Competition, Representation, and Inter-Party Cooperation*.

34. Susan Strange, *The Retreat of the State: The Diffusion of Power in the World Economy* (Cambridge, UK: Cambridge University Press, 1996).

35. 關於這一點，參見：Montero and Günter, "Introduction: Reviewing and Reassessing Parties," p. 1.

36. 例如：Richard Günter, Jose Ramon Montero, and Juan J. Linz, eds., *Political Parties: Old Concepts and New Challenges* (New York: Oxford University Press, 2002); Larry Diamond and Richard Günter, eds., *Political Parties and Democracy* (Baltimore and London: The Johns Hopkins University Press, 2001).

心的政治科學時代已經消逝了。要重拾政治科學中的政黨研究，需要作出相當大的努力。

　　這種範式轉移在研究中國問題上也有所反映。在 20 世紀 50、60 年代和 70 年代的早期，中國共產黨曾經是中國研究的核心。原因是那時中國共產黨是主導民族國家建設和社會經濟轉型的唯一角色。美國學者弗朗茨・舒曼（Franz Schurmann）注意到中國共產黨的重要性。在他研究中國共產黨的經典著作裏，有關中國共產黨所起到的作用描述如下：

> 　　中國共產黨以革命的方式掌握政權並建立了現在的中華人民共和國⋯⋯他們重建了一個偉大的國家，訓練它的人民，改善了人民的生活狀況，並為發展奠定了基礎⋯⋯共產黨中國就像一座由不同種類的磚塊和石頭建造起來的大廈一樣，不論這些磚石是如何堆砌起來的，這座大廈確實是樹立起來了。把它凝聚在一起的正是意識形態和組織。[37]

　　舒曼的這本書，反映出他相信中國共產黨在建設一個新中國時起到了核心作用。在 1949 年中華人民共和國成立後的二十多年時間裏，在西方世界關於中國研究領域的學術著作中，中國共產黨佔據了大量的篇幅。這些著作研究的主題包括黨內高層領導人的鬥爭、黨員和黨的組織、黨的領導幹部和官僚系統，以及黨的力量對社會領域的介入等。[38] 確實，在很長的一段時間裏，中國共產黨就是中國政治的代名詞。

---

37. Franz Schurmann, *Ideology and Organization in Communist China* (Berkeley, CA: University of California Press, 1968). 這本書一直是研究中國共產黨的組織和意識形態的最佳作品之一。

38. 比較重要的作品包括：John Lewis, *Leadership in Communist China* (Ithaca, NY: Cornell University Press, 1963); A. Doak Barnett, ed., *Chinese Communist Politics in Action* (Seattle and London: University of Washington Press, 1969); Robert A. Scalapino, ed., *Elites in the People's Republic of China* (Seattle and London: University of Washington Press, 1972); Jacques Guillermaz, *The Chinese Communist Party in Power, 1949–1976* (Boulder, CO: Westview Press, 1976), and A. Doak Barnett, *Cadres, Bureaucracy, and Political Power in Communist China* (New York: Columbia University Press, 1987).

從 20 世紀 70 年代末到 80 年代，西方的中國研究轉移了注意力，並且出現了研究中國政治的新方法。這些新研究大部分源於人們對結構因素分析的興趣，這些結構因素包括了利益集團政治的模式，或是在決策過程中官僚機構所起的作用，還有許多研究與國家和政府政策的執行相關。絕大多數學者的研究興趣則是國家和官僚政治，以及國家政策形成和執行的影響因素。從這個意義上說，這很明顯地與之前以國家研究為主導的社會科學學科相類似。

1989 年天安門事件前後所發生的事情，重新調整了中國研究領域的方向，學者們將注意力集中到公民社會、新社會階層和群體，以及中國非政府領域的發展。簡言之，西方關於中國政治和社會發展的研究，將注意力指向了國家—社會關係中的後者，激發了有關社會力量和中國非政府領域發展的海量研究。[39] 對社會和社會現象的這種重視，產生了如下作用：它使對中國國家和中國共產黨的研究不再佔據主導範式。或許，近年的研究表明，國家作為研究的焦點，已經重新回歸了，但是在很大程度上，中國共產黨的角色依然被忽略了。[40]

對中共角色關注的減少，大致源於一種普遍的信念，即認為中國共產黨是過時的事物，[41] 並且在現代全球化世界裏正面臨着生存

---

39. 例如，參見：He Baogang, *The Democratization of China* (New York: Routledge, 1996); Brian Hook, ed., *The Individual and the State in China* (Oxford: Clarendon Press, 1996); Tony Saich, "Negotiating the State: The Development of Social Organizations in China," *The China Quarterly*, no. 161 (March 2000), pp. 124–141; and Gordon White, Jude Howell and Xiaoyuan Shang, *In Search of Civil Society: Market Reform and Social Change in Contemporary China* (Oxford: Clarendon Press, 1996).

40. 例如，參見：Kjeld Erik Brødsgaard and Susan Young, eds., *State Capacity in East Asia: Japan, Taiwan, China and Vietnam* (Oxford: Oxford University Press, 2000); Shaoguang Wang and Angang Hu, *The Chinese Economy in Crisis: State Capacity and Tax Reform* (Armonk, New York: M.E. Sharp, 2001); Yongnian Zheng, *Globalization and State Transformation in China* (Cambridge: Cambridge University Press, 2004).

41. 當然也有一些例外，例如：Shiping Zheng, *Party vs. State in Post-1949 China: The Institutional Dilemma* (Cambridge: Cambridge University Press, 1997); and Bruce J. Dickson, *Red Capitalists in China: The Party, Private Entrepreneurs, and Prospects for Political Change* (Cambridge: Cambridge University Press, 2003). 但是，有一點很重要：在鄭世平和狄忠蒲的書中都潛藏着政治發展的線性思維，即中國的政治發展意味着從威權主義到民主的轉型，而中國共產黨的衰落意味政治民主化的希望。當然，指出中國共產黨應該朝什麼方向進步並沒有錯，儘管這並沒能解釋為什麼中國共產黨繼續像過去一樣運作。

困境。這種觀點的擁護者看到的是，黨在不斷發展的私營部門中逐漸缺位。他們認為，擁有巨大經濟力量的新的社會組織和社會階層出現了，它們隨時可以轉變為政治力量，從而挑戰共產黨的統治地位。他們還認為，中國的年輕一代不再視黨員身份為他們職業發展的先決條件，因為他們能夠獲得自己最感興趣並且待遇豐厚的工作（包括民營企業和合資企業），而這並不取決於自己的黨員身份。這種線性思維得出一個合乎邏輯的結論就是：中國共產黨註定要失敗，並最終會遭受和前蘇聯及東歐共產黨一樣的命運而垮台，進而在中國形成一個新的政治秩序，這個政治秩序的特徵將是民主，以及不同社會力量和組織之間的權力分享。

裴敏欣在他的著作中提出，中國正面臨一場治理危機。這個國家由列寧主義政黨統治，因此，有效的治理有賴於中國共產黨的能力。[42] 然而，根據裴敏欣的觀點，中國共產黨的權力和能力在近些年都衰落了，這表現在以下三個方面：（1）組織滲透力收縮；（2）權威受到侵蝕；（3）黨內紀律崩潰。裴敏欣列舉了黨領導下的國家（Party/state，以下翻譯簡稱為「黨／國家」）與社會之間逐漸增加的緊張關係，以及民眾對共產黨認識的覺醒，即民眾認識到中國共產黨是裴敏欣所說的最重要的「分權化掠奪者」（decentralized predation）或「掠奪型獨裁政體」（predatory autocracy）之一。[43]

事實上，裴敏欣只是一群抱着這種想法的學者和分析者中最新的一位，他們堅持認為，中國共產黨已經嚴重衰落了，並且將會消亡。沈大偉認為，我們很有可能會看到一個「共產黨執政能力和合法性緩慢地、有條不紊地、持續地衰敗的過程」。[44] 狄忠蒲（Bruce Dickson）也認為，中共的權威和組織正在持續地衰落，20 年來的改

---

42. 參見：Minxin Pei, "China's Governance Crisis," *China Review*, Autumn-Winter 2002, pp. 7–10; and Minxin Pei, *China's Trapped Transition: The Limits of Developmental Autocracy* (Cambridge, MA: Harvard University Press, 2006).

43. Minxin Pei, *China's Trapped Transition*.

44. David Shambaugh, "The Chinese Leadership: Cracks in the Façade?" in Shambaugh, ed., *Is China Unstable? Assessing the Factors* (Armonk, NY: M.E. Sharpe, 2000), p. 36.

革削弱了黨控制大多數中國人和自身官員行為的能力。[45] 類似的學術研究，加上頻繁的新聞報道，[46] 常使人們相信崩潰即將到來，這不僅是中國共產黨的崩潰，甚至是作為民族國家的中國的崩潰。這個邏輯很簡單，中國共產黨之所以會垮台，是因為它不能夠滿足社會的要求。政黨，包括共產黨，就好像植物一樣，它們必須適應不斷變化的環境來生存和發展。中國共產黨則明顯不是這樣的機體，正如沈大偉所說：「列寧主義的體制不具備這樣的能力來回應社會不斷變化的需求和需要——正因為它們從本質上而言，是自上而下的『動員』體制，不具備傾聽和回應社會總體要求和需要的反饋機制。」[47]

改革開放政策產生了其他的政治行為者，學術界密切地關注這些參與者，並檢視它們對中國政治的影響，這項工作是非常重要的。不能否認的是，在應對社會經濟轉型，以及在處理自身轉型中難以克服的困難時，中國共產黨正面臨巨大的挑戰。然而，在過去的幾十年裏，中國共產黨的快速發展和轉型同樣需要一種解釋。中國共產黨依然是中國政治最重要的行為者。事實上，重拾對中國共產黨的研究可展現出黨為什麼及如何能夠繼續成為學術研究的焦點。

3. 轉型範式領域中的中國共產黨研究

那些認為中國共產黨將註定失敗並最終被廢除或消亡的觀點，是在轉型範式中提出來的。轉型範式假定，一旦一個國家從獨裁統治中走出來，就將會有一個走向多元化和民主化的線性過程。在中國政治的背景下，民主化和多元化意味着中國共產黨的衰落，因為

---

45. Bruce Dickson, "Political Instability at the Middle and Lower Levels: Signs of Decaying CCP, Corruption, and Political Dissent," in Shambaugh, ed., *Is China Unstable?*, pp. 41–56.

46. 例如：Gordon Chang, *The Coming Collapse of China* (New York: Random House, 2001).

47. David Shambaugh, *China's Communist Party: Atrophy and Adaptation* (Washington, DC and Berkeley: Woodrow Wilson Center Press and University of California Press, 2008), p. 7.

黨是中國威權主義的核心。沒有中國共產黨的衰落，就沒有民主和多元化實現的可能。這種範式（思維方式）富有濃厚的西方政治經驗，並被運用於解釋發展中世界的政治發展。在理解政黨角色的時候，也是如此。要理解中國共產黨在中國政治中起到什麼作用，首先要簡單看看政黨是如何發展起來的，以及政黨在西方政治發展的背景下起到什麼作用。

「政黨」這個術語，是伴隨着代議制機構的發展和普選權的擴大，在 19 世紀的歐洲和美國出現的，[48] 這個表述最早是用來指那些「在與一個或多個其他黨派的競選中，以獲得公職為目的組織」。[49] 一個政黨由什麼構成，學者們有不同的觀點。在歐洲大陸，學者們通常認為，政黨是黨員們的工具，因而將關注的重點放在黨的結構上，這尤其反映在德國學者羅伯特・米歇爾斯（Robert Michels）和法國學者莫里斯・迪韋爾熱（Maurice Duverger）的著作當中。米歇爾斯基於他對德國社會民主黨的研究，系統地闡述了「寡頭統治鐵律」。[50] 在他看來，黨的領袖對官職有野心，黨員有理想，而似乎沒有什麼東西能夠阻止這種野心取代那種理想。迪韋爾熱的觀點與之類似，但更進一步，他認為，全體選民都不可避免地融入黨派當中。[51] 另一方面，在盎格魯──撒克遜（Anglo-Saxon）的傳統裏，[52] 通常認為政黨的主要職責是回應選民的訴求。學者們也關注了政黨的不同方面。[53] 哈里・艾克斯坦（Harry Eckstein）指出，西方的政黨研究主要圍繞着兩個側面展開：對黨派「單元」的研究和對黨派「制度」的研究。對前者的研究包括作為離散實體的政黨的特徵，即它

---

48. Giovanni Sartori, *Parties and Party Systems*.

49. Joseph A. Schlesinger, "Party Units," in David L. Sills, ed., *International Encyclopedia of the Social Sciences*, Vol. 11 (New York: The Free Press, 1968), p. 428.

50. Robert Michels, *Political Parties: A Sociological Study of the Oligarchical Tendencies of Modern Democracy* (New York: Collier, 1962).

51. Maurice Duverger, *Political Parties: Their Organization and Activity in the Modern State* (London: Methuen, 1964).

52. 即英、美、澳、加等非歐洲大陸的西方國家的傳統裏。

53. Joseph A. Schumpeter, *Capitalism, Socialism and Democracy* (New York: Harper Torchbooks, 1975); and Anthony Downs, *An Economic Theory of Democracy* (New York: Harper, 1957).

們不同的社會基礎、歷史、目標和訴求、正式的組織和實際的權力結構；而對後者的研究則包括黨的單元之間的競爭性互動模式。[54]

在西方，這幾乎成為了一個絕對真理，即哪裏沒有選舉，哪裏就沒有民主。學者們將政黨之間存在競爭性選舉視為民主的一個必要條件，中國的政治發展也從這個角度解讀。當學者們討論中國的民主化時，他們常認為是一個多黨制的誕生及隨之而來的競爭性選舉。在民主的環境下，政黨通常被狹隘地定義為社會群體進行利益整合或利益表達的一種機制，儘管這在西方政治發展的背景下確實如此，但在解釋中國（以及許多東亞國家）的政黨制度的運作上，幾乎無所助益。政黨是西方政治發展的產物，這產物隨後傳播到世界上的其他地方。當政黨在中國出現時，它們所起到的作用，與西方政黨的作用有着根本性的差異。

在後發國家裏，比如在中國這樣的國家裏，政黨通常主導着國家。在發達的西方國家則並非如此，尤其是西歐和北美國家。在現代政黨制度誕生以前，現代國家就已經在西方發展起來了。12世紀到14世紀是現代國家開始形成的時期，19世紀則是現代國家成熟的時期，在國家形成到成熟的這段時間裏，國家經歷了持續不斷的轉型。[55] 政黨是這段漫長起源的後期產物。儘管政黨的誕生劇烈地改變了現代國家，但是政黨本身與國家的起源卻沒什麼關係。換句話說，通過使政治過程民主化，政黨的發展是為了使國家理性化；西方民主的發展經歷了不同的階段，政黨的發展也是如此，[56] 政黨的發展是與議會的崛起聯繫在一起的。

馬克斯・韋伯（Max Weber）將政黨的歷史演進分為三個階段：貴族團體（aristocratic clique）時期、精英顯貴（small groups of notables）時期和大眾民主（plebiscitarian democracy）時期。在早期，

---

54. Harry Eckstein, "Party Systems," in David L. Sills, ed., *International Encyclopedia of the Social Sciences*, Vol. 11, p. 436.

55. Gianfranco Poggi, *The Development of the Modern State: A Sociological Introduction* (Stanford, CA: Stanford University Press, 1978).

56. JLaPalombara and Weiner, eds., *Political Parties and Political Development*.

雖然政黨旨在參與政治過程，但它們事實上只是「俱樂部」，只有一小部分的社會精英能夠加入。第一種社會「精英」群體只由貴族構成，民主意味着在這個排他性的群體中分享權力，而與其他類型的社會精英無關。隨着其他社會群體的政治參與要求不斷興起，這些俱樂部擴大了它們的社會基礎，吸納更大範圍的社會精英成為它們的成員。政黨成為不同類型的社會精英分享權力的機制。但是只有當政黨進入了大眾民主的階段，並且競爭性選舉變得廣為接受的時候，現代政黨才達到了成熟階段。[57]

大多數學者強調，政黨是應對政治危機的最有效手段，這些政治危機是由政治發展所引起的。在西方，政治危機的主要形式特指合法性危機、整合危機和參與危機。所有這些危機，都為政黨的崛起提供了條件，政黨的崛起反過來又幫助解決了這些危機。[58] 在現代民主國家，民主意味着黨派政治，並通過選舉得以實現，而選舉又是圍繞政黨進行組織的。在這個基礎上，約瑟夫・熊彼特（Joseph Schumpeter）認為，民主是政治精英通過選舉競逐政治權力的過程。[59] 政黨的邏輯就在於選舉。如果要實現有效的選舉，那麼就必須要有組織和平台，而政黨則履行了這些功能。

但是，當我們檢視中國（和其他東亞國家）的政黨發展時，可能會發現，必須超越「政黨是選舉機器」這一狹隘的定義。簡單來

---

57. Max Weber, "Politics as a Vocation," in Hans Gerth and C. Wight Mills, eds., *From Max Weber: Essays in Sociology* (New York: Oxford University Press, 1958), pp. 77–128. 民主和政黨的歷史關聯性，是在主要的民主國家中確立起來的。在英格蘭，現代政黨是在 1832 年改革後才出現的。在法國和其他歐洲大陸國家，政治俱樂部轉變為大眾導向的政黨，是與 1848 年的革命聯繫在一起的。在美國，政黨直到 19 世紀 30 年代的安德魯・杰克遜（Andrew Jackson）時代才發展起來。在日本，政黨是在 1868 年的明治維新之時甚至之後，才從西方「輸入」的。強調這一點很重要：在所有這些國家裏，政黨都幫助國家進行了民主轉型的過程，而且它們的出現晚於現代國家。在現代政黨出現之前，現代形式的國家就已經運作了。這在日本也是如此，日本是第一個移植西方主要政治制度的亞洲國家，雖然日本的國家和政黨都是從西方「輸入」的，但是日本的政治領導人首先「輸入」了國家，只有當他們建立起一個運行有效的國家機器之後，他們才輸入政黨制度。在所有這些國家裏，政黨都不是現代形式國家的締造者。

58. Leonard Binder, James S. Coleman, Joseph LaPalombara; Lucian W. Pye, Sidney Verba, and Myron Weiner, *Crises and Sequences in Political Development* (Princeton, NJ: Princeton University Press, 1971).

59. Schumpeter, *Capitalism, Socialism and Democracy*.

說，儘管在中國和東亞國家，「沒有政黨，就沒有民主」依然是一個事實，但是政黨的存在不僅僅是為了發展民主，同時還是為了進行民族建設（nation-building）和國家建設（state-building）。雖然政黨在西方的演進經歷了不同的階段，但是政黨主要是作為一種利益整合和利益表達的機制。在中國和其他東亞社會，儘管政黨也履行這樣的功能，但這並不是它們的主要功能，它們最重要的作用是締造一個現代形式的國家。事實上，在所有的後發國家裏，政黨不僅僅是作為政治參與的機制和政治領導人獲取權力的工具，更重要的是，它們是國家建設、經濟發展和社會轉型的工具。

國家通常由政黨來締造，這一事實對發展中國家的黨—國家關係有着重要的影響，其中也包括中國。人們對中國政治發展的線性過程存有某種信仰，而前述事實則有助於我們重新思考這種信仰。事實上，這種線性思考很大程度上受到了轉型範式的影響，這範式在學術界已經主導了幾十年。[60] 根據托馬斯‧卡羅瑟斯（Thomas Carothers）的觀點，這個範式界定了幾個核心的假設。[61] 第一，任何一個正在從獨裁統治中掙脫出來的國家，就是一個正在走向民主的國家。第二，民主化按照有序的階段進行：首先是「開放」階段，在這個階段裏，獨裁政權的統治出現了裂縫，其中最顯著的裂縫是強硬派與溫和派之間的分裂。隨後是第二個階段，「突破」階段，在這個階段裏，舊的政權垮台，新的民主制度出現，新的民主制度結構（例如：一部新憲法）建立起來。然後是第三階段，「鞏固」（consolidation）階段，這是通過選舉將民主形式轉變為民主實質、國家機構改革和強化公民社會的一個緩慢過程。第三，轉型國家中

---

60. 有關轉型範式或「轉型學」的研究，參見：Guillermo O'Donnell and Philippe C. Schmitters, *Transition from Authoritarianism Rule: Tentative Conclusions About Uncertain Democracies* (Baltimore, MD: The Johns Hopkins University Press, 1986); Samuel P. Huntington, *The Third Wave: Democratization in Late Twentieth Century* (Norman, OK: University of Oklahoma Press, 1991); and Larry Diamond, Marc F. Plattner, Yun-han Chun and Hung-mao Tien, eds., *Consolidating the Third Wave Democracies* (Baltimore, MD: The Johns Hopkins University Press, 1997).

61. 有關轉型範式的全面總結和批判，參見：Thomas Carothers, "The End of the Transition Paradigm," *Journal of Democracy*, vol. 13, no. 1 (January 2002), pp. 5–21.

基本的和潛在的條件，例如政治傳統、制度遺產、民族構成、宗教信仰和文化背景，並不會成為決定轉型結果的主要因素。

　　但是，正如卡羅瑟斯所指出，大多數轉型國家並不遵循這些假設。在它們的政治轉型中，這些國家通常進入了一個灰色地帶，在這個灰色地帶中，這些國家既不是明顯的獨裁，又不是明顯地邁向民主，似乎普遍存在兩種廣泛的「政治綜合症」。第一種是「弱勢多元」（feckless pluralism），在這種情況下，政治參與幾乎沒有超出投票的範疇，並且民主依然是表面的和虛弱的。另一種是「強權政治」（dominant-power politics），在這種情況下，國家和執政黨之間的界限非常模糊，國家的資產（例如：工作、公共資金、信息、強制力量）是為執政黨服務的。[62]

　　中國的發展並不遵循這種轉型範式，而是有進入卡羅瑟斯所謂的「灰色地帶」的跡象。自從 20 世紀 70 年代末的改革開放以來，中國實現了史無前例的快速社會—經濟轉型。民主要素也出現了，例如村一級的直接選舉和黨內民主。代議機構，例如全國人民代表大會和中國人民政治協商會議的權力也加強了，但這並沒有削弱中國共產黨的控制，相反，中共逐漸增強了其對中國社會的控制。中國共產黨所採取的所有措施，似乎都展現出黨的主導是緩慢但卻日益彰顯的。為了回應快速的社會—經濟變化，中國共產黨試圖使其統治機器臻於完美，以治理一個日益複雜的中國社會。儘管中國共產黨依然保持着列寧主義政黨的結構，但是通過引入現代國家制度，甚至在現行政治結構中容納民主要素，中國共產黨能夠適應不斷變化的社會—經濟環境。中國迄今為止的政治發展已經告訴我們，儘管中國發生了巨大的社會—經濟變化，但中國並不一定像西方所理解般要朝着多元化和民主邁進。

　　有人會認為「灰色地帶」的觀點有問題。「灰色地帶」觀點的核心是另外一個觀點，它認為這些國家在轉型過程中「受困」。「灰色地帶」觀點類似漸進主義，它隱晦地認為，轉型的目標是西方

---

62. Ibid.

式的民主和多元化。例如，柏思德（Kjeld Erik Brødsgaard）認為，中國的轉型過程呈現一種曲折的模式，或是一種「進兩步退一步」的模式。[63] 因此，當中國沒有表現出邁向民主和政治多元化的跡象時，學者們更常對中國的發展得出悲觀的結論。例如，早些時候，裴敏欣認為儘管其發展的本質是漸進的，但是中國依然「匍匐」在通往民主和政治多元化的道路上；[64] 但是十年之後，他認為，中國已經落入轉型陷阱，漸進主義將最終失敗。[65]

不過，中國式的漸進主義也可以按照以下方式來理解：執政黨在現行制度中逐步採納所有現代政治產物，例如法治、民主選舉和代議制；然而，採納這些的目的，並非是要將中國的政治制度轉變為西方式的民主和政治多元化，而是要再造和維繫現行制度。[66] 對漸進主義的這種解釋，有助改善我們對改革開放以來的中國政治的理解，它不僅引導我們去檢視已經發生了哪些政治變化，而更為重要的是，它引導我們找出所有變化背後的邏輯。它還幫助我們觀察執政黨的本質，並預測它的未來。

4. 探尋一種新範式

當現行的轉型範式不能夠解釋中國共產黨時，我們就要努力提出一種新的範式。近年來，學術界開始努力檢視中國共產黨所發

---

63. Kjeld Erik Brødsgaard, "Party Rule in China: Some Empirical Evidence and Theoretical Inferences." Paper presented at the 6th Biennial Nordic Conference of Chinese Studies (NACS), 17–19 June 2003, Oslo.

64. 例如：Minxin Pei, "Creeping Democratization' in China," *Journal of Democracy*, 64 (1995), pp. 65–79.

65. Pei, *China's Trapped Transition*.

66. 有關筆者關於漸進主義的早期解釋，參見：Zheng, "Political Incrementalism: Political Lessons from China's 20 Years of Reform," *Third World Quarterly*, vol. 20, no. 6 (1999), pp. 1157–1177.

生的變化。[67] 但是，在很大程度上，迄今為止的所有這些作品，都落入了以上所討論的範式窠臼內。大多數學者所關注的問題，都是在這種範式之下提出來的，例如：中國共產黨在中國的轉型中起了什麼作用，中國共產黨如何限制中國的民主化，以及中國共產黨會否將自身轉化為一個民主的政黨。筆者認為，儘管檢視這些問題很重要，但更為重要的是，要解釋這些變化背後的含義。為了達到這個目的，本書試圖在三個層面上回答有關中國共產黨的問題。第一，中國共產黨發生了怎樣的變化，以及這些變化是如何產生的？第二，為什麼中國共產黨會這樣變化？第三，中國共產黨的本質是什麼？

通過回答這些問題，本書試圖按照實際情況來理解中國共產黨。筆者認為，儘管中國的政黨概念是輸進來的，但是中國共產黨卻是中國文化的產物，與我們在西方所觀察到的政黨相比，中國共產黨是一個完全不同類型的政黨：它是一個改頭換面的皇帝——一個組織化了的皇帝。在許多方面，它運用權力的方式和中國過去的皇帝非常相似。儘管中國共產黨在改革年代經歷了各種轉型，但是它依然竭力保持其皇帝般權力的持續主導。中國共產黨的本質意味着，儘管黨自身的轉型與社會—經濟的變化相適應，但是黨主導國家和社會的結構幾乎沒有變化。通過這種途徑，中國共產黨也成為了一個主要的結構性障礙，抗拒中國發展出一種西方式的民主政治結構。同時，本書也表明，民主的要素事實上總是以某種方式與中國共產黨相兼容的，中國共產黨必須、也願意按照中國的社會—經濟環境來進行民主化。

---

67. 例如：Bruce J. Dickson, *Red Capitalists in China: The Party, Private Entrepreneurs, and Prospects for Political Change* (New York: Cambridge University Press, 2003); Wang Gungwu and Zheng Yongnian, eds., *Damage Control: The Chinese Communist Party in the Jiang Zemin Era* (Singapore and London: Eastern Universities Press, 2003); Kjeld Erik Brødsgaard and Zheng Yongnian, eds., *Bringing the Party Back In: How China is Governed* (Singapore and London: Eastern Universities Press, 2004); and Kjeld Erik Brødsgaard and Zheng Yongnian, eds., *The Chinese Communist Party in Reform* (London: Routledge, 2006).

在前現代時期，「政黨」對中國而言是一個外來的概念。它起源於西方，並逐漸傳入中國。在過去的幾個世紀裏，政治思想、制度和實踐，以及法律準則和經濟理論，從歐洲和北美的海岸來到東亞。[68] 西方的殖民和征服起到了矢量載體的作用，傳播了有關政黨和政黨制度的觀念。然而，現代政黨並不是西方強權有意識進行輸出的結果。它們之所以傳播到世界的其他地方，是因為當地的政治領導人認識到了政黨制度的優點，並將其引進過來。但是，他們並沒有機械地照搬政黨制度；相反，他們重新設計了政黨制度，使其符合自身的文化背景，政黨制度從而變成了一種人為設計的產物，而非一個純粹引入的西方產物。在中國，當政黨被文化重新設計之後，它們就變成了組織化了的皇帝。

在本書中，筆者並不試圖討論西方政黨制度是否與中國文化相兼容，因為從文化上解釋這個問題毫無作用，也毫無說服力。在結構層面，各種西方式的政黨制度方案在東亞國家和地區已經存在並運作着，例如：日本、韓國和台灣；而在操作層面，這些民主政體的運作在很大程度上都保留了儒家傳統的特徵。在中國，正因為輸入政黨制度失敗了，才導致政治精英們去探尋他們自己的政黨制度模式。文化因素是很重要的，它們對中國的政黨制度有着直接的影響。同樣的文化因素對政黨制度所產生的影響，可以是積極的，也可以是消極的，這取決於如何利用這種文化因素。因此，本書將政治精英視為文化和政黨制度之間的一個代理人。雖然政黨制度可以被引入，但它更多是一個政治建構的產物。一方面，正是政治精英們而非文化本身，決定了應當建立怎樣的政黨制度；另一方面，文化因素又限制了政治精英們在建設政黨制度時所作的選擇。在塑造政黨制度模式的時候，文化非常重要。可以合理地認為，政黨制度是政治精英為了回應他們所面臨的政治環境而作出的文化自覺行動的產物。政治精英是建立政黨的代理人，但這並不意味他們可以隨心所欲地建立政黨。雖然政治精英能夠選擇不同的文化素材來構建政黨制度，但是他們的可選項並非不受限制的。這不僅僅是因為文

---

68. 這一現象被稱為「政治秩序的西方化」。參見：Bertrand Badie, *The Imported State: The Westernization of the Political Order* (Stanford, CA: Stanford University Press, 2000).

化素材本身有限，而且還因為他們努力尋求對其他政治力量和社會力量的主導權，從而使得他們的選擇受到了這種努力的影響。

一方面，我們假定政治精英是政黨建設的代理人，另一方面，本書進一步假設，政黨是中國民族國家建設的代理人。本書的核心觀點是，中國的政黨所起到的作用，與西方的政黨非常之不同。在西歐和北美，政黨是國家機構的一部分，也是政治發展的一個「自然」產物。此外，在從非民主政權轉變為民主政權的政治轉型過程中，它們有重要的作用。但是，在中國（及可能在東亞的其他地方），政黨更多是人為的，它們所起到的作用，遠遠不只是一個政權轉型的代理人那麼簡單，也不只是政治秩序理性化過程的代理人；更重要的是，它們是新政府的締造者，甚至是新國家的締造者。如此一來，政治精英們就必須通過同時「輸入」西方的產物和「借用」自己的傳統來創新。在這個過程中，中國的文化和西方的產物被創造性地融合在一起。這就是「組織化皇權」的起源。這是一種新的政治創造物和一種文化的人造物，它結合了西方政治組織的權力和中國的文化素材。

在這個意義上說，在後毛澤東時代，中國共產黨所發生的所有政治變化都可以被視為組織化皇權在文化上的部分再造。所有的變化都不是自發的，而是由中國共產黨的領導層精心策劃的。黨的領導層不僅積極主動地推動社會—經濟的變化，同時還在黨內自身引入變化，以確保組織化皇權的再造。中國共產黨如何確保組織化皇權的再造？這就是本書的主題。

第二章

組織化皇帝：中國共產黨的認同、文化和政治

用文化的方法來研究中國共產黨，包含了幾個維度。第一，描述黨主導國家和黨領導下的國家（以下翻譯簡稱黨／國家）主導社會的政治現象，筆者將這現象稱為「組織化皇權」。第二，檢視這種主導是如何實現的，這過程是什麼，筆者將這過程稱之為黨對國家，以及黨／國家對社會的「霸權化」（hegemonization）。第三，分析使「組織化皇權」具有正當性並為社會所接受的文化—制度環境。第四，分析「組織化皇權」再造和重建的過程，這是一個在文化上自我持續和自我轉型以適應不斷變化的社會和經濟環境的過程。

本章旨在解釋一些關鍵概念，並為剩下的章節樹立一個分析框架。它將利用兩類文獻，即：新制度主義的文獻和新馬克思主義的文獻。新制度主義在北美非常流行，它解釋了在塑造黨的認同、利益和政策的過程中，文化和制度環境如何起到重要的作用，以及黨的認同、利益和政策又是如何再造了文化和制度環境。政治就是權力，它包括了認同和利益，這反過來又影響了決策和執行。換句話說，一方面，黨的認同和利益是在一個特定的文化和制度環境中形成和安排的；另一方面，它們往往通過指導和影響決策和執行，來再造這個特定的文化和制度環境。在這裏，「再造」這一術語並不意味着文化要原樣照搬；相反，「再造」是指文化轉型的持續過程。一個特定文化自我持續的能力，取決於它在不同時間和空間裏的自我轉型能力。

第二類文獻可以寬泛地稱為新馬克思主義的文獻。新馬克思主義是歐洲社會科學研究中的主導範式之一。儘管北美的新馬克思主義不像在歐洲那樣顯著，但它也對新制度主義學派學者的思考方式產生了重大影響。此處使用的新馬克思主義文獻主要指的是安東尼奧・葛蘭西的政治思想，以及其他以某種方式受到馬克思主義影響的學者們的政治思想，例如米歇爾・福柯和皮埃爾・布迪厄，他們是法國的社會學家。新馬克思主義為我們提供了一個有力的工具來檢視行為者之間互動的動力。新制度主義有助於解釋，在中國的政治背景下，黨對國家的主導，以及黨／國家對社會的主導如何蘊含着文化內涵；而新馬克思主義則解釋了這種主導的本質，以及這種

主導模式是如何根據不斷變化的社會─經濟環境進行再造和重建的。換句話説，就是在不同的時間和空間裏，對不同政治力量和行為者的「霸權化」的持續過程，是如何再造了「組織化皇權」。

當我們檢視文化對行為的影響時，這兩類文獻事實上有許多相同的表達術語。例如，新制度主義關注的是「規則」、「規範」和「認同」，無論是正式的還是非正式的；類似的，布迪厄的社會學使用的概念則是「秉性」、「實踐」和「慣習」。[1] 此外，在用不同的關注角度來解釋文化對行為的影響時，兩個學派有着不同的目標。新制度主義探索的是，文化如何在不同的政治背景下再造；而新馬克思主義則指出了再造過程的動機和動力。換句話説，它們是相互補充的。

1. 新制度主義

新制度主義作出了巨大努力來整合文化分析和制度分析。[2] 對許多新制度主義學派的學者來説，這兩種分析方法是相互補充的，而非相互排斥的。過去，文化的分析方法被用於解釋亞洲的政黨發展，亦包括用於解釋中國的政黨發展。白魯恂（Lucian Pye）是文化解釋學派的一位重要學者，根據他的觀點，文化因素決定了亞洲政黨和政黨制度的形成。[3]

---

1. 譯者註：也有人將 disposition 翻譯成「性情」、「稟性」或「定勢」；將 habitus 翻譯為「習性」。

2. 有關新制度主義的文獻研究及其在社會學領域的應用，參見：Walter W. Powell and Paul J. DiMaggio, eds., *The New Institutionalism in Organizational Analysis* (Chicago and London: The University of Chicago Press, 1991). 有關歷史制度主義的文獻研究，參見：Sven Steinmo, Kathleen Thelen and Frank Longstreth, eds., *Structuring Politics: Historical Institutionalism in Comparative Analysis* (New York: Cambridge University Press, 1992).

3. Lucian W. Pye, "Party Systems and National Development in Asia," in LaPalombara and Weiner, eds., *Political Parties and Political Development* (Princeton, NJ: Princeton University Press, 1969), pp. 369–398. 有關他對亞洲政治方面的文化解釋，請見 Lucian W. Pye, *Asian Power and Politics: The Cultural Dimensions of Authority* (Cambridge, MA: Harvard University Press, 1985).

說到「文化」，白魯恂似乎暗示了兩個東西：第一，個人的態度和價值觀；第二，傳統的政治實踐。他認為，亞洲地區缺乏「正確的」個人態度和價值，再加上傳統的政治實踐的影響，一起阻礙了亞洲地區產生有效的政黨制度。白魯恂陳述道：

> 傳統的亞洲制度通常產生了某些態度，這些態度與一個競爭性政黨制度的有效運作並不相容……要解釋為什麼亞洲……在全力支持現代政黨制度的發展上表現得最為猶豫不決，這些傳統態度具有極端的重要性。[4]

在這裏，白魯恂提到了現代西方政黨制度，它在推動西方民主發展上起到了關鍵的作用。白魯恂所思考的問題是，為什麼亞洲國家發展民主如此困難，而且都帶有不同類型的威權主義特徵？考慮到政黨和政黨制度在推動西方的民主化過程中起到了關鍵的作用，那麼就有必要檢視一下亞洲地區的政黨和政黨制度之間有什麼聯繫，政黨與政治發展之間又有什麼聯繫。

在過去的幾十年中，文化的研究方法在社會科學領域裏，尤其是在政治學領域裏日漸失寵。白魯恂對亞洲進行的文化解釋被認為過於文化決定論。學者們極少否認文化對個人行為或組織行為的影響，但他們發現，很難在各式各樣的文化因素和各式各樣的行為之間建立起關聯機制。因此，多年來，不同領域裏的學者們採用了各種手段來提高用文化解讀的解釋力，尤其是採用了曾對文化解釋助益良多的新制度主義。

新制度主義，尤其是其分支社會學制度主義和歷史學制度主義，關注的是制度如何塑造及影響政治結果。根據新制度主義的分析視角，制度之所以重要，是因為它們界定了政治行為者在追求其利益和作出行為時的戰略。考慮到在結構層面，中國依然處在制度建設的過程中，我們可以假定，在引導中國共產黨領導層的政治行為上，傳統政治實踐中所蘊含的文化因素起到了重要的作用。在致

---

4. Pye, "Party Systems and National Development in Asia," pp. 374–375.

力於制度建設的過程中，中國的政治精英借助傳統文化作為自己的合法性來源。在影響一個政黨的行為上，文化並不是決定性因素。本書不是要詢問中國的文化如何影響了黨的行為，而是試圖表明，中國的政治精英如何採用文化的要素來尋求黨對國家和社會的主導，以及執政黨是如何轉型為一個組織化的皇帝來服務這個目的。換句話說，本書的目的並不是要探尋文化和行為之間的因果聯繫，而是要探尋文化（以政治主導為特徵的皇權）是如何在中國再造的。

2. 文化、認同和利益

　　新制度主義關注的是，社會選擇是如何被制度安排所塑造、調節和挑戰的；重要性是如何被社會構建的；象徵行為是如何轉變施為的概念的。這種思路認為，個人的偏好及那些基本的思想類型，例如自我、社會行為、國家和公民身份，都是由制度的力量塑造出來的。儘管這是新制度主義的一個基本共識，但是不同學科的學者們，包括經濟學、組織理論、政治學和公共選擇學派、歷史學和社會學的學者們，在解釋制度與行為之間的關係上，表現得極為不同。新制度主義經濟學採用交易作為首要的分析單元。在一場交易中，交易各方都希望使交易成本減至最低廉，而在這個交易世界裏，信息很昂貴，一些人表現得投機取巧，而理性又是有限的。那麼，人們面臨的挑戰就在於理解如下問題：交易的這些屬性，例如交易資產的專屬性、交易的不確定性和交易的頻率，如何產生特定種類的經濟制度？通過為經濟交換提供可靠的和有效的框架，制度幫助我們減少了不確定性。新制度主義經濟學家篤信，競爭消除了已經無效的制度。但是，現實中，制度也許還會繼續存留，即便它們已經不再為一項特定利益服務。一旦制度建立起來，即便它們總體上欠佳，它們也會存續下來。[5] 制度實證理論關心的是政治決策，尤其是政治結構塑造政治結果的方式。這種研究方法補充了制度經

---

5. Powell and DiMaggio, "Introduction," in Powell and DiMaggio, eds., *The New Institutionalism in Organizational Analysis*, pp. 1–40.

濟學所作出的努力，這一努力致力於將行為者利益與政治結果進行聯繫。由於政治交換有極高的交易成本，因而政治制度能夠在政治生活中創造穩定。因此，在經濟學新制度主義和公共選擇學派新制度主義中，制度被認為是人為設計的產物，即，它是具有工具導向的個人作出的有目的行為的結果。

新制度主義中的社會學制度主義和歷史學制度主義，都拒絕新制度主義經濟學和制度實證理論提出的理性行為者模型。社會學制度主義和歷史學制度主義學派的學者們篤信，制度必然是人類行為的結果，但是它們並不必定是「理性」有意的設計。社會知識一旦被制度化，就作為一個事實和客觀現實的一部分而存在，並且能夠直接在這基礎上進行傳輸。對於那些高度制度化的行為而言，一個人只需簡單地告訴另一個人，事情就是這樣完成，這就足夠了。每個個體遵循這些行為的積極性都很高，因為如果不遵循的話，他的行為及體系中其他人的行為就無法被理解。基本的過程是一個道德變成現實的過程。換句話說，一個特定組織（例如：國家、政黨）的利益的存在，並不是由於自利的、理性的行為者去「發現」它。利益是通過不同行為者之間的社會互動過程建構的。一個制度的視角讓我們更加密切地研究不同行為者行使權力的背景。

在這裏，文化被定義為一套規範。從這個意義上說，正如安·斯威德勒（Ann Swidler）所指出的，文化規範通過向行為者提供一組「成套工具」來影響其行為，「成套工具」由習慣、技能和風格組成，人們從中建構行為戰略。[6] 更具體地說，文化可以被視為一套評價標準（例如規範和價值）和一套認知標準（例如規則和模範），用於界定體系中存在哪些社會行為者，它們如何運作，以及它們如何相互關聯。[7] 文化不僅會影響不同類型組織的行為動機，而且也影響着組織的基本特徵，即組織「認同」。認同和規範是兩個相互聯

---

6. Ann Swidler, "Culture in Action: Symbols and Strategies," *American Sociological Review*, vol. 51, no. 2 (1986), pp. 273–286.

7. Peter J. Katzenstein, "Introduction: Alternative Perspectives on National Security," in Katzenstein, ed., *The Culture of National Security: Norms and Identity in World Politics* (New York: Columbia University Press, 1996), p. 7.

圖 2.1 中國共產黨及其文化環境 [9]

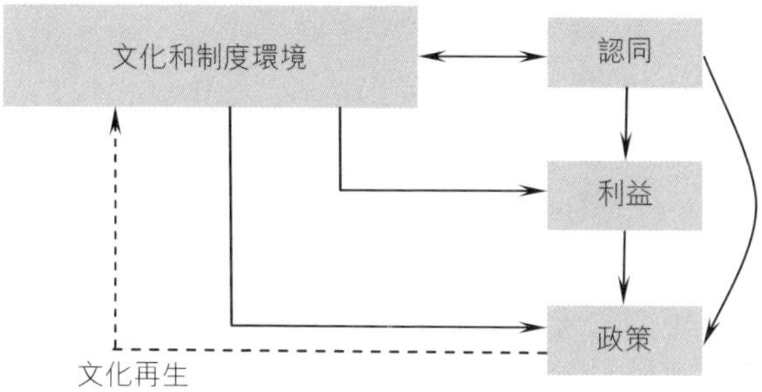

```
┌─────────────────────┐         ┌──────┐
│   文化和制度環境      │ ◄─────► │  認同 │
└─────────────────────┘         └──────┘
                                    │
                                    ▼
                                 ┌──────┐
                                 │  利益 │
                                 └──────┘
                                    │
                                    ▼
                                 ┌──────┐
                                 │  政策 │
                                 └──────┘
      文化再生
```

繫的概念。認同是政治行為者自身及他們之間相互關係的規範性表述。存在着兩種認同：對行為者自身的規範性描述（身份）和對這些身份適當設定的行動方案（行為規範）。「規範」描述的是，對有特定認同的行為者的恰當行為的集體預期。在一些情況下，規範像規則一樣運作，界定了一個行為者的認同，因而有着「建構影響」，它明確了什麼樣的行動將會導致相關的他人來認可一個特定的認同。在其他情況下，規範像標準一樣運作，明確了一個已經得到界定的身份的適當設定。在這樣的例子中，規範有着「調節」作用，明確了恰當行為的標準。因此，規範要麼定義認同或建構認同，要麼規定或調節行為，或者是兩種功能兼而有之。[8]

　　以上的論述解釋了文化再造的過程，如同圖 2.1 中的結構所示的那樣。雖然後面的章節會詳細論述有關內容，但是現在必須強調一些要點，即關於文化與中國共產黨的行為之間的關係，以及中國共產黨的行為與文化再造之間的關係。文化和制度環境影響了黨的認同，也就是說，「中國共產黨是什麼？」這問題蘊藏在中國的政治文化之中。例如，中國王朝時期的皇帝自詡為、並且被社會認為是唯一合法的統治者（作為一個個人），而中國共產黨就像古時的皇帝一樣，自詡為、也被其他群體認為是這個國家的唯一執政黨

---

8. Ronald L. Jepperson, Alexander Wendt, and Peter Katzenstein, "Norms, Identity, and Culture in National Security," in Katzenstein, ed., *The Culture of National Security*, pp. 33–75.

9. 圖 2.1 改編自：Jepperson, Wendt and Katzenstein, "Norms, Identity, and Culture in National Security," in Katzenstein, ed., *The Culture of National Security*, p. 53.

（作為一個組織）。皇權的合法性基於許多傳統形式的來源，而中國共產黨自認為是無產階級的先鋒隊（在 1949 年之前的共產主義革命過程中，以及毛澤東時代），中國先進生產力、先進文化和最廣大人民根本利益的代表（江澤民時代），以及領導中國走向和諧社會的唯一力量（胡錦濤時代）。當然，在傳統中國裏，總有一些社會群體不接受他們皇帝的合法性；在今天，也有一些社會群體不接受中國共產黨統治的合法性。但是，這並沒有改變一個事實，即中國共產黨依然是中國的唯一執政黨。我們可以合理地認為，社會群體必須接受這一現實，因為別無選擇。正是從這個意義上說，像新制度主義經濟學和制度實證理論所表現出來的那樣，用理性選擇理論去解釋中國共產黨所發生的變化，是無法進行檢驗的，因為並不存在制度性競爭。因此，本書的關注點在於文化再造。

在傳統中國，一旦造反者推翻了舊的皇帝，並認為他們自己才是唯一合法的統治者時，皇權就發生了再造，這些反叛者是不接受皇帝合法性的人。皇權意味着皇帝是所有權力的最終來源，皇權沒有「權力分享」這說法。所有的主要政黨都不接受權力分享這概念，例如國民黨和共產黨。在中國的政治精英們看來，「成王敗寇」是一個高度制度化的規範（詳見第三章）。[10]

文化和制度環境也影響了中國共產黨如何界定其自身的利益。利益的概念是一個關係型術語，意味着其利益的界定是在與他者（包括國內和國外的）的關係中界定的。中國共產黨有着廣闊的利益，在本書裏，中國共產黨的利益是在其與中國的國家和社會的關係中來界定的。例如，中國共產黨最重要的利益就是維繫其對國家

---

10. 「贏者通吃」影響了中國其他地區的民主化，例如台灣。雖然台灣自 1996 年第一次領導人直選以來就民主化了，但是這個初生的民主政體依然帶有傳統的皇權特徵。當民進黨在陳水扁的帶領下成為執政黨時，它採用了所有可能的和不正當的手段來維繫其執政地位。這使得李登輝這個第一位通過直選產生的前領導人認為，陳水扁採用了「民主的手段」來將自己選為一位皇帝，他擴大了自己的權力和影響，鞏固了自己的勢力範圍，並積累了自己的財富，而這一切都是為了他自己家族的利益。參見：楊舒媚、黎珍珍：《李登輝：藍綠裂解，台灣滅「國」》，載《中時電子報》，台北，2007 年 12 月 27 日，http://news.chinatimes.com/（最後瀏覽時間：2008 年 1 月 3 日）

和社會的主導，並根據變化中的社會—經濟環境來再造和重構這樣的主導。

在中國共產黨內，文化和制度規範着黨員和幹部的行為。換句話說，文化和制度告訴他們，他們被期許進行什麼樣的恰當行為。他們將會因為行為得當而獲得獎勵，也會因為錯誤行為而遭受懲罰。例如，黨員和幹部被期許尊重中國共產黨，尤其是黨的領導人。即便幹部和黨員心裏並不真正尊重中國共產黨及其領導人，但是他們必須在正式的政治場合中表示他們的「尊重」。對於中國共產黨而言，懲處那些在正式政治場合中不尊重黨及其領導人的人是合法的，這些不尊重的行為包括不服從上級的命令。「尊重」的儀式也許是象徵性的，但是對組織化皇帝來說，卻具有政治上的重要性。

認同和利益影響了黨的政策制定和政策執行。和「利益」這一概念相類似，「政策」也存在於與其他行為者的關係中。一旦利益得到界定，政策就隨之而來。在本書裏，政策主要是指界定中國共產黨與國家和社會關係的那些政策。此外，儘管政策是認同和利益的產物，但是它們也反過來影響了文化和制度環境。政策必須旨在再造和重建文化和認同，而這些政策正是源於這種文化和認同。換句話說，從認同到政策的過程，是一個組織化皇權再造和重建同步發生的過程。

3．新馬克思主義和權力關係

在定義不同行為者之間的關係上，新制度主義試圖界定文化的作用，而新馬克思主義則通過指出每一種關係都是一種權力關係，來進一步探索它們之間關係的本質。正如之前所論述的，中國共產黨作為組織化的皇帝，指的是中國共產黨對國家和社會的主導，而主導又指（至少）兩個行為者之間的一種權力關係，要麼是黨與國家之間的權力關係，要麼是黨／國家與社會之間的權力關係。組織化皇權的再造因而囊括了不同的行為者，即，黨、國家和社會。

儘管這個再造的過程不可避免地成為這些行為者之間爭權奪利的過程，但是每一個行為者的行為都受到文化因素的限制。行為者行使權力的時候，它被視為具有文化性。本書會在之後幾章檢視這些行為者之間的文化性互動模式，在此之前，我們必須檢視權力的概念，因為對權力的不同定義和理解，會影響我們對黨與國家和黨／國家與社會之間權力關係模式本質的思考。

雖然研究權力的各類文獻對權力的基本定義存在分歧，但是權力通常被認為是一種存在於關係中的事物。總的來說，權力要麼被定義為讓別人做你想要他們做的事情（對他人的權力，power-over），要麼是作為一種行動的能力／才能（行動的權力，power-to）。在學者們的分析中，一些學者關注「行動的權力」，而另一些則關注「對他人的權力」。重要的是，所有的學者都認識到權力的關係性質，無論是「行動的權力」還是「對他人的權力」，也就是說，權力是在不同行為者之間行使的。

在定義權力的時候，許多學者通常採用馬克斯的經典定義作為出發點。韋伯將權力定義為「在某一社會關係中的一個行為者，能夠任憑他人的反抗而貫徹其個人意志的可能性」。[11]羅伯特·達爾（Robert Dahl）也提出了「權力的直觀概念」。根據這一概念，「A對B具有的權力達到這樣一種程度：A可以迫使B做某事，而反過來B卻不能這樣做。」[12]儘管學者們當中存在分歧，但是他們願意接受韋伯和達爾的基本定義。正如史蒂文·盧克斯（Steven Lukes）指出的那樣，所有對於權力的不同定義，都對「權力的基本概念持有相同的看法，根據這一概念，當A影響了B，且這種影響方式違背了B的利益時，A就對B行使了權力」。[13]

其他學者則強調作為一種能力／才能的權力，並將其定義為做某些事情的才能（行動的權力）。從這個意義上說，托馬斯·霍

---

11. Max Weber, *Economy and Society: An Outline of Interpretive Sociology*, trans. Ephraim Fischoff et al. (Berkeley, CA: University of California Press. 1978), p. 53.

12. Robert A. Dahl, "The Concept of Power," *Behavioral Science*, 2 (1957), pp. 202–203.

13. Steven Lukes, *Power: A Radical View* (London: Macmillan. 1974), p. 30.

布斯（Thomas Hobbes）將權力定義為一個人「獲取某種明顯好處的⋯⋯現有手段」。[14] 漢娜・阿倫特（Hannah Arendt）將權力定義為「不僅是行動，而且是協同行動的人類能力」。[15] 對於漢娜・皮特金（Hanna Pitkin）來説，「權力是某種——任何一種——使得或讓某人能夠去做，並且有能力做好某事的東西。權力是才能、潛能、能力或必要的資本。」[16] 類似的，盧克斯將權力定義為一種意向概念（dispositional concept），意指權力是「一種可能潛力，而非一種真實能力——事實上就是一種或許永遠無法實現的潛在能力」。[17]

由於權力在不同的時間、空間和結構中運行，因此在理解權力的本質時，我們也必須觀察一下「結構」和「機構」（agency）之間的關係。從這個意義上説，秉承西方自由主義傳統的學者們往往關注「機構」，而新馬克思主義學派的學者們則關注「結構」。自由主義學者通常認為權力是行動的資源，並關注權力如何分配。在這種範式裏，公民社會的方法假設，純粹依靠共享的通訊力量，和由此導致的辯論和規範性勸説的規則，權力能夠存在於非常低制度化的環境裏，例如協會當中。正是這種通訊權力抵制着國家的行政權力或市場的殖民權力。由於自由主義學者假定積極公民意識的存在，因此他們暗中臆想了一個強大的機構。換句話説，他們傾向於關注機構（公民社會）如何對國家和資本主義市場（結構）行使其權力。另一方面，新馬克思主義學派的學者們，尤其是新葛蘭西主義者，則主要專注於資本主義市場和國家（結構）對機構（公民社會）所施加的約束和限制。

當我們應用權力的概念來分析中國的黨與國家之間的關係，以及黨／國家與社會之間的關係時，我們如何調和這兩種權力觀呢？自由主義的方法（公民社會）和新馬克思主義（葛蘭西主義）的方法之間區別之大者，並不在於對權力的定義，而在於它們所關注的

---

14. Thomas Hobbes, *Leviathan* (New York: Penguin Books, 1985 [1641]), p. 150.

15. Hannah Arendt, *On Violence* (New York: Harcourt Brace & Co, 1970), p. 44.

16. Hanna F. Pitkin, *Wittgenstein and Justice: On the Significance of Ludwig Wittgenstein for Social and Political Thought* (Berkeley, CA: University of California Press, 1976), p. 276.

17. Lukes, *Power: A Radical View*, 2nd edition (London: Macmillan, 2005), p. 69.

焦點。前者關注的是機構，後者則將其關注點放在結構上。權力在此處指的是結構和機構之間的關係，或是國家與社會之間的關係。從自由主義學派和新馬克思主義學派的角度來看，對權力的這種認知，必然意味着這兩個行為者之間的一種競爭關係，也就是說：「誰得到了什麼？」換句話說，一種權力關係通常預示着一個零和博弈。但是，在現實中，一種權力關係可以是一種非零和博弈，甚至是一種雙贏博弈。權力關係意味着結構和機構之間的互動，或是國家和社會之間的互動。在它們的互動中，它們相互施加權力，並改造對方。因此，我們需要一個新的定義，使我們能夠領略到結構和機構之間，或是國家和社會之間的互動性動力。要理解權力關係的這種維度，本書參考了米歇爾・福柯和皮埃爾・布迪厄的社會學理論，因為他們往往將權力放在結構和機構的互動中進行分析。

福柯對權力的理解，有別於自由主義學派和大多數結構主義的新馬克思主義學者的解釋。[18] 根據福柯的觀點，權力並不是一個機構施加在另一個機構上的資源或力量，也不是一個特定社會或經濟結構的確定性特徵。權力是社會關係的一種狀態，在這種狀態裏，力量由機構來相互施行，並通過機構相互施行。權力是無所不在、無處不在的，因為在機構之間，如果沒有不施加某種類型的力量，就不會有社會關係。同時，權力不是一個個體的、有意的行為。馬克・菲爾普（M. Philp）解釋道：「個體是權力的結果效應，個體是權力的主題和工具，而非權力的起點。」[19] 更確切地說，權力是一種形式和方式，社會施為者（social agents）；或更準確地說，是社會借由這種形式和方式，得以成型、社會化、獲得啟發、得到激勵、得以整合。並且，從個人和社會來說，都「融為一體」。權力不是一個「具象存在物」，而是社會關係的一種特性。權力是實踐的總和，一些社會施為者通過這些實踐來對其他社會施為者採取行動，並改造、影響和塑造它們的觀念、它們的組織（bodies）、它們的空間、甚至它們的時間。因此，根據權力塑造社會關係的不同方式，權力

18. M. Philp, "Foucault on Power: A Problem in Radical Translation?" *Political Theory*, vol.11, no.1 (1983), p.34.

19. Ibid., p. 36.

有着不同的外表。福柯稱這些不同的外表為「權力技術」或「權力機制」。

福柯對權力的概念化使權力非制度化了，並使人們能夠將權力關係作為業已建立的制度之外的存在，並在業已建立的制度之外影響着社會。它使得觀察者們關注權力的秩序而非歷史的制度和話語解釋（discursively construed）的制度。當被用於分析國家——社會關係時，福柯的權力概念有助於超越（overcome）國家的集權及其威權統治的範疇，支持一種更寬泛、但是同時也是更複雜的概念——「治理術」（governmentality）。它打算在國家之外，於自身的幻想中建立一種權力的譜系，並將這種特定的權力，想像為並非由法律進行強制的統治，而是「治理術」，這是一種治理大眾思想、肉體、實踐和行為的能力。

福柯的權力概念並非是「結構式的」，因為它意味着像法律般的常規的和循環往復的模式。更確切地說，福柯視權力為一種財產，這種財產在社會行為的背景下擴散，並以特有的和隨機的形式貫穿在知識政體（knowledge regime）中。因此，福柯式的權力概念，通常被認為是施為者缺失（agent-less）。採用新馬克思主義分析方法的學者們試圖「結構化」福柯式的權力概念，他們的方法是，在遵循這個特定的意識形態和生產形式的結構性限制的同時，將權力與自由主義和資本主義的知識政體聯繫在一起，並相應地限定它。但是，福柯式的權力概念在解釋變化性上依然貧弱。福柯自己也試圖使他的權力概念有助於解釋變化性。例如，在社會關係的施為者（agents）中，福柯尤其重視國家權力。福柯通過談論「正式」和「非正式」權力的行使和國家施加的控制，來指出國家權力的轉型變化。例如，根據福柯的觀點，早期的現代國家以正式的控制手段來鼓勵特定的行為，並嚴厲地懲罰那些對違反控制的行為；反之，現代國家則讓國民參與他們自身的治理。在這過程中，它將外在的控制轉化為內在的控制。事實上，國家一方面進行教導、命令和懲罰，另一方面也在進行說教、告知、勸說和勸阻。儘管強調國家權力使得我們理解權力的再造，但是福柯式的概念在解釋變化、尤其是劇烈變化的動力時，並不那麼有效。社會中的特定行為，有

的是再造現存結構（再造），有的是從根本上改變結構（轉型），而福柯式的概念在區分這二者時顯得很無力。

相比福柯的權力概念，布迪厄更關注在施為者之間的權力關係的動力上。布迪厄提出了一種社會願景，在這種社會願景中，結構—機構（structure-agency）的隔閡得以消弭。[20] 他的社會學主要充斥着對社會主導模式的分析，以及這樣的社會主導如何再造的問題。根據布迪厄的觀點，社會由社會施為者之間的關係組成，社會施為者擁有不同類型的可自由支配的資本，例如經濟、文化、社會或政治資本。「資本」不僅意味着物資資源，還意味着這些資源擁有者所屬的榮譽。社會場域（social field）指的是特定社會實踐的空間，這些特定的社會實踐圍繞着一個特定目標而展開。從這個意義說，存在着經濟場域、政治場域、文化場域等。在一個特定的場域裏，有着不同的次場域，例如在文化場域中，有文學場域和攝影場域；經濟場域裏，有工人和小店主的場域；當然還有其他場域中的次場域等。在這些場域中，社會施為者依據它們的資本構型（configuration of capital）、資本對於場域目的的恰當性和「遊戲的規則」，佔據着不同等級的位置。遊戲的規則和場域的目的是由再造資源的需求來界定的，這些資源對於那些資本構型而言是必不可少的，資本構型則在場域內制定了社會等級結構。

此外，社會地位決定了思考世界、在世界中行動和解釋世界的特殊方式。布迪厄將這些稱之為「秉性」，並且認為「秉性」反映了社會場域中的等級地位。它們是現存社會結構在精神上的再現。它們通過對世界願景進行再造的方式，來再造遊戲的規則和恰當的

---

20. 布迪厄的社會學反映在他的許多著作中，這些著作中的一些英文版包括：P. Bourdieu, *Outline of a Theory of Practice* (Cambridge and New York: Cambridge University Press, 1977); Bourdieu, *Distinction: A Social Critique of the Judgment of Taste*, trans. Richard Nice (Cambridge, MA: Harvard University Press, 1984); Bourdieu, *In Other Words: Essays toward a Reflective Sociology* (Stanford, CA: Stanford University Press, 1990); Bourdieu, *Language and Symbolic Power* (Cambridge, MA: Harvard University Press, 1991); Bourdieu, *An Invitation to Reflexive Sociology*, with Loïc Wacquant (Chicago, IL: University of Chicago Press, 1992); Bourdieu, *Practical Reason: On the Theory of Action* (Stanford, CA: Stanford University Press, 1998); and Bourdieu, *Acts of Resistance: Against the Tyranny of the Market* (New York: New Press, 1999).

資本構型的環境，因為判斷何為「是」何為「非」，有效地決定了這一特定社會場域裏所需資本的質量和數量。在這背景下，權力可以定義為：在一個特定的社會場域及多個場域裏，決定並界定資本的基本形式、資本的構型和資本的再造機制的能力。

布迪厄的「實踐」、「慣習」和「話語」概念，將機構分析與結構分析聯繫在一起。行動、思考和講演的社會與文化環境，與自主的個體的理念相矛盾。但是，人類並非全然處於社會結構和文化結構的鐵籠中，因為實踐、慣習和話語的踐行，為個性和變化提供了足夠的空間。施為者之間的互動，以及為了社會等級地位而進行的鬥爭，誘發了社會場域中的變化，同時，在主導性資本構型中反映和創造了變化。

儘管布迪厄自己並沒有詳細地闡述其有關國家—社會關係的觀點，但是他的社會學理論為我們提供了很有價值的工具，用來分析社會活動的這一領域，並更好地理解社會力量與市場和國家之間的關係。可以合理地認為，政治是發生在社會場域裏的，並假定國家和市場構成了這樣的社會場域。布迪厄系統闡述了他的支配性理論，不僅是為了解釋場域內的社會等級，也是為了解釋場域間的社會等級。他認為，社會場域往往會在它們之間的管轄範圍內再造主導性結構，而一些社會場域也在批量地再造愈發相關的資本。

嚴格來說，最具支配性的場域無疑是國家場域和市場場域。國家聚合了多種類型的資本及其再生產機制，並且有權力來定義什麼是相關的資本構型（例如其對教育所具有的決定性權力）。布迪厄借用這種特殊的權力來命名相關的資本，並賦予其一種常態——「符號權力」（symbolic power）。國家就是這樣一種完全圍繞着這類權力而進行演化的社會場域。對布迪厄而言，政治就是為了要獲得社會主導地位，而對何種類型的資本在哪種構型裏相關進行定義的鬥爭。

與新馬克思主義的模式相類似，布迪厄假定社會場域是由國家和市場這兩個主導場域預先構建的。然而，這一構建過程，不單單是由於馬克思主義者所認為的資本主義物質生產過程的特性，也不

是像自由主義國家學派的分析者（liberal state analysis）所認為的那樣，是國家自然權威的結果。毋寧說，建構是自我再造的過程，而社會施為者則參與了這過程。政治場域和經濟場域的過程，不能與其他社會場域相分離。

那麼，我們分析的焦點就變成了這個再造過程。當社會施為者為了相關的資本構型的定義而鬥爭時，或者如果出現了這情況時，衝突就會出現。在一個極端中，公民社會中的組織展現、鼓吹並且自我再造了一個資本構型，這一資本構型顯著地且危險地與主導性資本構型不同，意味着它們創造了一個替代性的話語，並且事實上與處於主導性地位的符號權力作鬥爭。在另一個極端中，它們的實踐、慣習和話語也能夠反映主導性的等級結構，意味着按照新葛蘭西主義的解釋來看，它們支持自由國家和資本主義市場制度。然而，這兩個極端僅僅意味着這一連續性過程的兩極，因為還可能存在着多種的中間形式。

當我們運用福柯和布迪厄的社會學理論來解釋中國共產黨與國家之間的關係，以及中國的黨與社會的關係時，這一理論具有很大的啟發性。福柯的社會學理論和新制度主義讓我們可以探究，組織化皇權如何通過容納新興的社會力量來再造自身；而布迪厄的社會學理論則能夠解釋黨與國家互動關係的動力，以及國家與社會互動關係的動力。按照新葛蘭西主義的模式，我們可以假設公民社會就是國家和社會發生互動的領域。國家是社會的一部分，而非獨立於社會。國家和社會力量之間的互動，具有相互改造的性質。由於國家掌握着符號權力，因此，它在與社會力量的互動過程中再造自身，並維繫它的主導地位。然而，儘管國家處於主導地位，但是社會力量也並不是無助的。相反，正如在布迪厄的社會學理論中所闡述的那樣，不同的社會力量擁有它們自己的「場域」權力。它們通過不斷與國家爭奪符號權力，既推動了國家的轉型，但同時也不斷從屬國家。

當然，國家與社會之間的動力關係，也適用於黨與國家之間的關係。黨作為國家的締造者，很自然地有使國家從屬自身的傾向。然而，國家也不是一個無助的行為者，它也可以從自身的行政「場域」獲取自身的權力。正如我們在之後幾章裏將要看到的那樣，黨對國家場域的過度滲透，事實上往往削弱了黨的能力，因為這樣一來，黨通常偏離了它應當關注的東西，也就是政治。國家的權力來源於它自己的場域，例如專業主義、行政技能和治理術，這些都是黨很難具備的優勢。

3.1 權力關係的機制

組織化皇權意味着權力關係的兩個維度，也就是黨與國家之間的關係，以及黨／國家和社會之間的關係。換句話説，它指的是黨對國家的主導，以及黨／國家對社會的主導。在探究黨如何維繫並再造對國家的主導權，以及黨／國家對社會的主導權時，本書也將參考新馬克思主義關於「霸權」的概念，它由安東尼‧葛蘭西提出來，並得到了其他新馬克思主義學者的進一步發展。與其他範式相比，葛蘭西的範式關注的是國家與社會關係的霸權本質，以此類推，它也同樣適用於黨與國家的關係。

儘管公民社會這個概念在社會科學中運用得非常廣泛，但是這個概念卻非常模糊，可以有許多不同的解釋。其中，有兩種解釋尤為典型，也就是「自由民主模式」和葛蘭西主義的霸權模式。這兩種模式對公民社會的政治本質提出了截然相反的兩種假設，前者認為公民社會是針對國家和市場的重要反作用力，而後者則將公民社會看作是自由主義思想的霸權性擴張，是自由民主國家和市場經濟的支持者。[21]

在自由民主主義的話語中，公民社會被簡單定義為「一個受到法律保護的，複雜且充滿活力的非政府機構的集合體，傾向於非暴

---

21. 有關這兩種模式的論述，參見：Catherine Goetze, "Whose Civil Society Is it Anyway?" in Zheng Yongnian and Joseph Fewsmith, eds., *China's Opening Society: The Non-State Sector and Governance* (London and New York: Routledge, 2008), pp. 36–53. 就這些文獻與中國的關係，筆者在與 Goetze 博士的討論中獲益良多。

力、自我組織、自我反省、相互之間永遠存在緊張關係，並與國家機構一直處於緊張關係中，這些國家機構『塑造』、限制和准許它們的行為。」[22] 自由民主模式由公民社會的一些基本假設構成，包括：(1) 公民社會是由個體公民構成的；(2) 它以自願聯合的方式組織起來；(3) 它們身處的領域不同於國家和市場，但其領域對於國家和市場領域非常重要，並起到補充作用。在這種模式裏，基本的分析單元是公民，也就是現代的政治個體，他們是通情達理的、理性的、享有不可剝奪的人權、平等的和個體的。現代的政治個體被視為具有推理、批判和懷疑的所有能力。所謂公民社會，就是個體能夠「逃脫任何特定的牢籠」。根據約翰·霍爾（John Hall）的觀點，「公民社會必須依賴於逃脫任何特定牢籠的能力；如果社會要變成公民的社會，那麼自治團體的成員需要同時是自願的和交叉重疊的（overlapping）。」[23]

根據自由民主學派的學者們的觀點，現代的政治個體儘管有選擇的權利，但是國家力量和市場力量的強大結構，不斷地威脅着這個權利。要應對這種狀況，現代的政治個體就有必要聯合起來。由於人類的生活總是不可避免地分割成不同的互動領域，公民結社就成為滿足人類需求的產物。但是，只有個人才能確保自己生活的連貫性。由於擔心個人被利維坦所俘獲，[24] 於是就有了自由民主主義對公民社會的這種描述。如果由政治個體掌管着社會生活領域的大多數組織，那麼就能最好地保留個體互動領域的自治權。因此，自由民主主義將公民社會描繪為抗衡國家和市場的一個必要力量。

霸權模式主要來源於葛蘭西的政治思想，這一模式的基本假設是，公民社會事實上是重現了政治制度和經濟制度的剝削形式。根據讓·柯亨（Jean Cohen）、安德魯·阿拉托（Andrew Arato）的觀點，「葛蘭西對公民社會的定義有了各種嘗試，貫穿所有努力的觀

---

22. J. Keane, *Civil Society: Old Images, New Visions* (Cambridge/Oxford: Polity Press, 1988), p. 6.

23. J. A. Hall, "In Search of Civil Society," in J. A. Hall, *Civil Society: Theory, History, Comparison* (Cambridge: Blackwell, 1995), pp. 15–17.

24. 譯者註：意即個人為國家所控制。

點是：在經濟『基礎』之外重現現行制度，是通過結合兩種實踐來實現的：即霸權和主導、同意和強制。這二者反過來又通過兩種制度框架來運作：公民社會的社會和政治結社、文化機構，還有國家和政治社會的司法機關、官僚機構、警察和軍隊。」[25]

葛蘭西關於公民社會的觀點與自由民主模式的非常不同，其不同點在於，他認為公民社會不是與國家和市場相分離的，而是從根本上受到了國家和市場的塑造，並反映了源於資本主義經濟和資產階級國家的權力結構。公民社會是霸權，因為它是主導性經濟生產結構和保護並增強這些生產結構的國家（自由主義國家）在文化上、精神上和觀念上的體現。與自由民主理論相反，霸權模式認為，公民社會本身被權力內在地賦予特徵並予以構建。自由民主模式雖然也考慮到了權力對公民社會的影響，但是認為權力是從公民社會的外部施加的，也就是國家和市場對公民行使權力，而公民社會則是能夠保護個人免於外部強權侵害的領域。而霸權模式則在另一方面假定，公民社會自身就構成了一種權力的領域，這就是特殊的霸權權力。霸權重現的觀點，在後馬克思主義學者的描述裏被進一步昇華，這是基於葛蘭西的努力。米歇爾・福柯關於權力概念和通過主導性話語重現權力／知識的理論，明顯地影響了他們。[26]

葛蘭西關於霸權的觀點被不同的方式解讀，這取決於在什麼情況下運用這種觀點。對於我們所討論的中國黨／國家與社會之間的權力關係，值得從格溫・威廉姆斯（Gwyn A. Williams）的有益定義出發。根據威廉姆斯的觀點，霸權意味着「一種秩序，在這種秩序裏，一種特定的生活和思考方式佔據了主導地位；在這種秩序裏，現實中的一個概念擴散到社會的各個機構和個人表現中去，讓全社

---

25. Jean L. Cohen and Andrew Arato, *Civil Society and Political Theory* (Cambridge, MA: MIT Press, 1992), p.145.

26. 有關福柯對權力的概念，參見：Michel Foucault, *Discipline and Punish: The Birth of the Prison*, trans. Alan Sheridan (New York: Vintage, 1977); Foucault, *The History of Sexuality, Volume 1: An Introduction, trans.* Robert Hurley (New York: Vintage, 1979); Foucault, "Two Lectures" in Colin Gordon, ed., *Power/Knowledge: Selected Interviews and Other Writings, 1972–1977* (New York: Pantheon, 1980); and Foucault, "Afterword: The Subject and Power" in Hubert Dreyfus and Paul Rabinow, *Michel Foucault: Beyond Structuralism and Hermeneutics*, 2nd edition (Chicago, IL: University of Chicago Press, 1983).

會的頭腦中獲知所有的品味、道德、習俗、宗教和政治原則，以及所有的社會關係，尤其是在它們的智力和道德內涵上。」[27]

根據杰夫・伊雷（Geoff Eley）的觀點，葛蘭西的霸權論有一些鮮明的特色。[28] 第一，從一個統治階級強調有意地進行「操縱」或「社會控制」的視角來看，霸權不應該與「意識形態」或「意識形態主導」簡單地交替使用。在這種情況下，正如雷蒙德・威廉斯（Raymond Williams）所言，霸權應當被視為「事實上是生活全過程的一種飽和狀態——它不僅僅是政治或經濟活動，也不僅僅是明顯的社會活動，而是鮮活的認同和關係的全部本質，它達到了這樣一個程度，以至於那些最終可以被視為特定經濟、政治和文化制度的東西，它們所帶來的壓力和局限，在我們大多數人看來，似乎不過是簡單經驗和常識所帶來的壓力和局限而已。因此霸權不僅僅是對『意識形態』的清晰、高級表達，也不僅僅是那些通常被視為『操縱』或『灌輸』的控制形式，它是實踐和期望的整體，位於整個生活之上：它是我們的感官和能量的分配，或是塑造我們對自身和世界的看法。」[29] 這種完整性和「過程的整體性」的外部結構化經歷，使一個特定社會的秩序得以團結一致並獲得其合法性。

第二，葛蘭西有關霸權的觀點並不是一個「極權主義」的概念。葛蘭西小心翼翼地使用這一觀點，在行政管理的意義上，把多元性和競爭性，勸說和許可這樣的要素，從更為壓抑和強制的統治形式及傳統的治理過程中區分出來。雖然葛蘭西謹慎地留意到國家對社會的直接介入，壓制反抗、圍堵異議並操縱教育、宗教和其他意識形態領域，以獲得大眾的服從；但是他更明顯地將霸權與公共生活的某一領域（例如：「公民社會」或「公共領域」）聯繫在一起，這一領域相對獨立於國家的控制，並因此使得霸權的成效更具偶然

27. Gwyn A. Williams, "The Concept of「Egemonia」in the Thought of Antonio Gramsci: Some Notes in Interpretation," *Journal of the History of Ideas*, 21 (1960), p. 587.

28. Geoff Eley, "Nations, Publics, and Political Culture: Placing Habermas in the Nineteenth Century," in Craig Calhoun (ed.), *Habermas and the Public Sphere* (Cambridge, MA: The MIT Press, 1992), pp. 287–339.

29. Raymond Williams, *Marxism and Literature* (Oxford: Oxford University Press, 1977), p. 109.

性。要建立霸權的最高地位，統治階級不僅必須通過國家來實行統治，它還必須向「知識分子和道德領袖」說明其主張，這就要求具有勸說的藝術，並持續地進行創造性的意識形態介入工作。霸權的本質是一種能力，這種能力是「給世界以另一種清晰的願景，以消除潛在的敵對者」，而不是簡單地壓制在「一個統一的世界觀」之下的願景。[30]

第三，霸權也對變化和協商非常敏感，不僅僅是因為它要在多元性的條件下尋求認可，而且還因為這過程還是需要通過主從社會關係來進行，這種主從社會關係是由階級不平等構成的，並因此涉及到相互矛盾和對立的利益群體。霸權的特徵是其不確定性、短暫性和矛盾性。正如杰夫·伊雷和基思·尼爾德（Keith Nield）所指出的那樣，霸權「並不是一個固定的和不變的狀況，在被堅定的革命行動徹底取代之前，它或多或少是恆久不變的；它是一種從制度上可以協商的過程，在這個過程中，社會力量和政治力量不斷地競爭、崩潰和轉型。」[31] 從這個意義上說，霸權總是處於一個構建的過程中。霸權總是存在着改變的可能，在一些特定的情況下，可能還會進行更加激烈的轉型，甚或徹底崩潰。因此，公民社會為競爭提供了機會，也為鞏固制度的合法性提供了機會。一個特定社會階級的主導權，必須不斷地重新協商，以適應從屬階級不斷變動的經濟、文化和政治力量。

因此，葛蘭西對人類歷史上存在的「霸權的」統治形式和「強制的」統治形式作出了明確的區分。根據葛蘭西的觀點，發達資本主義政體的合法性依靠的是一個相對穩定的「霸權機制和強制機制之間的平衡」，這與舊式國家形成了鮮明的對比，舊式國家缺乏這種與公民社會的重要互惠關係。[32] 通過創造「公民社會」或「公共領域」，資產階級能夠維繫其霸權地位，並再造其對其他社會階級的

---

30. Ernesto Laclau, *Politics and Ideology in Marxist Theory* (London: NLB, 1977), p. 161.

31. Geoff Eley and Keith Nield, "Why Does Social History Ignore Politics?" *Social History*, 5 (1980), p. 269.

32. Antonio Gramsci, *Selections From the Prison Notebooks* (London and New York: International Publishers, 1971), p. 54.

權力主導。換句話說，就政治主導的本質而言，資產階級公共領域（或「公民社會」）是這一重大歷史轉型的唯一制度工具：這是從一種壓制模式的主導，轉向一種霸權模式的主導，從主要基於對上級權力默許的統治，轉向主要基於許可的統治，並伴以一些壓制的手段。

按照新葛蘭西主義的思考方式，筆者區分了中國共產黨對國家，以及黨／國家對社會的幾種重要的主導形式。在福柯的術語裏，存在着不同的「權力技術」或「權力機制」，在黨與國家、黨與社會的關係中，中國共產黨通過它們對國家和社會行使權力。更具體地說，權力以如下三種方式下行使。第一，可以強制性地使用權力。正像一句流行的諺語所說：「政治是不流血的戰爭，戰爭是流血的政治。」雖然並非所有的政治都是強制性的，但可以肯定的是，這是強迫他人違背自身意願，去做你想讓他們做的事情的眾多方法之一。第二，權力可以通過談判或者權力交換來行使。用簡單的術語來說，權力交換意味着：「我為你做事，是為了讓你替我做事」。其動機包括了通過對另一方提供回報來改變他們的行為。第三，權力還可以通過互惠和勸說來行使。這是一種誘使他人自願服從和合作的能力。

中國共產黨對國家的主導，黨／國家對社會的主導，以及對這種主導的再造，也可以通過上述三種權力行使的「技術」來實現。表 2.1 總結了黨與國家、黨／國家與社會之間存在的這三種形式的權力關係。[33] 每種權力關係可以總結如下：

- **強制**可以定義為這樣一個過程：在這個過程中，中國共產黨採用強制性的手段，例如幹部任命制度和群眾性的政治運動，來獲取國家和社會的服從。就黨／國家與社會之間的關係而言，強制以各種不同的方式表現出來，從控制社

---

33. 表 2.1 基於：Zheng Yongnian, *De Facto Federalism: Reforms and Dynamics of Central-Local Relations* (Singapore and London: World Scientific, 2007), chapter 2.（譯者註：此書已有中文版：鄭永年，邱道隆譯：《中國的「行為聯邦制」：中央─地方關係的變革與動力》，東方出版社，2013 年 4 月，第二章。）儘管這些權力關係存在於中央政府和各省之間，但是也適用於黨與國家之間的關係，以及黨／國家與社會之間的關係。

表 2.1 支配中國黨與國家、黨／國家與社會之間權力關係的機制

機制	正當性	動機	過程	目的
強制	道德優勢（例如：先鋒隊），皇權統一和國家統一的必要性等。	黨的主導和協調	人事任命、運動，以及控制和壓制公民社會等	強迫服從、維繫皇權等。
談判	互利	自利	協商	解決衝突
互惠	相互接受	對另一方的正當性，義務	自我調整，商談	自願合作

會力量到公開壓制社會力量，都是其表現形式。強制是單方面的，旨在保證黨對國家和社會的主導，並強化組織化皇權。

- **談判**可以定義為這樣一個過程：在這個過程中，兩個行為者（黨與國家，以及黨／國家與社會）通過不同形式的或明或暗的談判來解決它們之間的衝突。它的本質是雙向的，雙方利用它們的資源來促進共同利益，或是使它們各自的利益最大化。

- **互惠**可以定義為這樣一個過程：在這個過程中，兩個行為者（黨與國家，以及黨／國家與社會）通過自我調整和商談，在它們之間達成自願的合作。互惠是基於義務之上的，每一方都以對方可以接受的方式來行動，或是每一方的行為對另一方來說都是正當的。

值得注意的是，儘管這些權力關係的形式在大多數人類社會中都存在，但是它們還是有着文化維度。文化影響了中國共產黨對國家行使權力的方式，也影響了黨／國家對社會行使權力的方式。在強制性的權力關係中，黨的主導是非常明顯的。談判和互惠並不意味着權力沒有運作。談判並不意味着國家享有和黨相同的權力，相反，它僅僅意味着黨和國家能夠相互向對方提供東西。黨與國家之

間的權力結構，意味着二者之間一種不對稱的權力關係。這也同樣適用於黨／國家與社會之間的關係。文化的影響在互惠機制中甚至更大。互惠就像習俗一樣，是一種各方在文化上共同認可的恰當行為。在這種情況下，布迪厄的「實踐」、「慣習」和「話語」概念就顯得尤為相關。在互惠的權力關係中，黨並不需要訴諸於強制和談判的手段來應對國家或社會，因為已經有了制度化的習俗。不過，這些規則和規範，可以通過歷史上的強制手段形成。換句話說，互惠的有效性，是由於「歷史的影子」。同樣，福柯的社會學也詳細闡述了強制是如何轉變為互惠的。

3.2 組織化皇權、再造和轉型

中國共產黨成為組織化的皇帝，意味着黨是皇帝在當代的人格化。它是一個高度組織化的皇帝，對國家和社會施加主導。[34] 換句話說，在黨的領導人個人和作為一個組織的黨之間，也存在着權力關係的維度。權力的個人化增強了政治領導人的個人權力，但是會削弱了黨領導政治變革和維繫全黨作為組織化皇帝的能力。下面的簡單公式指出了黨的能力、制度化和個人化三者之間的關係：

3.2.1 黨的能力 ＝ 制度化／個人化

這裏，「個人化」指的是人治，意味着黨是由領導人個人（通過他們的個人魅力、個性等）來領導的，而「制度化」指的是法治，意味着黨是由已經確立的規則、規範、規章等來運作的。「黨的能力」指的是一個特定政黨維繫自身，並致力於社會─經濟轉型的能力。這一公式試圖表明，在制度化與黨的能力之間，存在着正相關的關係，而個人化與黨的能力之間存在着負相關的關係。

黨的個人化產生了兩個顯著的後果。第一，強勢的領導人往往導致一個贏弱的政黨。在強人統治的情況下，黨是高度個人化的，這意味着黨的最高領導人像皇帝一樣行事，將政黨打造為一個皇權

---

34. Franz Schurmann, *Ideology and Organization in Communist China* (Berkeley, CA: University of California Press, 1968).

體系。這就是毛澤東時代的中國共產黨。政黨的個人化不僅導致了高度集中的政治權力，而且使得黨很難將其自身制度化。黨的領導人很強大，但是黨本身非常羸弱。在很大程度上，黨通常成為領導人個人的工具，用於組織和永續個人權力。當領導人個人離去後，黨就不可避免地遭遇衰落，甚至會崩潰。

第二，一個強大的政黨往往導致一個羸弱的國家。如果說，在強而有力的領導人治下，黨本身是弱勢的，那麼國家就比黨還要更加弱勢。正如在黨／國家（黨領導下的國家）這一概念中所蘊含的那樣，黨在結構上位於國家之上。黨不僅掌管着政策制定，還掌管着政策管理和政策實施，並因此成為事實上的第一級政府，而國家則成為了第二級政府。儘管從理論上來說，黨和國家是兩個分開的組織，但是後者是從屬前者的。國家權力根據國家與黨的關係而消長。如果黨的強勢是領導人個人權力強大的結果，那麼情況就更糟了，因為領導人個人的離去，往往會導致黨的衰落甚至是崩潰，這反過來又會導致國家的衰落。

組織化皇權的這些關鍵特徵，通常使得再造皇權的過程問題重重。在維繫黨的主導上，強制一直很重要。但是，強制並不總是有效的，而且它包含了很高的代價，這些代價體現在：從黨／國家與社會的關係來看，有1989年對民主運動的鎮壓和1999年對法輪功的鎮壓；從黨內的權力關係來看，有胡耀邦、趙紫陽、陳希同和陳良宇的倒台。事實上，中國共產黨採用了多種手段對國家和社會施加其霸權，並由此維繫其對這二者的主導。如此一來，在各種要素中，民主要素就成為黨所接受的事物，並在其再造和重建皇權的努力中起到了重要的作用。在這裏，我們可以提出有關黨轉型的兩個問題。第一，民主要素是如何進入組織化皇權的，或者說它是如何進入一個一黨主導的體系的？第二，在這個體系裏，正在發展什麼類型的民主，或者說將會發展什麼類型的民主？要回答這兩個問題，我們就要看看中國共產黨在努力再造主導的同時，是如何進行轉型的。

圖 2.2 定位組織化皇帝及其發展方向

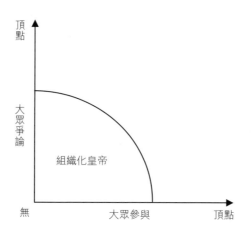

第一個問題，是關於組織化皇權能否與民主相兼容。乍看之下，組織化皇權和一黨主導與民主是直接對立的，因為民主意味着不同政黨之間的自由競爭。儘管沒有人會認為中國已經是民主國家了，但是同樣可以確定的是，中國共產黨正努力地接納和引入不同的民主要素，來維繫其主導並再造其皇權。因此，這就要求我們去檢視，這些民主要素是如何融入組織化皇權的。第二個問題是，中國的政治制度將走向何方？近幾十年來，中國的政治制度已經背離了毛澤東時代的制度，但是並沒有任何跡象表明，中國的政治制度會演變為任何一種西方模式的政治制度，它亦與世界上其他的威權主義制度有着巨大的不同。第二個問題也可以通過檢視民主要素是如何融入組織化皇權來回答。

當組織化皇權的再造蘊含了對民主要素的接納和引入的時候，那麼檢視一下民主化的路徑就十分重要。在各種不同的民主理論中，羅伯特·達爾（Robert Dahl）有關民主的經驗概念在這裏顯得極富啟發意義。圖 2.2 改編自達爾對民主化的描述。[35] 在達爾看來，

---

35. Robert A. Dahl, *Polyarchy: Participation and Opposition* (New Haven and London: Yale University Press, 1971), p. 6.

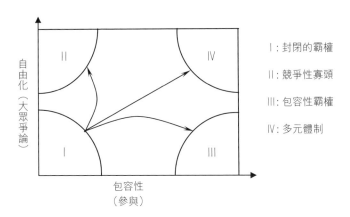

圖2.3 組織化皇權的變化維度

I：封閉的霸權

II：競爭性寡頭

III：包容性霸權

IV：多元體制

自由化（大眾爭論）

包容性（參與）

民主化意味着政權當中的大眾參與和大眾爭論從無到有，而且是同時產生。一個政權擁有的大眾參與和大眾爭論越多，一個政權也就越民主。當我們要說清楚作為組織化皇帝的中國共產黨時，我們可以有條件地利用達爾的描述。在最極端的情況下，組織化皇權意味着一人統治，毫無大眾參與和大眾爭論。在這種情況下，黨的領導人凌駕於黨的機構之上，像皇帝一樣行事，將所有在其管轄權範圍內的事物都當作其個人的隸屬品。當領導人在政黨本身的創建當中起到了關鍵作用時，這種情況尤其容易出現，例如毛澤東就是一個典型例子。領導人往往利用政黨作為自己的工具，來令自己的權力和利益最大化。

中國共產黨要在一個不斷變化的社會—經濟環境中再造其皇權，就必須引入變化並着手開始轉型。但是，中國共產黨應該向哪個方向轉型呢？以及，中國共產黨如何進行這樣的轉型呢？這些問題是在學術界和政策圈裏經常被提及的問題。正如在前一章所論述的，大多數學者認為，中國共產黨應當向民主的方向前進。在理解中國的政治轉型上，這些學者指向了從威權主義到民主的轉型，這種轉型的特徵是多黨制、大眾爭論和大眾參與。在圖 2.3 中，這一轉型是從領域 I 到領域 IV。

前蘇聯和東歐的共產主義國家的轉型似乎確證了這一觀點。對許多學者來說，共產主義國家的政治轉型意味着黨／國家將權力下放給社會（將權力賦予民眾）。政治改革的邏輯隨之而來。共產主義國家不得不「通過在政治過程中更多地考慮社會因素，來改變決策機制，而且，它還必須改變其意識形態以適應新的經濟措施。這就重新界定並擴大了權利的定義，以及對社會中的個人和群體的自由表達空間和集體行動空間的容忍度。」[36] 此外，政治轉型可以分為兩個主要階段。第一個階段是自由化，第二個階段是民主化。自由化指的是使某些權利生效的過程，這些權利確保個人和社會群體免受來自國家的專斷或違法行為影響；而民主化指的是，借由（民主化）這一過程，公民權的規則和程序能夠適用於過去由其他原則所統治的政治制度，或者能夠擴大並涵蓋過去沒有享受這些權利和義務的人，或者能夠延伸並涵蓋過去沒有公民參與的事項和機構。此外，民主化最終是以選舉為標誌的。[37]

儘管中國經歷了快速的社會—經濟轉型，但是中國依然維繫着一黨制。雖然民主要素已經在中國政治中出現，但是中國並沒有追隨或打算追隨其他共產主義國家所採取的政治轉型路徑。從規範的層面出發，中國通常被批評為採取了「錯誤」的政治轉型路徑。然而，當中國的實際並不符合現行的「轉型學」（從威權主義向民主的轉變）時，學者們必須努力探索為什麼中國沒有遵循傳統的路徑。換句話說，我們需要一個新的解釋來說明中國的政治轉型路徑。和其他地方一樣，中國過去 30 年快速的社會—經濟轉型，為中國共產黨帶來了巨大的挑戰。迄今為止，中國共產黨的領導層通過在現行政治制度中引入政治變革，已經成功地拒絕了從威權主義轉型為

---

36. Tsuyoshi Hasegawa, "The Connection between Political and Economic Reform in Communist Regimes," in Gilbert Rozman, ed., *Dismantling Communism: Common Causes and Regional Variations* (Washington DC: The Woodrow Wilson Center Press and The Johns Hopkins University Press, 1992), pp. 63–64.

37. 例如：Giuseppe Di Palma, *To Craft Democracies: An Essay on Democratic Transition* (Berkeley, CA: University of California Press, 1990); and Guillermo O'Donnell and Philippe C. Schmitter, *Transitions from Authoritarian Rule: Tentative Conclusions About Uncertain Democracies* (Baltimore, MD: The Johns Hokpins University Press, 1986).

任何西方意義上的民主制。換句話說，中國共產黨成功地維繫並再造了組織化皇權，使其與不斷變化的社會—經濟環境相適應。

在這裏，達爾有關民主化的論述再一次幫助我們理解。儘管達爾強調了通往民主的不同路徑，但是達爾強調了民主化只是一個封閉霸權可能的演化選項之一，這與我們對組織化皇權的定義是很接近的。正如在圖 2.3 中所示，民主化意味着從領域 I 到領域 IV 的轉型。[38] 儘管中國產生了一些形式的民主要素，例如農村基層民主、鄉鎮選舉和權力下放，但是中國共產黨依然是國內唯一的執政黨。那麼，我們可以立即提出幾個關鍵的問題：如何解釋中國共產黨所發生的變化？為什麼這些變化沒有導致中國的民主化？中國共產黨如何維繫其對國家和社會的主導？

儘管這些問題都會在之後的幾章中檢視，但是我們可以首先建立一個二維的分析框架。正如之前所提到的，組織化皇權意味着黨對國家的主導，以及黨／國家對社會的主導。雖然這兩種主導之間是相互關聯的，但是將它們區分為兩個維度會更有助於我們的分析。也就是說，首先分析黨對國家的主導，然後分析黨／國家對社會的主導。黨對國家的主導很大程度上屬黨內事務，而黨／國家對社會的主導則屬學術界所謂的國家與社會的關係。

3.2.2 黨對國家的主導

圖 2.4 展示了黨主導國家的動力。國家是黨的一部分，因為是黨締造了國家。從這個意義上說，黨對國家的主導可以被視為是黨內事務。有必要指出，在這當中引進的所有變化，不管它們是民主的措施還是非民主的措施，都旨在確保維繫和再造組織化皇權。

在最極端的情況下，組織化皇權是一個封閉的霸權（領域 I）。封閉的霸權的特徵是個人專斷和個人統治。在中國，這發生在毛澤

---

38. 根據達爾的觀點，「當霸權性政權和競爭性寡頭邁向多元體制時，它們就增加了有效參與和爭論的機會，並由此增加了個人、群體和利益集團的數量，它們的偏好必須被納入決策的考量當中去。」參見：Dahl, *Polyarchy*, p. 14.

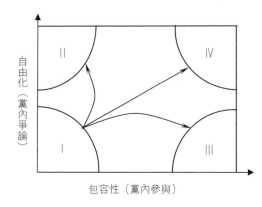

圖 2.4 霸權與黨內政治

I：封閉的霸權
（獨裁，強人統治）
II：競爭性寡頭
（黨內派系政治）
III：包容性霸權
（向黨內的主要
社會力量開放）
IV：多元體制
（黨內民主）

（圖中標示：自由化（黨內爭論）、包容性（黨內參與）、I、II、III、IV）

東時代，而在鄧小平時代，這個程度略輕一些。對於毛澤東和鄧小平這樣的強人來說，因為他們是黨和國家的締造者，他們往往能夠從革命經歷中獲得政治合法性。儘管黨的組織和意識形態對他們的統治也很重要，但是他們能夠凌駕於全黨組織之上，並將意識形態作為工具使用，以讓黨員幹部和政府官員的完全服從。當黨的領導人之間或黨內有不同的意見時，「異議者」將遭到嚴厲的懲罰，並以「階級鬥爭」的名義被驅逐出黨。對黨的領導人（例如：毛澤東和鄧小平）的個人忠誠是黨員幹部生存的關鍵因素。

當封閉的霸權由於社會—經濟的變化而變得不可持續時，就必須在黨內事務中引入變化。一般情況下，學術界往往認為封閉的霸權為了生存和維繫自身發展，不得不邁向多元體制，也就是說，從領域 I 邁向領域 IV（圖 2.4）。但是，事實未必總是如此。除了邁向多元體制之外，組織化皇權還可以邁向競爭性寡頭，也就是從領域 I 邁向領域 II，或是邁向領域 III，成為一個包容性霸權。

從領域 I 邁向領域 II，意味着黨的領導層從過去的一人主導，開始向黨內的不同政治領導人、派別和力量開放。黨變成了一個競爭性寡頭體制，而黨內的派系政治是這一競爭性寡頭體制的關鍵特徵。但是，寡頭體制的代表人物卻未必是由黨員選舉產生的。相

反，他們通常是通過不同派系內部和不同派系之間的權力鬥爭過程所「選拔」出來的。即便那些挑戰了組織化皇權最高權力的人通常遭到了懲處，例如 1995 年的陳希同和 2007 年的陳良宇，但是，為了維繫和再造組織化皇權，各派系之間的準則通常還是相互讓步的。

封閉的霸權也可以從領域 I 邁向領域 III，以便增強其在黨內的合法性。黨內派系政治的出現，意味着不再存在一個強人的統治，那麼在黨的領導層採取重大的政策動議前，必須在黨內建立共識。誰也無法保證在不同的派系之間不會產生僵局。在不同的派系之間，必須有一個派系佔據主導地位，否則一旦發生政策僵局，整個體系將無法運作。一個特定的派系要建立其對不同派系的主導，就要能夠發動黨內的政治動員來擴大其在黨內的支持度，並增強其在黨內的大眾合法性。這種情況發生在江澤民和胡錦濤主政時期。在江澤民時代，黨的領導層高度依賴新興社會階層，尤其是私營企業主。黨的領導層不僅將快速成長的私營經濟合法化，而且將私營企業主入黨合法化。在胡錦濤時代，黨的領導層將政策重心轉移到其傳統的社會階層上，例如城市工人、農民工和農民。

從領域 I 邁向領域 II 和領域 III 已經在中國發生了。筆者將在之後論述，儘管這種轉變使得黨能夠接納民主要素，但是它也對領導層進行了賦權，使其能夠維繫並增強黨作為組織化皇帝的地位。組織化皇權不再是一個封閉的霸權，而是對黨內的不同政治力量變得更加包容。派系政治也成為了常態。有一些跡象表明，存在着從領域 I 向領域 IV 的邁進，也就是說，不同派系通過有限的黨內選舉方式來產生領導人（參見第四章）。但是，黨內選舉被黨的領導層有效控制着，意味着黨內民主還沒有實現，政權也還沒有進入領域 IV（圖 2.4）。

3.2.3 黨／國家對社會的主導

以同樣的方式，我們也可以觀察到，作為組織化皇帝的中國共產黨是如何維繫並再造其對社會的主導。正如圖 2.5 中所示，組織

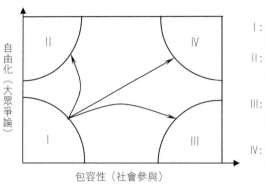

圖 2.5 霸權與國家—社會關係

I：封閉的霸權
（一黨執政）
II：競爭性寡頭
（與其他政治權
力量分享權力）
III：包容性霸權
（向社會力量開
放的政治進步）
IV：多元體制
（民主）

自由化（大眾爭論）

包容性（社會參與）

化皇權的維繫和再造，指的是發生了從領域 I 邁向領域 IV 的情況，也就是從一個封閉的霸權邁向多元體制，但是卻又沒有達到多元體制已經開始的程度。黨／國家與社會之間的權力關係已經發生了變化，但是並沒有導致多元體制的產生。換句話說，黨的領導層引入變化，用來改革黨／國家與社會之間的關係，通過這一方式，組織化皇權的維繫和再造已經實現了。因此，問題不在於是否存在變化，而在於這些變化是如何使黨的領導層將民主要素融入現行體制中，並由此維繫和再造組織化皇權。

迄今為止，中國共產黨所發生的變化可以分為兩類。第一類變化，是有助於從封閉的霸權邁向競爭性寡頭的變化。這些變化發生在精英層面。正如之前所論述的，當黨／國家還是一個封閉的霸權時，它處在一人或少數政治強人的統治之下，例如毛澤東和鄧小平。在後強人時代，就黨內精英的競爭和黨／國家與社會之間的關係而言，中國共產黨的領導層逐漸變得具有競爭性了，儘管這種競爭性非常有限。兩個主要的政治代表機構，即全國人民代表大會和中國人民政治協商會議，在各級都得到了加強。儘管所有最高領導人都由中國共產黨通過黨內的精英政治選拔出來，但是他們都需要通過全國人民代表大會的正式「選舉」產生。全國人民代表大會過去曾是黨的橡皮圖章，但是在改革進行了 30 年之後，它已經成為

了中國最有權力的政治機構之一。此外，國家領導層中的非共產黨員代表的比例也增加了。最近幾年，政府也開始與非共產黨的組織分享其權力，例如所謂的「民主黨派」，這是試圖包容社會力量。一些部長級職務被分配給了「民主黨派」。然而，中國共產黨在中國精英政治中依然佔有壓倒性的主導地位，指出這一點非常重要。

第二類變化，是在從封閉的霸權（領域 I）邁向包容性霸權（領域 III）中發生了更為實質性的變化。簡單來說，在一個封閉的霸權裏，黨／國家與社會之間不存在緩衝空間，這就造成了黨／國家與大眾的直接對立，而在一個包容性霸權中，在黨／國家與社會之間，存在着日益增長的緩衝空間或「公共空間」。這些公共空間的出現，滿足了日益增長的政治參與的需求，同時，它也使得中國共產黨能夠更具包容性，並由此維繫其作為組織化皇帝的地位。

這些方向的變化構成了筆者稱為「霸權化」（第六章）的過程。我們可以區分出這些變化的四個顯著維度。第一，中國共產黨自身現在對不同的社會階層開放。中國共產黨曾經認定自身為無產階級政黨，並代表着工人、農民、士兵和政府官員的利益。現在，黨員身份已經向其他的社會階層開放，尤其是新興階層，例如私營企業主，他們過去被認為是黨的敵人。第二，建立並完善了基層直接選舉制度。農村居民現在可以選舉他們的村民委員會。在城裏，居民委員會也是由城市居民直接選舉產生的。第三，基層人大代表的直接選舉已經被正規化並得以鞏固。第四，非政府組織（NGOs）受到鼓勵，大力發展，而且它們在一些領域裏起到越來越重要的作用。近些年來，社會裏亦產生了其他的民主參與形式，以應對來自社會且日益增長的挑戰。例如，在中國的某些地方，尤其是經濟發達的地區，在經驗的基礎上引入了「協商民主」的實踐，這種協商被用於解決當地主要的公共事務。[39]

---

39. 參見 Ethan J. Leib and Baogang He, eds., *The Search for Deliberative Democracy in China* (New York: Palgrave Macmillan, 2006).

4．小結

正如在「組織化皇權」這一術語中所指出的那樣，中國共產黨是中國皇權政治文化重組或轉型的產物。像所有中國王朝的皇帝們一樣，中國共產黨也將自身認定為中國的唯一合法統治者。因此，它絕不容忍任何其他政治力量挑戰其主導地位，更不用說取代中國共產黨的統治地位。要維繫其主導，中國共產黨必會採取積極主動的應對方式來推動快速的社會—經濟發展。隨着中共傳統合法性來源的衰退，它必須探索並發展新的合法性來源。然而，社會—經濟變化產生了許多政治影響，中國共產黨不得不去應對這些影響，以便維繫其主導權。

政治變化已經發生了，但是這些變化並不旨在使中國的政治制度民主化。事實上，雖然政治變化的預期並不是將政治過程向普羅大眾突然開放，但是中國共產黨確實存在着一個可控的制度調整過程。制度調整的設計是非常審慎的，它使得中國共產黨能夠為經濟增長提供秩序，並為權威的合法性提供新的基礎。由於政治變化也旨在維繫中國共產黨作為組織化皇帝的地位並增強其主導權，黨的領導層就必須作出所有的努力來領導和指引國家的發展。然而，社會—經濟的變化通常導致了意料之外的後果。我們已經觀察到，社會對政治變革的要求持續增加，對中國共產黨權威的挑戰也在發展。因此，當現行的機制不能再容納這些自發行動的社會力量時，中國共產黨就不得不採取強制性的手段來應對它們。然而，使用強制性手段並不代表中國共產黨拒絕調整其政治制度。相反，這意味着中國共產黨並不希望由社會力量來主導中國政治發展的進程。所有重大的政治變革都必須由上層開啟，這樣一來，中國共產黨就能夠管控這個過程。

從這個意義上說，可以將中國的政治改革定位為政治漸進主義，它旨在持續不斷地調整其制度性框架，一方面確保經濟改革和政治穩定，另一方面適應由社會—經濟變化所帶來的劇烈變化。當然，漸進主義的最終目標，是要維繫中國共產黨的主導。

　　因此，在中國，政治漸進主義並不推動民主，同時也不反對民主。但是，客觀來說，中國的政治制度是否邁向民主化，絕不能僅僅用是否採用了直接的民主化措施來評價。相反，它必須通過以下方式來衡量：即通過持續不斷的制度性調整，政治制度是否更加適應由劇烈的社會—經濟變化所帶來的民主要素。儘管黨的領導層所做的事情，並不旨在將中國民主化，但是伴隨着持續不斷的調整，中國的政治制度往往顯示出其彈性，更加適應社會的變化和民主的發展。換句話說，政治變革的初始政策目的也許是為了鞏固和增強中國共產黨的權力。但是這樣一來，中國共產黨就創造了一個新的政治基礎，這基礎使其能夠適應不同的民主要素。有必要指出，這些變化都不意味着中國將發展出一種西方所認為的民主制度。相反，中國共產黨已經通過適應民主要素來維繫其作為組織化皇權的地位。

　　從文化的角度來看，漸進主義可以被視為是中國共產黨領導層所採取的審慎行動，以維繫和再造組織化皇權。組織化皇權的自覺意識驅動着黨的領導層積極主動地採取所有措施來再造其主導，以適應不斷變化的社會—經濟環境。如此一來，隨着中國共產黨的皇權從一代領導人傳到另一代領導人手中時，以及從舊的制度傳遞到新的制度時，文化的連續性就產生了。在這個過程中，一個新的但依然是皇權政治的文化就形成了，這是傳統皇權與更加現代的要素的結合，甚至是與民主要素的一種結合。因此，學術界就面臨着一個複雜的情形：作為組織化皇帝的中國共產黨將既不會發展成為一個如西方所認為的現代的民主體制，也不會徹底地抗拒民主的發展。本書的任務，就是要理解這個複雜的情形。

第三章

從個人到組織：皇權的轉型

現代君主，是虛擬的君主，它並非一個真正的人或具體的個人。它只能是一個有機體，一個複雜的社會要素。在這個社會中，已經得到承認，並在某種程度上以行動顯示其威力的集體意志，開始呈現具體的形式。歷史已經向我們提供了這個有機體，那就是政黨……

——《獄中札記》安東尼奧·葛蘭西

1. 革命，而非自由和民主

1840 年以後，封建的中國逐漸變成半殖民地、半封建的國家。中國人民為國家獨立、民族解放和民主自由進行了前仆後繼的英勇奮鬥。

20 世紀，中國發生了翻天覆地的偉大歷史變革。

1911 年孫中山先生領導的辛亥革命，廢除了封建帝制，創立了中華民國。但是，中國人民反對帝國主義和封建主義的歷史任務還沒有完成。

1949 年，以毛澤東主席為領袖的中國共產黨領導中國各族人民，在經歷了長期的艱難曲折的武裝鬥爭和其他形式的鬥爭以後，終於推翻了帝國主義、封建主義和官僚資本主義的統治，取得了新民主主義革命的偉大勝利，建立了中華人民共和國。從此，中國人民掌握了國家的權力，成為國家的主人。[1]

以上段落引自《中華人民共和國憲法》的序言。西方列強入侵中國以後，中國的帝制權力結構開始崩潰。正如《憲法》中所描述的，1840 年後，中國為爭取民族獨立和解放，為爭取民主和自由，經歷了長達一個世紀的革命歷程。革命使中國從外部的帝國主義侵略中贏得了民族獨立和解放。問題在於：革命是否如幾代革命者所

1.《中華人民共和國憲法》，序言部分，北京：外文社，1999 年，第 3 頁。

設想的那樣，為中國帶來了民主和自由？或者換個問法：中國人民是否成為了他們自己國家的主人？

當代中國的革命深受西方革命思想的影響，這使得這些革命與中國傳統的農民造反有所不同。在中國數千年的歷史中，農民造反往往推翻一個帝制權力結構，然後再建立另外一個。相比之下，當代革命儘管也推翻了帝制權力結構，但卻旨在建立一個不同的制度。在革命家的理想世界中，自孫中山以來的革命領袖都旨在建立一個強大的民主國家，就像他們在西方所看到的那樣。從這個意義上說，當代中國的革命是成功的。吳玉章（1878-1966）是中國著名的政治家和教育家，他詳細闡述了 1911 年的辛亥革命如何改變中國人關於皇權的觀念：

> 從前皇帝自稱為天子，如果有人說皇帝是強盜，可以打倒，別人一定把他看作瘋子。孫中山先生就曾經是一個被人家看作瘋子的人。在辛亥革命以後，如果有人想做皇帝或者擁護別人做皇帝，一定也被看作瘋子。袁世凱是在辛亥革命以後想做皇帝的人，張勳是在辛亥革命以後想擁護別人做皇帝的人，他們都有武力做後盾，當初何嘗不自認為有把握？可是一到要成大事的時候，馬上就發現原來擁護他們的人只有身邊的幾個奴僕，或者某些同他們一樣可笑的夢遊人。[2]

中國共產黨選擇用「書記」來稱呼黨內最高職務者，就反映了這樣一種革命認同。1921 年 7 月，只有大約 50 名黨員的中國共產黨舉行了第一次全國代表大會。大會決定，中國共產黨的最高領導人稱為「書記」，因為「書記」在當時是最小的官職。那麼，為什麼大會要作出這個決定，將黨的最高領導人稱為「書記」呢？按照

---

2. 吳玉章：《論辛亥革命》，北京：人民出版社，1972 年，第 32 頁。吳玉章從 1950 年到 1966 年被任命為中國人民大學校長。他於 1878 年出生在四川省榮縣，於 1925 年加入中國共產黨。20 世紀 40 年代，他在延安和董必武、林伯渠、徐特立、謝覺哉並稱「延安五老」。張勳（1854-1923）是一位忠於清朝的將領，1917 年，他試圖讓已經退位的溥儀皇帝復辟。

官方的解釋，因為「中國共產黨為了表示與舊社會決裂的決心，為人民謀利益的決心，決不當官僚，決不做欺壓百姓的老爺。」[3]

　　毫無疑問，中國共產黨是一個真正革命的政治組織。但是，我們可以提出一個問題：「中國共產黨在革命勝利後所建立的政治結構，與帝制權力結構有所不同嗎？」正如阿列克謝・德・托克維爾（Alexis de Tocqueville）告訴我們的，答案是：「未必。」這是托克維爾在觀察法國大革命時提出的問題。根據托克維爾的觀點，法國大革命（1789–1799）的目的並不是要摧毀宗教信仰（教會）的統治權或製造一個永久的無序狀態（無政府狀態）。從本質上說，這是一場政治改革和社會改革的運動，這場運動是為了增加中央政府的權力和管轄權。法國大革命從未打算改變法國傳統文化的全部本質，也從未打算遏制其發展進步，或是對西方社會結構的基本原則進行任何重大的改變。法國大革命主要的持久性成就，是摧毀那些普遍認為帶有封建性質的政治制度，在過去的幾個世紀裏，這些制度在大部分歐洲國家裏佔有不可動搖的統治地位。法國大革命以平等這觀念為基礎，開始用新的社會秩序和政治秩序來取代這些舊的秩序。[4]

　　托克維爾對法國大革命的觀察，同樣也適用於中國的革命，不管這些革命是由國民黨領導的還是由共產黨領導的。長達一個世紀的革命確實帶來了根本性的變化。封建性的政治話語不再被視為合法的，新的政治原則，例如人民民主、自由和平等，被寫進了《憲法》，並為大眾所接受。更重要的是，產生了一個結構性的變化，即從基於個人的帝制權力結構，轉變為基於組織的帝制權力結構。用葛蘭西的術語來說，這是一個現代的君主，它不再是傳統形式上一個具體的個人，而是一個有機體，也就是一個政黨。從這個意義上說，新的結構和舊的結構是不同的。但是，問題在於：在這種新

---

3. 參見：中國共產黨新聞網：《從書記到總書記：黨中央最高領導稱謂的歷史沿革》，http://cpc.people.com.cn/GB/64162/64172/85037/85039/6115387.html。（最後瀏覽時間：2007年11月23日）

4. Alexis de Tocqueville, *The Old Regime and the French Revolution*, trans. Stuart Gilbert (New York: Anchor Books, 1955).

結構的掩蓋之下，中國政治的本質改變了嗎？事實上，這個新結構想要實現的目標，和舊結構是一樣的，也就是要主導國家和社會，只不過是換了一種更加有效的方式。

本書關注的是作為組織化皇帝的中國共產黨，但是，這並不是說只有中國共產黨試圖成為當代中國的組織化皇帝。自從清王朝滅亡後，許多政治力量都試圖重建皇權，當這些努力都失敗以後，人們才開始追求組織化皇權。在中國共產黨之前，國民黨也曾竭盡全力建立這樣一個組織化皇帝。

當代中國的皇權從個體轉型為組織，可以單獨成為一個研究課題。雖然本書檢視的是中國共產黨如何努力在當代再造組織化皇權，但是檢視這一轉型在當代中國歷史中是如何發生的，將會非常有幫助。在本章接下來的部分裏，筆者將檢視，基於個人的皇權對其他政治實體的主導，是如何被基於組織的皇權主導所取代的。本章也將試圖展示，在與其他行為者（尤其是國家和社會力量）的權力關係中，基於組織的皇帝是如何變得更加有效和牢固的。

2．帝制和皇權的主要特徵

我們說中國共產黨是一個組織化的皇帝，不僅意味着它繼承了傳統皇權的許多特徵和手段，而且還意味着它在列寧主義政黨結構的掩飾下，表現出傳統組織原則的連續性。因此，要解釋作為組織化皇帝的中國共產黨，就是要檢視傳統的、基於個人的皇權，是如何轉型為現代的、基於組織的皇權，以及這種現代皇權又是如何通過不斷調整自身以適應不斷變化的文化和制度環境，來維繫自身。換句話說，就是要去檢視傳統的皇權文化在當代是如何再造的。

從中國第一位皇帝——秦朝的秦始皇（前259－前210）開始，直到最後一位皇帝——清朝的溥儀（1908-1911年在位），中國的帝制歷經了巨大的變化。雖然本書不討論帝制的細節，但是強調帝制的一些主要特徵有助分析組織化皇權。但是，這並不是一個簡單的

任務。自晚清以來，當學者們開始思考中國的政治變革時，帝制總是受到攻擊。學者們對帝制的定義一直存在着各種爭議。在中國學者有關傳統帝制和皇權的爭論中，一些人從理想型的角度來看待帝制，而另一些人則以實踐和運作的角度來看待它。

1919 年的五四運動前後，自由派和革命派的學者和政治領導人毫不遲疑地運用西方的概念來描述帝制和皇權，這些概念包括「絕對主義」（absolutism）和「專制主義」（despotism）。這種傳統一直延續到今天。許多學者，尤其是那些受到當代中國各種革命話語影響的學者，往往運用西方的概念來建構一個理想形態的帝制。對這些學者來說，「絕對主義」是帝制和皇權的主旨。例如，根據天津南開大學歷史學家劉澤華的觀點，帝制有着以下幾個特徵。第一，皇權分為不同的層面，所有的機構只不過是在不同的層面上執行着皇權，它們只是行政機關或是皇帝的代表機構。第二，皇帝的權力是至高無上的，對皇權並無有效的制約和程序上的制約。同時，皇權是永恆的和世襲的。第三，皇帝的權力是無限的，皇帝的權力在時間和空間上都是無限的。普天之下莫非王土。第四，皇帝的權力是普遍存在的，它涵蓋並統一了人和自然的所有關係，以及人與人之間的所有關係。[5]

從一開始，許多學者就懷疑，是否能夠如此輕易地用西方的概念來描述中國的帝制和皇權。對那些觀察帝制實際運作的學者來說，皇帝的權力只是名義上的，而非實際存在的。所有的權力都必須在與他人的關係中才得以實現。皇帝是國家的締造者，因而也是國家的擁有者。因此，從理論上來說，所有的權力都屬於皇帝。但是，皇帝及其家人在現實中很難真正行使政治權力。

早些時候，中國的著名歷史學家錢穆強調了中國皇帝權力的覆蓋局限。[6] 根據錢穆的觀點，只有皇帝的位置是可以世襲的，沒有任何其他職位是可以世襲的，這一點非常重要。錢穆指出了帝制的兩

---

5. 例如：劉澤華：《中國的王權主義》，上海：上海人民出版社，2000 年。
6. 錢穆：《中國歷代政治得失》，北京：三聯書店，2001 年。

個重要層面。第一，如果只依靠皇帝自己及其家族，皇帝是很難治理好國家的。相反，更通常的做法是，他必須倚仗他的宰相來處理國家事務。縱觀整個中國歷史，大多數皇帝都倚仗他們的宰相來治理國家，在某些朝代，皇帝甚至能夠和宰相產生一種有效的合作關係。根據錢穆的觀點，在秦朝之前的分封制中國，政府和皇室是不分家的，因為皇室管理着國家事務。在秦統一中國之後，這二者相互分離，變成了分開的政治實體和政治機構。因此，所面臨的挑戰就轉變為如何在皇室和政府之間劃分權力。儘管皇帝是唯一的政治領袖，但是權力的實際運作，是由宰相為代表的政府進行的。皇帝是國家的首腦和國家統一的象徵，宰相則是政府的首腦並實際上承擔着所有的政治職責。[7] 這樣的區分並非總是容易的。事實上，皇帝的權力經常嚴重地受到宰相的制約。例如，在明朝，皇帝的權力被宰相極大地削弱了，以至於皇帝最終不得不廢除宰相這一職位。

第二，帝制權力存在着中央—地方關係的層面。皇帝不得不下放權力給地方上的強人。帝制權力的特徵通常是「統而不治」。更通常的情況是，皇帝僅能夠在最低的層面上維持其權力，帝制權力的覆蓋範圍是非常有限的。

那麼，皇帝如何依靠有限的權力進行統治呢？錢穆指出了「禮」在支撐皇權合法性中的作用。根據錢穆的觀點，正是「禮」將帝國凝聚在一起。錢穆在與鄧爾麟（Jerry Dennerline）的對話中，對「禮」作了如下描述：

> 正因為西語中沒有「禮」這個概念，西方只是用風俗之差異來區分文化，似乎文化只是其影響所及地區各種風俗習慣的總和。如果你要了解中國各地方的風俗，你就會發現各地的差異很大。即使在無錫縣，蕩口的風俗也與我在戰後任教的榮鄉不同。國家的這一端與那一端的差別就更大了。然而，無論在哪兒，「禮」是一樣的。「禮」是一個家庭的準則，管理着生死婚嫁等一切家務和外事。同

---

7. 同上，第3頁。

樣，「禮」也是一個政府的準則，統轄着一切內務和外交，比如政府與人民之間的關係，徵兵、簽訂和約和繼承權位等等。要理解中國文化非如此不可，因為中國文化不同於風俗習慣。[8]

就帝制和皇權的實踐層面來說，錢穆的觀點也為許多當代學者所認同。近幾十年來，許多台灣和日本學者也開始質疑西方政治概念在解釋中國帝制和皇權上的適用性問題。他們認為，儘管權力是各個社會普遍存在的事物，但是在不同的文化背景和地理空間下，權力的結構是不同的，人們看待權力的視角也是不同的。[9] 根據這些學者的觀點，將帝制的特徵歸結於「絕對主義」，並不符合具有文化重要性的經驗性的「實踐」、「慣習」和「話語」（布迪厄的術語），因為中國的皇權總是在很大程度上受到一種「不成文憲法」的制約，也就是「禮」。換句話說，「禮」一方面構成了皇帝權力的合法性，一方面也對皇帝的權力進行限制。通過觀察中國皇帝所面臨的文化和制度限制，這些學者開始質疑，皇權是不是西方原始意義上的「絕對主義」的一種類型。[10]

很明顯，像劉澤華這樣的學者，對帝制和皇權的批判遠較錢穆為甚。這兩派學者之間的區別，部分是由於他們不同的政治和意識形態背景，部分是由於他們不同的關注點。例如，劉澤華關注的是皇權的規範層面，而錢穆關注的是實證層面。在海外，許多西方學者往往接受了錢穆分析皇權的方法。讓我們以費正清（John Fairbank）為例。根據費正清的觀點，中國的皇帝通過創造一種「天然的」等級制和差序結構的政治秩序來治理中國。「天下」由「天子」來統治，它包括了全世界。這是一種天然的秩序，因為它是基於支配─從屬關係的，這一關係存在於私人領域的家庭成員之間，例如父與子的關係，夫與妻的關係。把這些家庭關係簡單地加以拓展，

---

8. Jerry Dennerline, *Qian Mu and the World of Seven Mansions* (New Haven, CT: Yale University Press, 1988); cited in John Fitzgerald, *Awakening China: Politics, Culture, and Class in the Nationalist Revolution* (Stanford, CA: Stanford University Press, 1996), p. 71.

9. 甘懷真：《皇權、禮儀與經典詮釋：中國古代政治史研究》，台北：喜馬拉雅基金會，2003年。

10. 同上註。

就變成了公共領域的君主與臣子的關係。正是在這個意義上，費正清認為，中國的家庭是一個微觀世界，是國家的縮影：「從前，社會單元是家庭而不是個人，家庭才是當地政治生活中負責的成分。在家庭生活中灌輸的孝道和順從，是培養一個人以後忠於統治者並順從國家現政權的訓練基地。」[11]

皇帝通過正式的和非正式的制度來統治天下。就皇帝和臣屬之間的個人關係而言，天下可以分為三個主要的文化圈域。第一個文化圈域是「漢字圈」，其構成是皇族成員。第二個圈域是「內亞圈」。最後一個文化圈域是「外圈」，這一文化圈域由中國本土之外的國家的統治者構成。[12] 皇帝及其臣屬之間關係的政治重要性，是由二者之間的主觀和客觀距離來衡量的，例如自然距離，成本距離和社會心理距離。[13] 而且，已經有適當的行政架構來幫助皇帝治理這些文化圈域，也就是說，官僚制國家僱傭具有專業管理技能的管理者，賦予他們明確的文化圈域管轄權。[14]

指出傳統皇權的兩個主要特徵非常重要。第一，「天子統治下的等級制社會秩序的維持，在於十分強調一種正統思想。」[15] 第二，皇帝的統治是非常表面化的。根據費正清的觀點：「皇帝作為國家統一的一個象徵高高在上，因為他的臣僚們並不想直接統治鄉村。而那些受過教化的地方精英（主要是科舉功名的獲得者），在作為社會秩序的柱石忠於皇帝的同時，支配着鄉村。」[16]

確實，在其漫長的歷史時期裏，中國從未產生出一種現代形式的國家，帝制權力也未能滲入到社會裏去。正是在這種意義上，白

---

11. John King Fairbank, *The United States and China*, Fourth Edition (Cambridge, MA: Harvard University Press, 1983), p. 21.

12. Fairbank, ed., *The Chinese World Order: Traditional China's Foreign Relations* (Cambridge, MA: Harvard University Press, 1968), p. 7.

13. Joseph Whitney, *China: Area, Administration, and Nation Building*. Department of Geography, Research Paper No. 123, The University of Chicago, 1970.

14. Fairbank, *The Chinese World Order*, p. 7.

15. Ibid., p. 6.

16. Ibid., p. 8.

魯恂（Lucian Pye）認為，中國是一個自命為民族國家的文明。[17] 當然，白魯恂在這裏所指的民族國家，最早是從西歐發展起來，並隨後擴散到世界的其他地方。中國作為一個文明，並不意味着中國不是一個國家，指出這一點非常重要。中國的皇帝創造了他們自己的「權力技術」或「權力機制」，這與西方的大為不同。否則，我們就無法理解中國的帝國如何維繫上千年了。

還有一個原則也很重要，雖然帝制權力的範圍有限，但是「普天之下莫非王土」作為一種文化規範，在傳統中國卻是非常重要的。皇帝是國家統一的象徵，這種象徵不能夠、也不應該被政府或地方上的強人所挑戰。即便政府和地方強人在行使權力時有着事實上的自主權，他們也不應該挑戰皇權。有的時候確實會發生類似的挑戰，但是它們都被視為非法的。一旦皇帝足夠強大，他就會無情地摧毀和消滅這些挑戰者。

3. 政黨和皇權的轉型

要探究從基於個人的皇權到基於組織的皇權的轉型過程，我們首先要強調一下與民族主義和主權相關的問題。在當代中國歷史中，中國的政治精英重建國家，將其從一個基於皇帝的帝制國家轉變為一個基於政黨的現代國家，而民族主義則在這一轉變中起到了關鍵的作用。[18] 民族主義使得傳統的皇權不再合法，也不再為大眾所接受。它推翻了舊的帝制，並成為了組建新國家（組織化皇權）的原則。同時，主權的概念也從西方引進過來，為組織化皇權奠定了基礎。

---

17. Lucian W. Pye, "China: Erratic State, Frustrated Society," *Foreign Affairs*, 69: 4 (Fall 1990), pp. 56–74.

18. 這一論述基於：Yongnian Zheng, *Discovering Chinese Nationalism in China: Modernization, Identity, and International Relations* (Cambridge: Cambridge University Press, 1999), chapter 2.

3.1 民族主義和主權

在中國，民族主義概念本身是通過日本從西方引進過來的。對這概念的引進，並不意味着帶有其本來意義的民族主義能夠真正在中國生根。在民族主義被引進中國的時候，它本身也經過了改造，以適應中國的國情。簡單來說，西方的民族主義是建立在兩種主權類型之上，並因此建立在兩種自由的類型之上，也就是國家主權和大眾主權，以及國家自由和大眾自由。根據漢斯・摩根索（Hans Morgenthau）的觀點，「作為一種政治現象的民族主義，必須將其理解為是對兩種自由的渴望，一種是集體的自由，一種是個人的自由：一個國家不受另一個國家主導的自由，以及個人出於自己的選擇加入國家的自由。」[19] 民族主義首先意味着國家被召喚起來守衛自己的自由。但是，更重要的是，它意味着個人自由的勝利。民族主義的崛起，不僅是由於絕對主義的君主政體在外交上背叛了國家，而且還因為它在國內壓制了個人自由。摩根索詳細闡述道：

> 個人自由是國家自由的前提，相應的，國家自由又被認為不過是個人自由在國際場合的延伸。最初為了支持和保證個人自由的政治和法律原則，現在運用到國家身上。[20]

沒有大眾主權的興起，就很難理解現代西方民主國家的演進，尤其是民主化的演進。但是，當民族主義來到中國時，便發生了巨大的轉型：國家主權和大眾主權分離了；國家主權被高度重視，而大眾主權則被政府主權所替代，個人自由則被民族自由所替代。即便中國的政治精英為各種圍繞着民族主義概念的新思想所吸引，但是他們的興趣依然在於強大的國家權力，而不是公民權和大眾參與。當然，說中國的政治精英無視公民權和政治參與，也是不公平的。事實上，他們試圖關注公民權和大眾參與，只是當他們的努力失敗後，他們才轉而採用其他手段來建立一個新的中國國家。

---

19. Hans J. Morgenthau, "The Paradoxes of Nationalism," *Yale Review*, xlvi, 4 (1957), p. 481.
20. Ibid., p. 482.

在接受主權概念上，中國的政治精英似乎並不存在困難。雖然在中國並不存在確切的主權概念，但是中國的政治精英卻非常熟悉主權，主權作為一種絕對權力，就像在帝制權力中所反映出來的那樣。主權的觀念在晚清非常流行。《清季外交史料》是光緒到宣統年間（1875-1911）主要外交政策文件的彙編，石約翰（John Schrecker）對「主權」一詞在《清季外交史料》上出現的頻率進行了統計，根據統計結果，主權概念在晚清被高頻率地使用。這詞語最早出現在19世紀60年代，但是從1875年到1894年，它的出現頻率是每100頁僅1次。隨後，在1895年到1899年間，它的使用更加頻繁了，但是也不過是每100頁2.5次而已。在接下來的一個時段，從1900年到1901年，它的使用頻率顯著地提高，每100頁出現了8.8次。最後，從1902年到1910年，這一頻率颷升到每100頁出現22次。單年頻率的最高紀錄出現在1909年，這一詞彙在每100頁中出現了37次，或是每3頁出現1次以上；很明顯，主權是當時大家關注的首要話題。[21]

主權的概念在國內和國外的背景下有着不同的內涵。在中國對外關係的運用上，中國人對主權的概念沒有什麼明顯的分歧。正如石約翰所觀察到的那樣，主權的概念在中國與帝國主義的鬥爭中得到高度強化，中國政治精英眼中的主權，首先意味着從帝國主義的主導下獲得民族獨立。但是在中國國內事務的運用上，主權的概念在不同的歷史時期有很大爭議。首要的問題是，大眾主權或公民權應當在爭取國家主權中起到什麼樣的作用？

19世紀末，當中國的政治領導人開始努力重建國家時，他們發現，他們必須首先進行軍事現代化，因為當時國際體系的特徵是帝國主義。在歐洲國家和美國當中，衡量一個國家實力的標準，幾乎就是它成功進行戰爭行為的能力。這樣的國際體系對中國現代化路徑的選擇有着重要的影響。中國的領導人意識到，如果中國要獲得外國的尊重並保衛自己，它就必須先增強自己的軍事實力。因此，

---

21. John E. Schrecker, *Imperialism and Chinese Nationalism: Germany in Shantung* (Cambridge, MA: Harvard University Press, 1971), pp, 253-254.

軍事現代化在早期的現代化努力中佔據了首要位置。但是，軍事現代化並沒有使中國成為一個強大的民族國家，中國隨後在甲午戰爭（1894–1895）中被日本擊敗，而日本正是中國在建立新的民族國家時試圖效仿的對象。

軍事現代化並不意味着中國沒有意識到大眾主權的重要性。甚至在中日甲午戰爭之前，許多中國人就批評了以「自強」的方式進行中國的現代化，因為這一方式過於注重軍事力量。例如王韜（1828–1897）這位學富五車的知識分子就發現，如果中國想要追趕上西方國家的實力，就必須更加重視「人民」。「自強」運動的失敗，是由於它們未能贏得民眾對政府政策的支持。1893 年，王韜寫道：「夫天下之大患，莫患乎在下有不信其上之心。」而中國遭受的正是這種大患 ——「上下之交不通，君民之分不親」。[22]

被日本在軍事上挫敗，使得中國的精英們將關注點放到了大眾主權和「人民」身上。根據嚴復（1853–1921）的觀點，沒有國家和人民的支持，就別無出路。[23] 康有為（1858–1927）認為，如果中國要抵擋外部的衝擊，國家就必須進行全方位的革新，包括建立一個新的官僚制度、一個自上而下的經濟管理體制和教育政策、一支全民武裝、一套新的稅收體制和遍佈全國的鐵路網。此外，這些項目的核心在於教化中國民眾。康有為認為：「夫國以民為本，不思養之，是自拔其本也。」[24]

在中日甲午戰爭之後，雖然官方的政策是繼續努力實現中國的軍事現代化，但是制度改革，尤其是國家的民眾基礎也受到了重視。面臨着來自各方的壓力，慈禧太后試圖建立一個君主立憲政體，這樣一來，帝制就得以維繫，中央的權力也得以加強；同時，

22. Paul A. Cohen, *Between Tradition and Modernity: Wang T'ao and Reform in Late Ch'ing China* (Cambridge, MA: Harvard University Press, 1974), pp. 227 and 229.

23. Benjamin Schwartz, *In Search of Wealth and Power* (New York: Harper Torchbooks, 1964).

24. Michael H. Hunt, "Chinese National Identity and the Strong State: The Late Qing-Republican Crisis," in Lowell Dittmer and Samuel S. Kim, eds., *China's Quest for National Identity* (Ithaca, NY: Cornell University Press, 1993), p. 66.

大眾主權和政治參與也在某種程度上得以聲張。[25] 儘管清廷實施了許多邁向立憲君主制的措施，但是許多中國人開始質疑，清王朝是否能夠勝任革新的任務。對於民族主義者和激進主義者來說，中國不僅應該成為一個強大的國家，而且應該基於漢族而非滿族。對他們來說，現存的清王朝所進行的任何改革，都無助於拯救中國和中國人民。

中國版的民族主義得到了許多海內外中國政治活躍人士的認可，甚至在中國的官員中也不乏支持者。對於民族主義的革命家來說，君主立憲制是遠遠不夠的；只有建立一個驅逐了所有自私自利和無能的滿洲人的共和國，才能使國家強大，並實現愛國的目標。只有中國的民族主義才能預防中國被外部力量徹底摧毀，並建立一個強大的中國。他們開始組織自己的武裝團體來對抗清王朝。

正是在這個階段，民族主義和主權這兩個概念完美地融合在一起了。對於中國的精英來說，民族國家建設的兩個層面是非常清晰的。第一，一個新的國家必須以漢族為基礎。第二，必須推翻傳統上基於個人和家族的帝制，建立一種新型的民族國家。目標設定了，但是過程卻是複雜的。它耗費了中國政治精英幾十年的時間，來探索能夠使中國強大而獨立的「正確」的民族國家組織形式。

3.2 議會制的失敗

孫中山（1866-1925）和其他革命家試圖利用民族主義的兩個原則 —— 基於民族的國家和基於民權的大眾主權，來改造中國。政黨開始在建立大眾主權中起到關鍵的作用。事實上，孫中山及其同僚逐漸意識到，一個新的國家必須由政黨來建設。當然，國家必須由政黨來締造，並不意味着在從西方引進政黨概念之前，中國不存在國家。中國的王朝國家已經存在上千年了。然而，正如之前所論述的，這一傳統國家與現代國家有着本質上的不同。西方帝國主義的擴張，導致了傳統國家的崩潰，意味着中國的國家必須被現代形

---

25. Cohen, "Post-Mao Reform in Historical Perspective," *The Journal of Asian Studies*, 47, 3 (1988), pp. 519–541.

式的國家所取代，這一現代形式的國家是以西方的國家形式為樣板
的。中國的政治精英不得不放棄其傳統形式的國家，因為西方形式
的國家更加先進和有效。中國的國家得到了重構，而政黨則成為了
重構國家的行為者。在致力於國家重構的漫長過程中，政黨自身也
轉型為一個皇帝，一個組織化了的皇帝。

　　在從基於個人和家庭的皇權轉變為組織化皇權的過程中，並不
難發現文化的根源。儘管孫中山意識到一個新的國家必須由政黨來
締造，但是政黨只是一個手段，而不是目的。「天下為公」才是孫
中山心目中想要帶給中國的民主國家理念。在他的心中，孔子就是
一個理想的民主人士：

> 孔子說：「大道之行也，天下為公。」便是主張民權的
> 大同世界……由此可見中國人對於民權的見解，在兩千多
> 年以前，已經老早想到了。不過在那個時代，還以為不能
> 夠做到，好像外國說烏托邦，是理想上的事，不是即時可
> 以做到的。[26]

　　這一理想對孫中山的民族主義觀和政黨觀有着重要的影響。和
政黨一樣，在尋求建立民族國家時，民族主義也不過是手段，而非
目的。在 1911 年辛亥革命後，孫中山認為，「我國人自漢族推覆滿
清政權、脫離異族羈厄之後，則以民族主義已達目的矣。」[27] 對孫中
山來說，民族主義代表的是一些特定的利益集團，而「天下為公」
則代表了普遍的利益。中國新的民族國家應該追求「天下為公」。
政黨也應該追求「天下為公」。在西方，政黨（party）僅僅是社會
的一部分（part），如果黨意味着政治分肥，那就不是孫中山想要的
東西。正如費約翰（John Fitzgerald）所解釋的：

---

26. Sun Yat-sen, *San Min Chu I, The Three Principles of the People* (1924), trans. Frank W. Price, ed. L. T. Chen (Chungking, 1943), pp. 169–170. Cited in Fitzgerald, *Awakening China*, p. 8.

27. Cited in Fitzgerald, *Awakening China*, p. 183.

中國的政權不可能存在政黨型政客。理想的政治活動家根本不是政客，而是政治家，他總是使政治遠離私利和宗派代表，把民族提升至最高的政治價值，完全為人民的福祉而工作。國民黨並不認為自己是民族國家結構內部的一個黨派組織，而是吸納了「公共利益」的全民組織。[28]

當然，「天下為公」的傳統規範與現代政黨制度是衝突的，因為在政黨制度裏，不同的政黨往往代表着部分的社會利益。這種文化規範對孫中山的政黨觀有着深刻的影響。現代政黨制度的觀念對中國人來說太陌生了，它是在帝制的崩潰和西方帝國主義入侵的漫長過程中傳入中國的。派系和集團在所有的王朝裏都存在，派系衝突有時候還變得十分激烈。但是派系和集團並不具有意識形態合法性，也沒有發展成為現代意義上的政黨。「黨」這個術語甚至在漢朝以前就在中國的文獻中有記載。「黨」通常指的是地方組織或社會群體。在政治領域，通常使用的是術語是「朋黨」，它指的是政治派別或政治集團。在整個中國歷史中，「朋黨」一直都存在，但從來都沒有獲得過政治合法性。事實上，如果皇帝認為「朋黨」構成了政治威脅，通常會對「朋黨」發起政治上的鎮壓。

引進現代政黨，是為了推翻帝制並抵抗西方侵略。政黨應當在重建中國的國家中起到重要作用，要接受這個觀念，並不是一個容易的過程。為了替政黨制度進入中國的重要性進行辯護，梁啟超（1873-1929）區分了現代政黨與中國傳統的朋黨。梁啟超將政黨定義為：政黨是由有着相似的政治認同和旨在獲取國家權力的人組成的。根據梁啟超的觀點，政黨是立足於國家的組織，而朋黨是立足於個人或特定利益集團的組織。梁啟超還告訴他的中國同胞，在現代世界，「天下者，黨派之天下也；國家者，黨派之國家也。」梁啟超通過援引西方的例子來強調他的觀點，因為「歐西各國之政治，皆操之於政黨。」[29]

---

28. Fitzgerald, *Awakening China*, p. 32.

29. 引自：黃大熹：《中國共產黨組織結構發展路徑的歷史考察》，天津：天津人民出版社，2004年，第3頁。

圖 3.1《中華民國臨時約法》時期的政府結構（1913–1914）

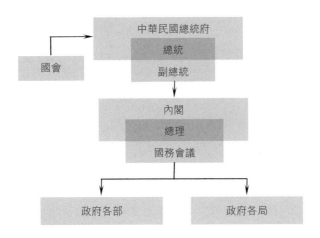

資料來源：由筆者編排。改編自：陳瑞雲：《現代中國政府（1919–1949）》，長春：吉林文史出版社，1988 年，第 30 頁。

　　在王朝國家崩潰之後，中國進入了一個長時間的國家重建過程。在這個過程中，中國的政治精英逐漸發現，問題不在於中國是否應當「輸入」政黨和政黨制度，而在於中國應該仿效哪一種政黨制度。政治領導人意識到，在反抗帝制國家和外國帝國主義的鬥爭中，政黨必須位於權力的中心。

　　在早年作為革命家的時候，孫中山和他的同僚們「進口」了政黨和政黨制度，這二者都是在西方的民主國家中發展起來的。孫中山強調大眾主權，他相信，基於西歐和北美多黨制模式的共和政府，能夠提供一個政治參與的渠道，並從而使中國建設一個強大的現代國家。這樣的信念反映在 1911 年辛亥革命後建立的政府結構上（圖 3.1）。在這個政府結構裏，作為民意和民權反映的國會，被認為是所有政府權力的最終來源。

　　但是，1911 年的辛亥革命本身是劇烈放權的產物。國家構建需要的是一個中央集權的政治力量，放權使得其難以成功。革命後，由放權產生的地方勢力成為中國政治的主導力量。各級的地方精英

都從革命中受益，僅僅是由於他們在革命中起到了關鍵的作用。省級官員在革命進程中自行其是，尋求加強他們的自治權，並阻礙一個全能的專制中央政府的復蘇。國家自身不再是一個整體，而是由相互競爭的各級地方豪強構成。在省以下，地方精英主導着自 1911後激增的自治機構，不斷擴大對地方財政的控制權，並試圖對地方官員的任命施加控制。[30]

放權和多黨制推動了巨大的政治自由化，這使得中國當時最有權勢的軍事強人袁世凱堅信，「權力從中央到省和地方的轉移，對中國國家實力的重建是有害的。」[31] 按照弗蘭克・古德諾（Frank Goodnow）的建議，[32] 立憲君主制比共和制更加符合中國的傳統，袁世凱聽從了他的意見，下決心恢復君主制。但是，袁世凱的企圖失敗了，因為各方都反對他。到 20 世紀 20 年代初，中華民國開始蛻變為一個立憲制和議會制的政體，以及一個官僚勢力把控的政體。中國進入了一個混亂和軍閥割據的時代。

3.2.1 作為組織化皇帝的中國國民黨

基於多黨制的議會制度並未能有效運行，同時，袁世凱的失敗也意味着回到基於個人的皇權並不是一個明智的選擇。當然，孫中山及其同僚們都反對袁世凱的企圖。這整個過程迫使孫中山重新思考西方式的多黨制。1911 年辛亥革命後，新的民主政治安排「沒能夠帶來統一和秩序，更別提合法性了。代議制政府迅速地墮落為專制政府，敵視大眾參與，並無力執行外交政策。」[33] 雖然多黨制符合

---

30. Philip A. Kuhn, "Local Self-Government under the Republic: Problems of Control, Autonomy, and Modernization," in Frederic Wakeman, Jr. and Carolyn Grant, eds., *Conflict and Control in Late Imperial China* (Berkeley, CA: University of California Press, 1975), pp. 257–298; and Ernest P. Young, *The Presidency of Yuan Shih-K'ai: Liberalism and Dictatorship in Early Republic China* (Ann Arbor, MI: University of Michigan Press, 1977).

31. Cohen, "Post-Mao Reform in Historical Perspective," p. 522.

32. 弗蘭克・古德諾（1859–1939）是美國政治學會的主要發起人之一，並於 1903 年擔任該學會主席。他從 1914 年起擔任美國約翰・霍普金斯大學校長，至 1929 年退休。1911 至 1912 年，他還服務於美國總統塔夫脫的經濟和效率委員會。古德諾受袁世凱之邀，成為他的法律顧問。

33. Hunt, "Chinese National Identity and the Strong State," p. 68.

民主的精神，但是無休止的黨派鬥爭，使其很難為中國的國家奠定一個制度性基礎。孫中山意識到，沒有一個堅實的政治制度，任何類型的民主政權都不會穩固，中國也不會成為一個強大的國家。因此，孫中山轉向了國家構建的組織層面。他的策略轉變為「通過黨組織來締造國家」，這是他從俄國十月革命中學來的。值得大段引用一下孫中山有關政黨轉型的看法。他認為：

> 為什麼我們的黨之前沒有進行組織化、系統化和紀律化的努力？這是因為我們缺少樣板和先驅……俄國革命比我們的革命晚了六年，但是一旦革命成功了，俄國人就能夠徹底地貫徹其革命原則；而且，革命以後，革命政府很快就趨於穩定。都是革命，為什麼在俄國成功了，在中國就失敗了？因為俄國革命的成功依靠的是黨員的奮鬥，一方面是黨員的奮鬥，另一方面他們掌握了武裝，所以他們成功了。因此，如果我們的革命想要成功，就必須學習俄國人的手段、組織和訓練，然後才有勝利的希望。[34]

在孫中山看來，俄國人將黨置於國家之上，俄國模式比西歐和北美的模式更適合中國的現代化和國家建設。因此，中國應該遵循「以黨治國」的戰略。然而，在進行「以黨治國」之前，首先得建立一個新的國家。孫中山認為，「我們現在並無國可治，只可說以黨建國。待國建好，再去治他。」[35] 他進一步解釋了這個邏輯：

> 此刻的國家還是大亂，社會還是退步，所以現在革命黨的責任還是要先建國，尚未到治國……今日民國的國基還沒有鞏固，我們必要另做一番功夫，把國家再造一次，然後民國的國基才能鞏固。[36]

---

34. Ssu-yu Teng and John King Fairbank, *China's Response to the West: A Documentary Survey, 1839–1923* (Cambridge, MA: Harvard University Press, 1979), p. 256.

35. 孫中山：《孫中山全集》，北京：中華書局，第 9 卷，1986 年，第 103 頁。

36. Cited in Fitzgerald, *Awakening China*, p. 186.

換句話說，只有在一個強大且高度組織化的黨建立起來之後，中國才能開始建設一個強大的國家。只有一個強大的國家能夠保證一個運作良好的民主制。孫中山如此強調政治組織，還有另一個重要的理由，也就是中國的民眾必須由政治組織來改造。更早的時候，梁啟超就提出了這個問題，他認為中國民眾是新民族國家的障礙。根據梁啟超的看法，「政權外觀似統一，而國中實分無量數之小團體，或以地分，或以血統分，或以職業分。」[37] 梁啟超因此提出了「新民」學說，旨在將這些以地域、血統和職業為依託的群體打散，釋放獨立的個人，喚起民眾，讓他們直接與民族國家相聯繫，而不需要通過任何社會中的中間組織。[38] 和梁啟超一樣，孫中山也看到了確保認同轉變的政治重要性，也就是個人對家族、宗族和籍貫的認同，要自覺地提升為對國家的認同。他說：

> 外國旁觀的人說，中國人是一片散沙。這是什麼原因呢？就是因為一般人民只有家族主義和宗族主義，沒有國族主義。中國人對家族和宗族的團結力非常強大，往往因為保護宗族起見，寧肯犧牲身家性命……至於說到對於國家，從沒有一次具極大精神去犧牲的。所以中國人的團結力，只能及於宗族而止，還沒有擴張到國族。[39]

國家和民眾的改造都需要政治組織的力量，如果政治組織意味着政黨的話，那麼問題就不存在了。在嘗試建立共和國失敗後，孫中山開始反思政黨。他試圖明確區分「政治進行」（從自由主義的意義上說）和他所認為的「黨務進行」。他認為，政治進行是靠不住的，「只有黨務進行，是確有把握的，有勝無敗的。」[40] 因此，他想把國民黨和民族國家等同起來，並呼籲支持建立一個「國民政府」

---

37. Ibid., p. 85.
38. Ibid.
39. Ibid.
40. Ibid., p. 185.

來取代中華民國政府。孫中山所堅持的「以黨建國」，就是黨要在各級層面上複製政府機構，並以此來監督各級政府的運作。[41]

要把民眾改造為梁啟超所說的「新民」，孫中山和他的同僚們認為，應當要教導中國的民眾，讓他們在形成自利的黨派前，要先成為「國民」。只有這樣的「國民」才能夠實現大眾主權。在 1911 年的辛亥革命後，孫中山認為：

> 從前的政權完全在皇帝掌握之中，不關人民的事。今日我們主張民權，是要把政權放在人民掌握之中。那麼人民成了一個什麼東西呢？中國自革命以後，成立民權政體，凡事都是應該由人民作主的；所以現在的政治，又可以叫做民主政治。換句話說，在共和政體之下，就是用人民來做皇帝。[42]

當然，事實卻並非如此。孫中山對於革命未能帶給民眾真正的政治自主而感到非常沮喪。他指出：「現在雖然是推翻專制，成立共和政體，表面上固然是解放，但是人民的心目中，還有專制的觀念。」[43] 孫中山並不樂於見到在他的黨之外還有其他的公共社團出現，因為他認為，這些社團通常代表了部分的社會利益，從而阻礙了民眾成為「國民」。要在改造黨的同時改造民眾，孫中山和他的同僚們開始推動「喚醒民眾」的觀念，以此作為獨立社會機構的替代物。黨要通過「喚醒民眾」來樹立「國民」，進而締造新的中國，「喚醒民眾」就是通過有意識地引導民眾參與黨的群眾性組織來教育民眾。[44]

---

41. Ibid., p. 186.
42. Ibid., pp. 44–45.
43. Ibid., p. 45.
44. Ibid., pp. 73–75.

圖 3.2 中華民國政府架構（1925）

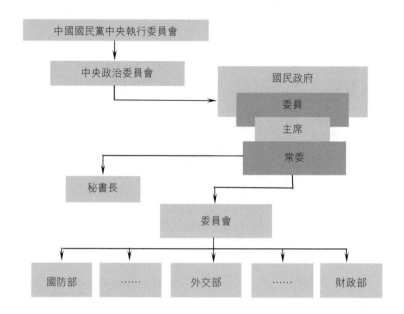

資料來源：由筆者編排。改編自：陳瑞雲：《現代中國政府（1919–1949）》，長春：吉林文史出版社，1988 年，第 136 頁。

　　1924 年，孫中山改組了他一手締造的國民黨，他對政黨的反思無疑是這一努力突顯的最重要因素。[45] 改組國民黨，事實上是將國民黨從一個早熟的西方式政黨改組為一個列寧主義政黨，這反映在 1925 年國民黨政府的組織結構上（圖 3.2）。這結構廢除了之前的議會制度，將國民黨置於國家之上。《國民政府組織法》明確表示，政府由國民黨指導和監督。以黨治政的原則正式建立起來。之前的組織結構意味着不同政府機構之間的權力制衡，而新的結構則徹底

---

45. 根據費約翰的觀點，孫中山有關政黨的新觀念，也是他接納中國共產黨的原因。「孫中山堅定地拒絕與共產黨進行任何形式的外部合作。相反，他堅持共產黨員應該以個人身份加入國民黨，他們應當努力擴大國民黨的規模和影響，且必須遵守國民黨的紀律。」Fitzgerald, *Awakening China*, p. 189.

強調了黨權至上，所有權力都要從屬黨權。值得指出的是，這一階段的組織結構也強調了黨國內部領導層的集體領導本質。

從議會制度向黨國體制轉型的重要性不可低估。接受列寧主義的政黨制度不僅是因為實踐的需要（議會制度的失敗）。中國的政治精英輕易地放棄了西方的多黨制和民主觀念，首先是因為這樣的西方觀念要在中國生根、並成為中國人頭腦中的觀念，並不是一個容易的過程；其次，也是更為重要的一點，列寧主義政黨制度中蘊含了傳統的文化規範。列寧主義的政黨制度在意識形態和組織兩個層面上幫助了中國的政治精英。在意識形態層面，列寧主義的政黨制度強調所有政治權力的一元性。「所有權力歸皇帝」（帝制權力）轉變為「所有權力歸政黨」（組織化皇帝）。在組織層面，列寧主義政黨將「帝制權力」呈現得比傳統的帝制權力的組織原則更為有效。這僅僅是因為，帝制權力是基於個人（皇帝）的，而黨的權力是基於組織（政黨）的。列寧主義的政黨制度為黨對國家和社會的主導提供了一個結構環境，而絕對主權的概念則為這一結構提供了一個規範意義上的正當性。當然，當孫中山接受列寧主義政黨時，他信奉的是，這樣一個政黨制度能夠幫助中國實現「天下為公」的目標。

正如之前所論述的，在西方，政黨和政黨制度是權力分享的制度安排。但是，權力分享並非中國帝制傳統的一部分，因為帝制權力被視為絕對的和不可分割的。儘管皇帝會將一些權力賦予其他人和機構，但是皇帝才是權力的最終來源，這意味着皇帝可以收回他賦予別人的權力。這一傳統規範能夠部分地解釋，為什麼當代中國的精英和知識分子接受了盧梭（Rousseau）關於絕對主權的版本，而非洛克（Locke）的版本。黨的權力不可分割的觀念，深深地映射在孫中山的意識形態中，並成為了中國國民黨和中國共產黨進行國家建設和看待對方的意識形態版本。正如將在後面的章節中提到的，儘管中國共產黨今天常常下放權力給其他的行為者，但是它也能根據自己的需要，重新收回這些權力。在中國共產黨的領導之下，所有的放權行為都不存在權力分享的意味。

此外，新的結構一方面強調黨內的集體領導，另一方面也未能形成結構性的機制來防止黨內個人專制的出現。在強調黨的權力時，黨的領導人的個人權力不是這個新結構考慮的主要問題。換句話說，雖然這個新結構成功地將基於個人的皇權轉變為基於組織的皇權，但是它也為組織（黨）內個人專制的出現提供了一個結構環境。從本質上來說，這種個人專制會變得比傳統意義上的更加強大，因為專制者背後有一個高度集權的政黨在支撐。在檢視 19 世紀末 20 世紀初中國的政治話語時，費約翰將傳統皇權轉型到現代皇權背後的邏輯描述為這樣一個過程：「覺醒的觀念由對『大同』這普遍秩序的覺悟，發展為對單個民族群體這理想的覺悟。從一個民族的理想……轉到一個強大的統一國家的理念，再從一個國家的理念轉到一個政黨的理想，然後再從一個政黨的理想，轉到先覺的領導者單一、絕對的聲音的出現。」[46]

在孫中山去世後，他的後繼者蔣介石繼續着國家建設的路徑。在 1926 至 1928 年的「北伐戰爭」中，中國最終在國民黨政權下重新統一了。從實踐的角度看，我們不難理解，為什麼這權力結構變得愈發集權、如何變得愈發集權，以及它如何為黨的領導人的個人專制提供了制度環境。在與軍閥的戰爭和與中國共產黨的內戰中，國民黨不得不依賴它的軍事力量，這軍事力量處在蔣介石的個人專制之下。圖 3.3 反映了 1934 至 1937 年間的中華民國政府架構。在這個架構裏，黨成為了一個有效的機制，來控制政府和軍隊。同時，黨自身也是蔣介石個人統治的有效機制。此外，在意識形態方面，國民黨政府在 20 世紀 30 年代發起了「新生活運動」，試圖以此復興儒家價值觀，儒家價值觀是歷史上支撐帝制權力合法性的意識形態。[47]

在與國民黨鬥爭的過程中，以及在掌權之後，中國共產黨所採用的也是這種權力結構。中國國民黨與中國共產黨之間的區別，並

---

46. Ibid., pp. 6–7.

47. Arif Dirlik, "The Ideological Foundation of the New Life Movement: A Study in Counterrevolution," The *Journal of Asian Studies*, 34: 4 (August 1975), pp. 945–980.

圖 3.3 中華民國政府架構（1934–1937）

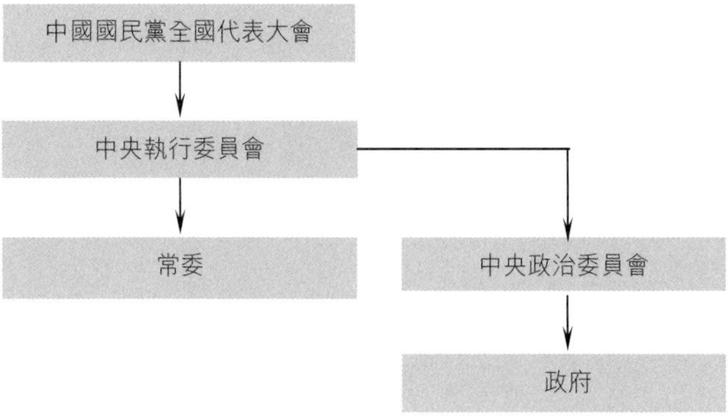

```
┌─────────────────────────────┐
│     中國國民黨全國代表大會     │
└─────────────────────────────┘
               │
               ▼
┌─────────────────────────────┐
│        中央執行委員會         │───────────────┐
└─────────────────────────────┘               │
               │                               │
               ▼                               ▼
┌──────────────┐          ┌──────────────────────────┐
│     常委     │          │       中央政治委員會       │
└──────────────┘          └──────────────────────────┘
                                       │
                                       ▼
                          ┌──────────────────────────┐
                          │           政府            │
                          └──────────────────────────┘
```

資料來源：由筆者編排。改編自：陳瑞雲：《現代中國政府（1919–1949）》，長春：吉林文史出版社，1988 年版，第 201 頁。

不在於兩黨構建其與國家和社會關係的方式上，而在於它們獲取權力的方式。國民黨將重心放在對城市地區的控制上。它並沒有意識到，「在一個農村社會佔據絕對主導地位的國家裏，城市的影響力要比西方受到更加嚴重的制約，在西方，這策略也許會被證明是有效的。」[48] 國民黨嚴重地倚仗地方上的精英，而這些精英卻不能夠成功地從根本上改變農民的生活。

此外，國民黨作為一個精英主義的政黨，不能夠提供可行的國家觀念。它強調的是高度集權的國家結構和有限的政治參與。隨着大眾主權在中國傳播，尤其是在知識分子中傳播，民主的觀念在社會層面非常盛行。中國共產黨改造了大眾主權的觀念，並利用它動員城市民眾和知識分子來對抗國民黨政權。約瑟夫・列文森（Joseph Levenson）展示了共產主義版本的國家觀念是如何比國民黨的版本更為吸引中國的知識分子的。[49] 同樣重要的是，國民黨政權缺乏有

---

48. Whitney, *China: Area, Administration, and Nation Building*, p. 71.

49. Joseph L. Levenson, *Modern China and Its Confucian Past: The Problem of Intellectual Continuity* (New York: Anchor Books, 1964).

效的手段來向中國民眾傳播它的民族國家觀念。國民黨政權以城市為中心的現代化戰略，使其幾乎沒有觸及到農村地區。而另一方面，通過派遣幹部到農村，中國共產黨成功地將其國家觀念傳播給農民。在抗日戰爭中，農民民族主義的覺醒最終導致了國民黨的失敗，並把中國共產黨推上了權力的寶座。

4. 中國共產黨和組織化皇權

中國共產黨成功地利用了大眾主權的觀念來動員城市市民對抗國民黨政權。然而，如圖 3.4 中所示的那樣，一旦其掌權了，它的重點卻放在一個高度集權的組織上。圖 3.4 是自 1949 年中華人民共和國成立以來，中國共產黨領導下的黨和國家的組織架構基礎。根據南京大學歷史學家高華的觀點，儘管有許多因素導致了中國共產黨成為一個高度集權的組織，以及毛澤東作為一個現代的皇帝，這些因素包括戰爭、內戰和黨內權力鬥爭等；但是，更重要的因素還是中國帝制權力的傳統政治文化，這是一種高度制度化的政治權力觀念。[50] 儘管在後毛澤東時代裏，中國發生了各種各樣的政治變化，但是這一結構依然原封未動。

和國民黨一樣，一方面，中國共產黨主導着國家，另一方面，黨／國家也主導着社會。然而，中國共產黨對國家的主導，以及中國共產黨領導下的國家對社會的主導，遠比國民黨來得有效。相比國民黨政權，中國共產黨的權力更加深入地滲透到中國社會中。儘管中國國民黨和中國共產黨都是孫中山的學生，但是中國共產黨作為更年輕的學生，從它的師兄那裏吸取了失敗的教訓。國民黨沒能實現孫中山有關國家建設的許多想法，而毛澤東領導下的中國共產黨則在過濾孫中山的政治思想方面變得更加成熟，它將其認為有用

---

50. 高華：《紅太陽是怎樣升起的：延安整風運動的來龍去脈》，香港：香港中文大學出版社，2000 年。

圖 3.4 中國共產黨中央和中華人民共和國政府機構間的正式權力關係

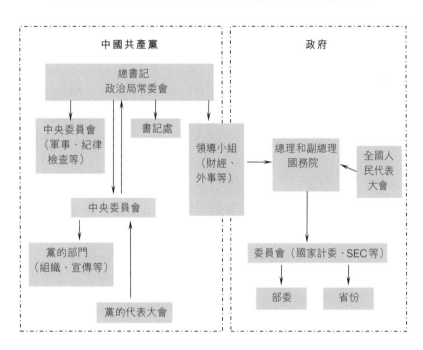

的部分整合進自己的思想體系中去。中國共產黨比中國國民黨吸引到更廣泛的社會力量，這是一個主要的原因。

　　中國共產黨更有能力深入中國社會，這首先可以從中國政黨制度的組織架構上得到例證。學術界認為中國是一黨制國家，因為自從 1949 年以來，中國共產黨是中國僅有的執政黨。但是，中國共產黨將中國的政黨制度稱為「在中國共產黨領導下的多黨合作和政治協商」制度。根據國務院新聞辦 2007 年發佈的《中國的政黨制度》白皮書，這種「多黨合作制」不同於西方國家的兩黨制和多黨制，也不同於一些國家的一黨制。[51] 這一多黨合作制包括了中國共產黨和其他八個政黨（參見本書附錄），這八個政黨依靠着中國共產黨。

---

51. 中華人民共和國國務院新聞辦公室：《中國的政黨制度》（白皮書），2007 年 11 月 15 日。

這就是中國的「統一戰線」。儘管「統一戰線」被認為是中共的發明，但是事實上，它是孫中山思想的具體化，反映了孫中山對自治的社會團體和黨派政治的厭惡，以及「喚醒民眾」的思想，這在之前已經論述過了。

雖然筆者將在後面的章節中繼續探究這政黨制度如何幫助再造皇權，但是值得強調一下，這制度是如何幫助中國共產黨成為組織化皇帝。根據中國共產黨的官方陳述，中國多黨合作制度的價值和功能包括：

- **政治參與**。中國多黨合作制度為各民主黨派的政治參與開闢了制度化渠道，把各種社會力量納入政治體制，鞏固和擴大人民民主專政國家政權的基礎；調動各方面積極性，廣集民智，廣求良策，推動執政黨和政府決策的科學化、民主化；在保持社會穩定的前提下，推進社會主義民主積極穩步發展。

- **利益表達**。中國是一個人口眾多的大國，存在不同的階級、階層和社會群體。人民內部在根本利益一致的基礎上存在着具體利益的差別和矛盾。特別是隨着社會主義市場經濟的發展，經濟體制深刻變革，社會結構深刻變動，利益格局深刻調整，思想觀念深刻變化。中國多黨合作制度能夠有效反映社會各方面的利益、願望和訴求，暢通和拓寬社會利益表達渠道，協調利益關係，照顧同盟者利益，從而保持社會和諧穩定。

- **社會整合**。中國現代化建設的困難和複雜性，要求政治制度具備高度的社會整合功能。中國多黨合作制度以中國共產黨的強大領導為前提，又有各民主黨派的廣泛合作，從而形成強大的社會整合力。在建設中國特色社會主義的大目標下，中國共產黨緊密團結民主黨派，形成高度的政治認同，促進政治資源的優化配置，調動各方面的積極性，引導和組織社會沿着現代化的方向不斷前進。

- **民主監督**。中國共產黨與各民主黨派互相監督，有利加強體制內的監督功能，避免因缺乏監督而導致的種種弊端。各民主黨派反映和代表着各自所聯繫群眾的具體利益和要求，能夠反映社會上多方面的意見和建議，並提供一種中國共產黨自身監督之外更多方面的監督，有利於執政黨決策的科學化、民主化，更加自覺地抵制和克服官僚主義和各種消極腐敗現象，加強和改進執政黨的工作。

- **維護穩定**。中國多黨合作制度以合作、協商代替對立、爭鬥，避免了政黨互相傾軋造成的政局不穩和政權頻繁更迭，最大限度地減少社會內耗，維護安定團結的社會政治局面。這一制度既有中國共產黨的堅強領導，又有各民主黨派的廣泛參與，能夠有效化解各種社會矛盾和衝突，保持政治穩定和社會和諧。

毫無疑問，多黨合作制度是中國共產黨統一戰線的最重要部分。同時，在中國共產黨掌權後，中國共產黨也重組了中國社會，並將其作為自己的社會基礎（參見第六章）。中國共產黨作出了巨大的努力來重塑社會中間組織的領域。存在於王朝時期和民國時期的大多數民間團體都被摧毀。為了動員中國的社會來執行公共政策，並實現黨和國家的政治目的，中國共產黨還成立了工、青、婦等群眾性組織。

從基於個人的皇權轉型到基於組織的皇權，並不意味着後者僅僅依靠組織就能夠獲得政治合法性。在歷史上，所有的皇帝都必須訴諸於不同的合法性來源；而作為組織化皇權的中國共產黨也必須探索其政治合法性，以適應不斷變化的社會—經濟環境。將「民主黨派」和社會力量納入中國共產黨的政權，僅僅意味着這樣的制度結構使得中國共產黨能夠主導這些政治力量和社會力量。這樣一個組織結構並不能保證中國共產黨的合法性。作為「階級鬥爭」的政黨，中國共產黨必須用其他手段來爭奪國家領導權。在這裏，再次參考葛蘭西的觀點將有助於我們進行分析。葛蘭西認為，如果一個階級將自己局限於自身的階級利益，它就無法奪得國家領導權，

它還必須考慮普遍的民主期望，並為沒有必然階級特徵的民眾而打拼。[52] 換句話說，要成為國家的領導者，中國共產黨必須建立一個國家集體意志。只有這樣，中國共產黨才能超越其自身的利益，進而建立其在國家政治中的合法性。

政黨有助於政府實現其合法性，這反過來又為黨提供了合法性。在一個現代社會裏，政府的合法性在於其與社會的關係。政黨是政府和人民之間的中間環節。在幾乎所有的民主國家裏，正是政黨組織了政府。黨的表現對政府有着直接的影響。在中國和西方都是如此。不同之處在於合法性的來源。

合法性有許多來源，例如共享的規範和價值觀、遵循既定的規則、正當使用權力、獲得被統治者的許可，等等。[53] 這些來源都是相互關聯的，政黨能夠從這些來源的要素中索取合法性。根據馬克斯·韋伯的觀點，當一個社會變成現代社會時，合法性的程序因素變得日益重要。[54] 這意味着政黨的權威來源於遵循既定的規則。相應地，遵循既定的規則，又依賴於政黨是否對產生規則的規範與價值觀作出承諾。儘管在一些國家裏，政黨遵守既定的規則成為一種規範，但是另一些國家裏的政黨卻很難這樣做。事實上，韋伯認為，遵循既定的規則更加適應這樣的社會，即這些社會往往擁有普遍認可的或僅是稍有爭議的規範體系。

在中國，由於缺乏完備的既定規則，黨的領導人只能尋求其他的來源建立他們的合法性。最重要的合法性就是社會—經濟轉型、利益表達和傳統的規範與價值觀。許惠文（Vivienne Shue）向我們展示，追隨共產主義革命而在中國出現的黨／國家，是如何成功地

---

52. Antonio Gramsci, *Selections from the Prison Notebooks* (London and New York: International Publishers, 1971). For a brief discussion, see Roger Simon, *Gramsci's Political Thought: An Introduction* (London: Lawrence and Wishart, 1991), Chapter 5.

53. Muthiah Alagappa, "The Anatomy of Legitimacy," in Alagappa, ed., *Political Legitimacy in Southeast Asia: The Quest for Moral Authority* (Stanford, CA: Stanford University Press, 1995), pp. 12–30.

54. Max Weber, *The Theory of Social and Economic Organization*, ed. Talcott Parsons (New York: Free Press, 1964).

開展了一系列影響深遠的社會改造。這種發起深刻變革的能力，是根植於中國共產黨動員社會群體參與政治事務的組織能力。在革命年代，黨在中國社會裏創造了一種新的權力來源。當獲勝的革命黨開始控制國家結構時，國家和社會之間通過黨建立了牢固的聯繫，使得政權能夠推行影響深遠的社會工程，例如土地改革、集體化運動和資本主義工商業的國有化。[55] 從事社會—經濟轉型的任務，使黨的主導獲得了正當性。中國共產黨的原總書記趙紫陽如此評價鄧小平：「鄧小平的一個觀點是：為了發展經濟，必須保持社會穩定，否則一切無從談起；為了穩定，必須實行政治集中，加強黨的領導。在鄧小平看來，沒有共產黨的領導，中國非亂不可。因此，他認為黨的領導是絕對不准動搖的。」[56] 從事社會—經濟轉型並為人民提供經濟產品，也與中國傳統的規範和價值觀相一致。

通過訴諸於經濟—社會轉型和傳統，黨的領導人得以應對合法性問題。他們可以很容易地說，社會—經濟轉型代表了人們的普遍願望，因為它給所有人帶來了福利。社會—經濟轉型反過來又為一個現代化的「皇帝」帶來了合法性，因為它為發展提供了所需的政治穩定。但是，政治—經濟轉型並非毫無政治後果的。在中國，這樣的轉型產生了形形色色的社會—經濟利益。社會多元化的興起很自然地導致了政治領域的利益表達問題。中國共產黨也試圖代表其他社會群體或階層的利益（參見第六章）。此外，傳統的價值觀不僅為作為組織化皇權的黨提供了正當性，而且為中國共產黨創造了一種認同。正如在之後的章節中將要論述的，從毛澤東到胡錦濤的黨領導人，事實上都訴諸於傳統價值觀和規範來為中國共產黨建構一種官方的意識形態。

---

55. Vivienne Shue, "State Power and Social Organization in China," in *State Power and Social Forces: Domination and Transformation in the Third World*, Joel S. Migdal, Atul Kohli, and Vivienne Shue eds. (New York: Cambridge University Press, 1994).

56. 宗鳳鳴：《趙紫陽軟禁中的談話》，香港：開放出版社，2007 年。

5. 小結

　　革命、列寧主義國家的引進，以及黨在締造新國家和推動社會——經濟轉型中的作用，都使中國的政黨有別於西方的政黨。在西方，黨的出現是在國家出現之後，而在中國，這個順序正好顛倒過來了。這一顛倒的順序改變了政黨和政黨制度的本質。在西方，政黨只不過是國家的機構；在中國則並非如此，因為中國共產黨被認為是與國家相分離的。中國共產黨在締造國家的同時，也位於國家之上，像歷史上的皇帝一樣行事，統率着官僚機構。換句話說，黨是皇帝在現代的人格化。它是一個高度組織化的皇權，試圖對國家和社會施加主導。

　　在中國，所有的黨領導人都有雙重任務：人們希望他們締造一個可存續的國家，並確保社會——經濟的順利轉型。要締造一個可存續、有秩序的國家，他們至少要有效控制領土，最好是建立一個合法的國家，這個國家在民眾看來，是至高無上的，並能夠回應其公民的訴求。此外，為了實現社會——經濟轉型，他們必須開啟經濟增長，並且能夠兼顧經濟增長和分配公平。要實現這些目標，黨的領導人必須依靠黨和黨／國家。從這個意義上說，中國共產黨是政治領導人實現其目標的最有效工具。

　　此外，傳統的文化價值觀，不僅使得黨領導人建立一個高度集權的政黨，並隨之建立一個高度集權的國家，還有助於為人民創建一個新的政治認同。在實現國家解放、追求民族獨立和主權，以及領導社會——經濟發展上，組織化皇權相當成功。然而，在實現這些目標的同時，也改變了支撐黨的環境。因此，黨不得不致力於自身的轉型，也就是帝制權力的再造、對國家主導的再造，以及對黨／國家對社會主導的再造。這正是改革開放以來發生在中國共產黨身上的事情。正如許惠文所觀察到的，中國的黨／國家在後毛澤東時代自上而下改革的目的，壓根不是用資本主義替代社會主義，也不

是用自由民主制替代一黨專制；這場改革的目的，是要清除、修復和重建社會分散的權力與國家集中的權力之間被腐蝕的聯繫。[57]

　　許惠文的觀點部分是正確的。中國共產黨致力於社會—經濟轉型的最終目的，是為了再造組織化皇權，或她所說的「一黨專制」。但是，再造組織化皇權並不一定與資本主義和民主相矛盾。事實上，在再造的過程中，中國共產黨不得不接納資本主義和民主要素，但不是自由民主制度。中國共產黨將接納哪些資本主義和民主要素，取決於它們是否有助於維繫中國共產黨的主導。在當代，這種再造如何發生，將是接下來幾章的主題。

57. Shue, "State Power and Social Organization in China," in *State and Social Forces*, pp. 65–88.

第四章

精英政治和權力繼承：制度、規則和規範

當代中國的精英政治如何反映了組織化皇權？又在多大程度上反映了組織化皇權？這個問題非常重要。自 20 世紀 90 年代初以來，中國連續播出了多部電視連續劇，這些電視劇的主題都和傳統皇權有關，尤其是和清朝有關的電視連續劇播放得特別多。這些電視劇的受歡迎程度和收視率都異常高，其他的歷史人物劇基本無法比擬。幾千年來，中國沒有產生類似西方民主國家那樣的言論自由和表達自由。但是，中國產生了一種非常成熟的「影射史學」和「借古諷今」。中國的觀眾非常享受這些有關皇帝的電視劇，通過這些劇集，人們可以一窺今天的中南海（中共中央和中央政府的所在地）裏正在發生什麼事。雖然觀眾能夠感受到古今之間的相似之處，但是卻很難說明白這些相似之處究竟是什麼。學術界的使命，就是要去探究皇權的精神如何在今天的中國繼續存在。

此外，研究中國問題的學者也在爭論：中國的精英政治是否已經制度化了？又在多大程度上制度化了？由於精英政治可以分為正式政治和非正式政治，[1] 因此要從這兩個層面評估制度化。在正式政治的層面上，我們能夠觀察到正式的制度和成文的正式規則的發展，以及這些正式制度是如何影響精英政治的。在非正式政治的層面上，我們可檢視存在什麼樣的非正式和不成文的規則，以及它們如何影響精英政治。總的來說，我們可觀察到，檢視正式的成文制度，要比非正式的不成文制度來的容易，因為後者通常在一些場合下不明說，在另一些場合下則不可見。值得指出的是，當我們檢視精英政治的時候，幾乎無法區分對待正式和非正式的政治。這是因為隨着精英政治的制度化，大多數的非正式政治發生在正式的制度中，或是發生在正式的制度之間。學術界認為，相比毛澤東時代，甚至是鄧小平時代，今天的中國政治已經極大地制度化了。在過去，沒有什麼制度能夠有效地制約毛澤東，而在當代中國，政治領

---

1. 參見以下書中有關中國精英政治的章節：Jonathan Unger, eds., *The Nature of Chinese Politics: From Mao to Jiang* (Armonk, NY: M.E. Sharpe, 2002) 以及 Lowell Dittmer, Haruhiro Fukui, and Peter N. S. Lee, eds., *Informal Politics in East Asia* (New York: Cambridge University Press, 2000).

導人受到了各種制度的約束。這意味着在正式制度裏和正式制度之間，對非正式的精英政治進行檢視，變得更為有效了。

本章是從正式和非正式兩個層面檢視後鄧小平時代的精英政治。在這裏，精英政治主要是指，中南海裏的中國共產黨主要領導人之間圍繞權力繼承問題而產生的政治。關注權力繼承的原因有兩個。第一，中國共產黨是組織中國政治生活的唯一政治力量，權力繼承是每一屆黨的領導層所關心的頭等大事。第二，雖然精英政治發生在不同的政治場合中，但是權力繼承的政治最能夠反映精英政治的本質。因此，權力繼承是中國精英政治的核心。傳統上，它指的是宮廷政治；今天，它指的是中南海政治。權力繼承是每一個政治制度都會面臨的重要問題。

不同的政治制度有着不同的遊戲規則，權力繼承也帶有不同的社會——文化特徵。在民主國家，處理權力繼承問題相對容易。最高領導人的選擇已經制度化了，例如「總統」或「總理」的產生，以法律規章和憲法慣例的形式表現出來的「遊戲規則」，使得領導人的產生過程或多或少是可預期的。換句話說，選舉的方式是由法律規定的。[2] 然而，值得指出的是，作為權力繼承手段的民主制度，在不同的政治和文化背景下，有着不同的表現形式。在西歐和北美這些比較完善的民主制國家裏，權力繼承的過程比較平和，而在後發民主國家和民主化國家中，這一過程往往充滿暴力。[3]

雖然在中國共產黨黨內，存在着選舉和選拔領導層的各種機制，但是黨內民主的機制依然非常虛弱。由於沒有民主國家那樣的

---

2. 有關總統選舉和總理選舉之間的差別，參見：Richard Rose and Ezra Suleiman, eds., *Presidents and Prime Ministers* (Washington, DC: American Enterprise Institute for Public Policy Research, 1980).

3. 這一領域的文獻正日益增加，例如，參見：Jack Snyder, *From Voting to Violence: Democratization and Nationalist Conflict* (New York: W.W. Norton, 2000); Larry Diamond and Marc F. Plattner, eds., *Nationalism, Ethnic Conflict, and Democracy* (Baltimore, MD: The Johns Hopkins University Press, 1994); Diamond, ed., *Political Culture and Democracy in Developing Countries* (Boulder, CO: L. Rienner Publishers, 1993); and Diamond, Juan J. Linz and Seymoure Martin Lipset, eds., *Politics in Developing Countries: Comparing Experiences with Democracy* (Boulder, CO: L. Rienner Publishers, 1995).

權力繼承的制度化機制，中國領導人不得不尋求其他手段來處理繼承問題。自 1949 年中華人民共和國建立以來，繼承問題就影響着國家的政治穩定。毛澤東統治了中國數十年，他並不需要擔心權力繼承的問題，因為他掌控了最高的權力，他被認為能夠任命任意一個他選定的人當接班人。即便如此，在毛澤東時代，權力繼承問題依然引發了殘酷的政治鬥爭，並導致了國家的混亂，正如在他所指定的繼承人劉少奇和林彪身上所發生的那樣。[4]

在鄧小平重新掌權後，他意識到權力繼承的重要性。作為毛澤東個人專制的受害者，鄧小平呼籲改革中國的政治體制和領導體制。在他的改革計劃中，關鍵的議程之一，就是將中國的權力繼承制度化。[5] 但是，鄧小平時代的權力繼承也沒能夠順利進行，胡耀邦和趙紫陽被非正常的政治手段趕下台，就是活生生的例子。[6]

隨着老一輩領導人的逝去，權力繼承的問題變得日益重要。因為老一輩的領導人能夠從他們的革命經歷中獲得個人的專制權力，但是新的領導人缺乏這樣的能力，他們不得不探尋新的規則和手段來建立新的權力基礎。在後鄧小平時代，黨的領導人作出了巨大的努力來使精英政治制度化。雖然許多正式的制度建立起來了，但是在處理權力繼承問題上，非正式的規則依然起到了重要的作用。

---

4. M. Rush, *How Communist States Change Their Leaders* (Ithaca, NY: Cornell University Press, 1974); Alan P. L. Liu, *Political Culture and Group Conflict in Communist China* (Oxford: Clio Books, 1976); Lowell Dittmer, *Liu Shao-ch'i and the Chinese Cultural Revolution: The Political Mass Criticism* (Berkeley, CA: University of California Press, 1974); Michael Y. M. Kau, ed., *The Lin Piao Affairs: Power Politics and Military Coup* (White Plains, NY: International Arts and Sciences Press, 1975); Frederick C. Teiwes and Warren Sun, *The Tragedy of Lin Biao: Riding the Tiger during the Cultural Revolution 1966–1871* (Honolulu: University of Hawaii Press, 1996); and Jin Qiu, *The Culture of Power: The Lin Biao Incident in the Cultural Revolution* (Stanford, CA: Stanford University Press, 1999).

5. Deng Xiaoping, "Reform System of the Party and State Leadership," in Deng, *Selected Works of Deng Xiaoping (1975–1982)* (Beijing: Foreign Languages Press, 1984), pp. 302–325.

6. Zhang Liang, *The Tiananmen Papers: The Chinese Leadership's Decision to Use Force Against Their Own People — In Their Own Words*, Andrew J. Nathan and Perry Link eds. (New York: Perseus Books, 2001); Richard Baum, "The Road to Tiananmen: Chinese Politics in the 1980s," in Roderick MacFarquhar, ed., *The Politics of China: The Eras of Mao and Deng*, second edition (New York: Cambridge University Press, 1997), pp. 340–371; 吳國光：《趙紫陽與政治改革》，香港：太平洋世紀研究所，1997 年。

本章的目的不在於對精英政治進行詳盡的歷史檢視。有關當代中國精英政治的文獻已經非常多了，而且還在增加。[7] 相反，本章關注的是精英政治的幾個主要層面，例如意識形態、政治退出、政治拔擢和派系政治。本書不會檢視這些因素本身，而是要探索這些因素是如何影響精英政治的。換句話說，就是要觀察這些因素在中國的精英政治中起了什麼作用。當然，如此一來，本章就可指出，在當代中國，帝制政治的特性是如何在歷史變革中存續下來，並在精英政治中再造其自身的。我們可以看到，在解釋精英的許多行為類型上，文化因素能夠比其他任何因素都更為有效。這些文化因素今天依然繼續有效，因為它們為精英和社會共同接受。

1. 精英政治

一直以來，精英政治都是學術界研究中國的主要關注點。多年來，學者們試圖建立不同的模型來解釋精英政治，並以此探究中國政治的本質。值得提及其中幾個模型。第一，鄒讜（Tang Tsou）提出了一個他稱之為「勝者為王」的解釋模型。這模型成為中國研究領域的學者最常規的模型。根據鄒讜的觀點，中國精英政治最顯著的特徵，就是「中國精英之間不時發生的權力鬥爭，包括最高層的政治權力鬥爭，也包括其下級的權力鬥爭，鬥爭的結果往往是勝者為王、敗者為寇。」[8] 鄒讜將「勝者為王」的政治追溯到中國共產黨的歷史上：

---

7. 例如：Bo Zhiyue, *China's Elite Politics: Political Transition and Power Balancing* (Singapore and London: World Scientific Publishing, 2007), Joseph Fewsmith, *China since Tiananmen: The Politics of Transition* (Cambridge and New York: Cambridge University Press, 2001), second and revised edition, 2008; FewSmith, *Elite Politics in Contemporary China* (Armonk, NY: M.E. Sharpe, 2001); and Cheng Li, *China's Leaders: The New Generation* (Lanham, MD: Rowman and Littlefield, 2001).

8. Tang Tsou, "Chinese Politics at the Top: Factionalism or Informal Politics? Balance-of-power Politics or a Game to Win All," in Unger, ed., *The Nature of Chinese Politics*, p. 100.

與精英多元主義或日常性的權力鬥爭或政策性鬥爭有所不同，徹底勝利和徹底失敗通常意味着黨史上的重大轉折點。1938 年，毛澤東在六屆六中全會上最終徹底戰勝王明，意味着毛澤東「既要鬥爭又要團結」的政策，戰勝了王明對國民黨的調和路線。毛澤東打倒了劉少奇，宣告了黨的制度的部分瓦解。逮捕四人幫，意味着由文化大革命開啟的十年動亂的結束。鄧小平的徹底勝利，以及清除華國鋒「派系」這一支有效的政治力量，意味着經濟改革和經濟增長新時代的開啟。[9]

在「勝者為王」的情況下，政治精英之間的政治，其特徵是「零和博弈」，因為「最高政治權力被認為是獨一無二和不可分割的」。[10]

金駿遠（Avery Goldstein）基於他對中國政治的觀察，提出了中國政治的兩種解釋模型，即：「跟風政治」（bandwagon politics）和「均勢政治」（balance-of-power politics）。[11] 從本質上說，這兩種模型都假設，政治結果是由政治制度的結構決定的。在跟風政治模型中，政治是按照等級來建構的，因為職位的權威和專業的權威都是已經確立的。在這種結構中，下級服從上級的命令，要麼是因為上級的職位更高，要麼是因為上級的專業性更強。上級還能夠對下級任意實行消極的和積極的懲罰。在跟風政治中，幾乎沒有什麼功能分化，因為「無論要完成的任務是什麼，政治選擇的軌跡在本質上都是相同的」。[12] 在這種政治中，為了對上級有利，能力的分配是高度扭曲的。在這種政治中，典型的做法是和睦相處，製造跟風效應。

與按照等級進行組織的跟風政治相比，均勢政治則顯得更加無政府狀態。在這種政治裏，功能分化也幾乎達到了最小的程度，但

---

9. Ibid., p. 129.

10. Ibid.

11. Avery Goldstein, *From Bandwagon to Balance-of-Power Politics: Structural Constraints and Politics in China, 1949–1978* (Stanford, CA: Stanford University Press, 1991).

12. Ibid., p. 64.

是能力則在政治行為者當中更加分散。在這裏，政治生存變成「一個無時無刻不考慮的問題」，[13] 典型的做法是保持平衡。這種政治模型出現在文化大革命期間，因為那時候的中國政治制度結構發生了一個根本性的轉變，從等級制轉變為無政府狀態。由於各級政治領導人一同遭受清洗，因此他們的權威遭到了嚴重的破壞。政治權力的等級制被摧毀，無政府秩序隨之而來。

　　通過借鑒其他學者發現的成果，[14] 薄智躍提出了他的「權力平衡模式」，[15] 旨在展示 21 世紀的中國精英政治「從根本上有別於早年，因為發生了政治制度化」；制度化也導致了「這樣一種政治結構，在這個結構裏，正式的制度比非正式的網絡發揮了更加重要的作用。」[16] 根據薄智躍的觀點，權力平衡模式在兩個領域有別於傳統的「勝者為王」模式。第一，不同於勝者為王模式所預想的零和博弈，權力平衡模式允許非零和政治博弈的可能性存在。在勝者為王的模式中，政治博弈是零和的，因為政治權力是不可分割的；而在權力平衡模式中，政治博弈可以是非零和的，因為政治權力是分割的，而且存在功能分化。在一個功能分化的制度裏，權力不再是絕對的和不可分割的，權力空間（行使權力的領域）也擴大了。第二，不同於反覆上演的徹底勝利和徹底失敗，就政治結果而言，權力分享模式滿足了多個勝者同時存在的可能性。[17] 權力分享模型也不同於均勢模型，因為均勢模型是基於如下假設：即政治結構為無政府狀態；而權力分享模型則假設政治結構是以等級制組織起來的。權力分享模式不同於跟風政治模式，因為跟風政治模式中沒有功能分化，而功能分化是權力分享模式的關鍵特徵。

---

13. Ibid., p. 164.

14. 例如：Andrew Nathan, "China's Changing of the Guard: Authoritarian Resilience," *Journal of Democracy*, vol. 14, no. 1 (January 2003), pp. 1–13; Xiaowei Zang, "Institutionalization and Elite Behavior in Reform China," *Issues and Studies*, vol. 41, no. 1 (March 2005), pp. 204–217.

15. Bo Zhiyue, *China's Elite Politics: Political Transition and Power Balancing* (Singapore and London: World Scientific Publishing, 2007).

16. Ibid., p. 6.

17. Ibid., pp. 7–8.

　　鄒讜關注的是中國共產黨精英政治的連續性，即從早期革命年代到當代的連續性。鄒讜的興趣在於探索中國精英政治的本質；相比之下，金駿遠的關注點則是精英政治如何受到不同歷史階段所呈現的不同政治結構的影響。薄智躍則更進一步，他通過指出後毛澤東時代的政治制度化，試圖展示精英政治的間斷性。正如他所認為的：「雖然『勝者為王』模式是符合邏輯的，而且與毛澤東時代的精英政治相符合，但這並不是一個有關精英政治的完備理論，而且並不太適用於後毛澤東時代。」[18]

　　在這裏，我們遇到了兩個不同的權力概念。在規範層面，權力是絕對的和不可分割的。從這個意義上說，正如鄒讜所描述的，精英政治的運作方式可以追溯到前現代的中國。正如在第三章中所論述的，理論上皇帝的權力是絕對的，在中國歷史上也不存在任何權力分享的概念。在今天，它是一個組織化的皇帝，也就是中國共產黨。從組織化皇權的角度看，權力依然是絕對的和不可分割的，我們能夠在黨對國家的主導，以及黨／國家對社會主導上看到這一點。但是在操作層面，權力必須被委派出去，也是可以分割的；否則，權力就永遠無法行使。傳統上，儘管帝制權力是絕對的和不可分割的，但是皇帝不得不通過皇族、官僚群體和其他組織來行使權力。這對作為組織化皇權的中國共產黨來說，也是如此。儘管中國共產黨自身的權力遠比傳統的皇帝來得強大，但是它也不得不通過各種組織來行使權力，例如國家和社會。事實上，由於現代社會的複雜性，中國共產黨不得不日益依靠行政機構來行使其權力的不同層面。權力通過不同的行政系統得以行使。[19] 薄智躍所說的權力，主要是指操作層面上的權力。雖然黨務系統和政務系統是兩個不同的領域，但它們不是相互分離的，並且各級黨務系統主導着各級政務系統（筆者將在稍後詳細論述這一點）。薄智躍提出一個很重要的觀點，那就是中國共產黨是一個具有功能分化的統一整體。換句

---

18. Ibid., p. 3.

19. 有關「系統」概念的論述，參見：Kenneth Lieberthal, *Governing China: From Revolution Through Reform* (New York: W.W. Norton, 1995, 2003).

話説，不同功能領域的精英都有他們自己的權力來源，而且他們未必相互服從。

從組織化皇權的視角來看，並不難調和上述各種不同的精英政治模型，因為這些模型對權力政治作出了不同的解釋。本章假設，權力的分配和置放是結構性的，但是結構指的不僅僅是一個組織，例如中國共產黨或國家，它還可以指一個由文化建構的觀念。中國共產黨正式的組織結構和非正式的文化結構，都影響了權力繼承運作的方式。更普遍的情況是，精英政治是在正式的組織結構和非正式的文化結構之間進行的。雖然制度是有等級的，但是分化的組織結構意味着，在不同功能領域或地理區域裏的精英掌控着他們自己的地盤，這意味着他們在這些領域裏有實際上的自主權。但是，文化結構往往過分強調絕對性和不可分割性，這兩個特性要求對組織化皇權的絕對忠誠，尤其是對其領導人的絕對忠誠。如果組織化皇帝認為其權威遭到挑戰，那麼組織化皇帝就會採用所有可能的手段來清除這些挑戰者，而文化結構則為這種清除提供了正當性。

2. 領導核心

權力繼承的首要關鍵問題，是權力繼承政治的行為者，也就是說，誰在負責處理權力繼承問題。不難觀察到，領導核心是中國權力繼承政治和其他精英政治問題的關鍵人物。傳統上，皇帝自己負責處理繼承人問題。皇帝也許會諮詢其他重要的皇室成員和內閣大臣，但是最終決定繼承人的還是皇帝自己。由於組織化皇帝已經取代了皇帝，那麼就是由領導核心負責處理權力繼承問題。對國民黨和共產黨來説，都是如此。

國外觀察者通常感到疑惑，為什麼中國共產黨如此重視領導核心。但是，放在中國的文化背景下，就不難看到領導核心的政治重要性。由於沒有民主的方法來處理權力繼承，那麼權力就必須集中在領導核心手上，這樣一來，對權力繼承人的選擇就不會出現僵局，不同政治領導人和政治派系之間的競爭也能夠得以調和。因

此，縱觀中國共產黨的歷史，一旦新一代領導集體產生，就會確立一個領導核心。1989 年，當江澤民被任命為新領導層的核心時，鄧小平指出了領導核心的重要性，他說：

> 任何一個領導集體都要有一個核心，沒有核心的領導是靠不住的。第一代領導集體的核心是毛主席。因為有毛主席作領導核心，「文化大革命」就沒有把共產黨打倒。第二代實際上我是核心。因為有這個核心，即使發了兩個領導人的變動（胡耀邦和趙紫陽），都沒有影響我們黨的領導，黨的領導始終是穩定的。進入第三代的領導集體也必須有一個核心……要有意識地維護一個核心，也就是現在大家同意的江澤民同志。[20]

根據趙紫陽 20 世紀 80 年代的親密同事安志文的說法，鄧小平對領導核心的看法在 1989 年民主運動前後有所變化。在鄧小平重新掌權後（但在「六四」之前），鄧小平從毛澤東身上吸取了慘痛的教訓，決定廢除毛澤東式的個人專制。因此，鄧小平並沒有將領導核心的位置讓給他的兩位繼承人，先是胡耀邦，後是趙紫陽。但是，在「六四事件」後，鄧小平也從文化大革命中吸取了教訓，非常擔心發生政治混亂。因此，他將領導核心的位置讓給了江澤民。[21]

事實上，在這方面，就算是 1989 年民主運動中被鄧小平趕下台的趙紫陽，也會同意鄧小平的看法。1992 年，當趙紫陽談論到權力繼承和領導核心時，他說：

> （領導核心）這個問題始終未得到解決，所謂領導核心、新的領導核心，只能在（政治）鬥爭中、在風浪中形成，才能解決。（領導核心）靠人為地封授、自封是不行的。目前所提第三代領導核心（也就是江澤民領導集體）

---

20. 鄧小平：《第三代領導集體的當務之急》，《鄧小平文選》（第三卷），北京：人民出版社，2002 年，第 310 頁。

21. 宗鳳鳴：《趙紫陽軟禁中的談話》，香港：開放出版社，2007 年，第 137 頁。

是不確切的，乃是過渡期，只要老人在，還都是老人執政……自己雖是總書記，只不過是秘書長，即使一個老人走了（去世），其他老人在，還是老人在掌握，就是老人下台了也照樣。這是由中國的歷史條件決定的。不管如何強調集體領導，總得有一個起主導作用的、說話算數的，也是實際所要求的。[22]

政治是集體行動，中國共產黨集體領導的運作也是如此。雖然鄧小平從自己的經歷中得出這一觀察，但是他事實上為任何一個集體行動都提出了一個重要的問題，那就是，在協調集體行動的時候，領導力甚或是強制力量都應該參與進來。[23]權力繼承是一個集體行動，它要求協調和妥協。沒有一個領導核心的存在，領導人個人之間和派系之間就會產生衝突，因為他們對於繼承人的人選有着不同的偏好，甚至存在意見上的衝突。

領導核心的定義隨着時代而變遷。鄧小平很明顯將領導核心的重點放在個人身上，例如毛澤東和他自己。然而，領導核心可以是領導人個人，也可以是一個派系。當然，基於個人的領導核心也包括了派系和其他領導人，基於派系的領導核心也包括了領導人個人和其他派系。如果領導核心是一個人，那麼這個人就主導了權力繼承的事項；如果領導核心是一個派系，那麼派系就主導了權力繼承的事項。在這個意義上，我們可以説，對於前兩代領導集體，權力繼承是由領導人個人負責處理的，也就是毛澤東和鄧小平。

毛澤東毫無疑問能夠凌駕於所有制度之上來選擇他的接班人。他首先選擇了劉少奇作為他的接班人，然後是林彪。但是這兩個繼承人選都失敗了，但是他依然能夠在去世之前選擇華國鋒作為他的接班人。毛澤東選擇接班人的方式，和古代的皇帝毫無差別。

---

22. 同上，第 34 頁。

23. 這在研究集體行動的文獻中是非常重要的一個問題，參見：Mancur Olson, *The Logic of Collective Action: Public Goods and the Theory of Groups* (Cambridge, MA: Harvard University Press, 1965).

隨着鄧小平時代的來臨，這個狀況有些許改變。鄧小平和他的第二代領導集體意識到，毛澤東處理權力繼承的方式十分危險，事實上，他們中的許多人，包括鄧小平本人，都成為毛澤東個人專制權力的受害者。因此，鄧小平非常重視集體領導。為了減少政治權力過度集中，鄧小平取消了黨主席這職務，而用總書記的職務替代了黨主席一職，因為在毛澤東時代，黨主席是黨內的最高職務。根據《中國共產黨章程》，選舉黨的領導人的正規權力屬中央委員會，而中央委員會又是由黨的代表大會選舉產生的。不過，即便存在選舉黨的領導人的正式程序，也不意味選舉是按照這個程序來運作的。在這裏，關鍵的問題在於，並不存在完備的民主機制來選舉黨的領導人。相反，正如謝淑麗（Susan Shirk）指出的那樣，領導人並不是由選民產生的，而是由「選舉團」（selectorate）產生的，這是一種英國的議會政治實踐，政黨內的一群人擁有選擇黨的領導人的實際權力。[24]

謝淑麗將關注點放在鄧小平時代的精英政治上，她觀察到：「在中國，中央委員會選舉黨的領導人的權力，還沒有明確地確立，因為在中國的權力繼承過程中，非正式權力依舊比在蘇聯起到更大的作用。」[25]

低水平的制度化，意味着在處理權力繼承問題上，非正式政治的作用比正式政治大得多。毛澤東能夠凌駕於其他任何領導人和組織之上，但是鄧小平就不能夠這麼做。鄧小平之所以能夠在 1977 年重回政治舞台，是由於革命元老們的支持。鄧小平付出了巨大的努力來使中國的精英政治制度化。例如，他正式建立了超齡黨員幹部和政府官員的退休制度。但是鄧小平也不得不通過非正式政治與其他元老達成妥協。因此，他允許元老們通過各種非正式渠道參與決策過程。例如，元老們即便不是政治局委員或中央委員會委員，也能夠在幕後參與選舉決策，甚或走向前台，參加政治局擴大會議和

24. Susan L. Shirk, *The Political Logic of Economic Reform in China* (Berkeley, CA: University of California Press, 1993), Chapter 4.

25. Ibid., p. 72.

中央委員會全會，有時候甚至在這些會議上投票，這些都違背了黨內的正式規則。

事實上，黨內也建立了一些正式的制度，以讓元老們行使他們的非正式權力。1978 年，中央紀律檢查委員會成立，由最具影響力的元老陳雲領銜。隨後，這機構成為了永久性機構。1982 年，按照當時的黨章，又成立了中央顧問委員會。儘管它本該是一個暫時的機構，只是為了讓政治局和中央委員會退休的元老順利退休的過渡機構，但是這機構卻賦予了了元老們實權。正式機構的建立，並不意味着非正式權力不那麼重要了。正如趙紫陽基於他自己與鄧小平相處的經驗所做的評論所言：「鄧在政治上堅決走的路是黨的領導權要集中，決不能分權，這一點是絲毫不能改變，也絕對不能動搖的。」[26] 趙紫陽通過一個故事來證明這個論斷：有時候，陳雲要求召開常委會，這樣他的意見就可以傳達出去為人所知，但是鄧小平反對陳雲的提議。鄧小平讓另外一位元老薄一波去告訴陳雲：「這個黨只能有一個婆婆。」[27] 當然，雖然鄧小平認為他自己才是婆婆（決策者），但是他並不具有毛澤東那樣的權力，也不能像毛澤東那樣決策。正如趙紫陽所說：「鄧也沒有毛主席那樣的威望，他自己也不能一人作主，還必須同其他老人商量。」[28]

正如謝淑麗所指出的那樣，身居最高決策層的元老的影響力，不僅取決於他們在這些機構中的正式職務，還取決於他們作為革命家的個人地位。[29] 在鄧小平時代，元老們的非正式權力在處理三次權力繼承上有重要的作用。拿下華國鋒的黨主席職位，代之以胡耀邦作為總書記，這計劃首先是通過元老們之間一系列非正式的討論作出的，隨後才成為政治局會議的決定。只有在元老們首先作出這個決定後，中央委員會才通過這個決定。將胡耀邦趕下台的決定，是首先在政治局的擴大會議上作出的，出席的成員包括中顧委的委

---

26. 宗鳳鳴：《趙紫陽軟禁中的談話》，第 100 頁。

27. 同上，第 153 頁。

28. 同上，第 43 頁。

29. Shirk, *The Political Logic of Economic Reform in China*, Chapter 4.

員、中紀委的兩位委員和另外兩位高級領導人，還有政治局的 18 位委員和兩位候補委員。同樣，將趙紫陽趕下台的決定，也是在 1989 年 5 月至 6 月間的政治危機中，由一系列政治局擴大會議和政治局常委會擴大會議作出的。[30]

更大的制度化發生在後鄧小平時代。在 1989 年民主運動之後，鄧小平和其他元老一道，任命江澤民為中國共產黨的總書記。隨後，在 1992 年的中共十四大上，他們又任命胡錦濤為政治局常委，以在將來繼承江澤民的位置。同時，鄧小平在這次黨代會上解散了中央顧問委員會。而且，正如之前所説，鄧小平也認定江澤民為第三代領導集體的領導核心。

意大利政治思想家尼可羅・馬基亞維利（Niccolo Machiavelli）認為，政治關乎權力。[31] 對於沒有政治合法性基礎的新領導人來説，處理好政治問題對於長遠的職業生涯來説是非常重要的。根據馬基雅維利的觀點，政治家可通過發掘新的規則和方法獲得最高的榮譽。為了將自己確立為中國共產黨權力等級體系中的真正領導核心，江澤民必須積極主動建立新的制度和規則來應對權力繼承問題。江澤民能夠成為一個真正的領導核心，不僅是得到鄧小平的支持，更重要的還在於他採用了各種手段，例如建立了「上海幫」，清洗挑戰者和潛在的競爭者，並建立了一種理念認同（在後面的部分將會論述）。[32]

胡錦濤是由鄧小平任命的，這意味着江澤民從正式職務上退休後，被剝奪了任命他自己繼承人的權利。但這並不意味着江澤民別無他法來保證自己的遺產和政策延續下去。派系政治在這裏起到了重要的作用。2002 年，江澤民從總書記的位置上退下來，胡錦濤繼承了他的位置。從正式的程序來看，這是一次成功的權力繼承，

---

30. Ibid.

31. Niccolo Machiavelli (1469–1527), *The Prince and the Discourse*, trans., Luigi Ricci and Christian E. Detmond (New York: The Modern Library, 1940), Chapter 12. Also see Harold D. Lasswell, *Politics: Who Gets What, When, How* (New York: McGraw-Hill, 1936), chapter 1.

32. Zheng Yongnian, "Power and Agenda: Jiang Zemin's New Political Initiatives at the CCP's Fifteenth Congress," *Issues and Studies*, 33: 11 (November 1997), pp. 35–57.

事實上這也是中國共產黨歷史上第一次順利的權力交接。但是，雖然胡錦濤在常委會中的位階最高，但是他缺乏派系支持。在常委會中，沒有誰是他真正可以指望獲得支持的。2003 年 3 月被指定出任總理的溫家寶，在常委會中更像是一個獨善其身的人。在他的政治生涯中，溫家寶很小心地避開派系政治，這也是他政治生命長壽的一個原因。溫家寶以中國政壇「不倒翁」而著名，政治生涯歷經三任總書記而不倒，即：胡耀邦、趙紫陽和江澤民。

相比之下，即便江澤民交出了黨內的最高職位，但是他依然能夠倚仗新的九常委中的六位，他們是他的支持者，包括吳邦國、賈慶林、曾慶紅、黃菊、吳官正和李長春。事實上，常委會組成人數從七人增加至九人，是為了增強江澤民的派系。考慮到江澤民依然能夠發揮影響力，那麼媒體將胡錦濤描繪為一個處在江澤民陰影之下的無助的領導人就毫不奇怪，這些媒體的標題包括〈胡錦濤掌權了嗎〉，[33]〈胡錦濤允諾將與江澤民共商國是〉，[34]〈「上海幫」牢牢掌權〉，[35] 以及〈胡錦濤會成為跛腳領袖嗎〉。[36]

2002 年，胡錦濤從江澤民手中接過權柄，新領導層被稱為「以胡錦濤同志為總書記的黨中央」。鄧小平將江澤民認定為領導核心，但是江澤民並沒有以同樣的方式認定胡錦濤。這就意味着，在胡錦濤繼承江澤民的職位後，他不得不比江澤民作出更大的努力來鞏固自己的權力，讓自己更像一個真正的領導核心。2003 年，江澤民從國家主席的位置上退休，並在一年後從中央軍委主席的位置上退休。和江澤民一樣，胡錦濤也通過各種手段來鞏固自身的權力，包括建立他的權力基礎——共青團系統，清洗像上海市委書記陳良宇這樣的挑戰者，以及建立他自己的理念認同。

胡錦濤鞏固了自身的權力，並不意味着他在處理權力繼承問題上同樣強勢。和江澤民一樣，他在選擇自己的繼承人上無法說一不

---

33. *Time (Asia)*, 25 November 2002.

34. *International Herald Tribune*, 21 November 2002.

35. *South China Morning Post*, 16 November 2002.

36. *The Sunday Times*, 17 November 2002.

二。事實上，在規劃和安排下一屆領導層人選的問題上，胡錦濤的個人權力甚至比江澤民還要弱。因此，胡錦濤不得不訴諸於其他手段來處理權力繼承問題。黨的十七大被視為權力繼承的關鍵節點，因為這次大會必須決定下一屆領導層的人選。正如事實所示，十七大選舉習近平和李克強成為政治局常委，使其在胡錦濤和溫家寶卸任後，分別接替總書記和總理職位。在黨代會期間，中國觀察家們並不知道是如何作出這種安排的。但是在黨代會之後，新華社發佈了長篇現場報道，報道了新領導層形成的過程。[37] 值得引用一下這篇報道的全文。

> 2007 年 6 月 25 日，黨中央在北京召開黨員領導幹部會議，在一個近二百人的名單中就可新提名為中央政治局組成人員的預備人選進行民主推薦。參加會議的有十六屆中央委員、候補中央委員和有關負責同志四百餘人。中共中央總書記胡錦濤親自主持會議，並代表中央提出了可新提名為中央政治局組成人員預備人選的條件：政治堅定，領導能力強，在黨內外有良好形象。根據中央確定的提名條件，預備人選必須是 63 周歲以下正部長級幹部和軍隊正大軍區職幹部。經過推薦，一些德才兼備、實績突出、群眾公認的優秀幹部進入選拔視野，推薦結果符合幹部隊伍實際。
>
> 胡錦濤指出，對於擁有七千多萬黨員、在一個十幾億人口的大國執政的中國共產黨來說，黨中央決定進行這次民主推薦意義重大。9 月 27 日，中央政治局常委會研究同意了新一屆中央領導機構人選建議名單。10 月 8 日，中央政治局會議審議通過了這份名單，決定提請黨的十七屆一中全會和中央紀委第一次全體會議分別進行選舉、通過、決定。
>
> 10 月 21 日，黨的十七大選舉產生了第十七屆中央委員會和中央紀律檢查委員會。10 月 22 日，黨的第十七屆

---

37. 劉思揚、孫承斌、劉剛：《為了黨和國家興旺發達長治久安 —— 黨的新一屆中央領導機構產生紀實》，新華社，2007 年 10 月 23 日。

圖 4.1 邁向黨內民主

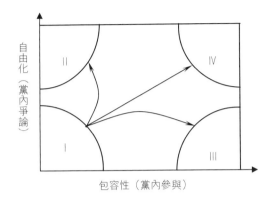

自由化（黨內爭論）

包容性（黨內參與）

I：封閉的霸權
　（獨裁，強人統治）
II：競爭性寡頭
　（黨內派系政治）
III：包容性霸權
　（向黨內的主要
　社會力量開放）
IV：多元體制
　（黨內民主）

中央委員會召開第一次全體會議，選舉產生了新一屆中央領導機構。

　　儘管我們依然不知道，在所謂的「新領導層的民主選舉過程」中實際上發生了什麼，但是可以肯定的是，正如報道中所說，這是中央委員會全體會議的參與者第一次能夠推舉政治局委員的候選人。因此，新華社的報道將這事件視為黨提升黨內民主的里程碑。的確，自從黨誕生之日起，有關權力繼承的政治鬥爭就困擾着中國共產黨領導層。現在既然沒有一個領導人能夠獨斷權力繼承問題，那麼就必須制定新的制度和方法，包括具有民主要素的那些制度和方法。正如在報道的標題中所說的，這是為了黨和國家的長治久安。

　　在強人時代之後，中國共產黨必須發展出黨內民主的機制來處理權力繼承問題。正如在第二章中所論述的，在這個意義上出現了從領域 I 轉向領域 IV 的邁進（圖 4.1）。這一轉向意味着黨內爭論和黨內參與找到了它們的結合點。當然，黨內爭論並不代表潛在領導人之間的自由競爭；相反，它指的是不同的派系及其主要領導人選拔未來領導層的候選人。儘管派系政治是選拔過程的主題，但是選拔也是基於一系列相對客觀的指標，例如年齡、教育、政績和

工作經驗。黨內參與意味着被選拔的候選人要服從黨內的選拔。同樣，黨內選舉並不代表全體黨員共同選舉。相反，選舉是由黨員中的一個選舉團體來執行的，在黨內選舉的情況下，選舉團體的成員是中央委員會的委員和候補委員。儘管有這種邁向黨內多元主義的轉向，但是要斷言黨是否會建立一個完善的黨內民主機制，讓有資格的候選人之間展開競爭，則還為時過早。

3. 對黨領導人的理念認同

學術界往往將中國的意識形態或理念認同與政治控制聯繫起來，但是極少將其與權力繼承相聯繫。但是，在後鄧小平時代，出於一系列的原因，理念認同是處理權力繼承問題時的一個重要因素。第一個原因是傳統因素。在古代，文采斐然是一個好皇帝的必備美德。即便在中國共產黨於 1949 年掌權之後，這個傳統也沿襲下來。人們認為，毛澤東之所以能夠成為中國共產黨內最有權勢的人物，部分要歸功於它高超的理論水平。毛澤東自己就強調，中國共產黨的主要領導人必須成為黨的意識形態和理論權威。第二個原因是，隨着像毛澤東和鄧小平這樣的強人的逝去，新一代的領導人必須轉向非個人的因素，例如以組織和意識形態來獲取黨內和社會的政治支持。上一代領導人的政治合法性來源於他們的革命經歷和他們的關係圈子。但是，即便是對於上一代領導人，意識形態也是非常重要的。在改革開放之前的歲月裏，意識形態通常用於辯護和維持現狀，或是用於超越和改變現狀。在後鄧小平時代裏，意識形態的這一功能甚至變得更為重要。第三個原因是，意識形態可以用於獲取黨員幹部和政府官員對最高領導層的認同，為他們的行為指引方向，並防止他們背離領導層的路線方針。這在改革開放前的歲月裏也是如此。在後鄧小平時代，意識形態的這些功能有所減弱。筆者更傾向於使用「理念認同」（ideational identity）而非「意識形態」（ideology）來指稱這一狀況。「理念認同」這一術語指的是一位特定政治領導人身上所打下的理念烙印。個人崇拜的魅力已經銳減，甚至有反效果，於是理念認同就成為個人崇拜的替代品。最高領導層

用理念認同來檢驗黨員幹部和政府官員是否對領導人忠誠，因為當一個特定的理念認同確立後，最高領導人就有機會動員黨的機器來宣傳它並獲取對它的忠誠，理念就是領導人的化身。

由於這些獨特的功能，黨的領導層和最高領導人本人總是賦予理念認同優先權，尤其是在權力繼承時期。例如，鄧小平重構了共產主義意識形態，並將中共從一個革命的激進黨轉變為一個以改革為導向的實用主義政黨。鄧小平於 20 世紀 70 年代末重新掌權後，他發起第一次「思想解放」運動，建立了一個非毛澤東式的改革型意識形態，並為他自己的改革議程提供了意識形態的合法性。實用主義就是鄧小平的理念認同，鄧小平將其用於與華國鋒的鬥爭中。在 1987 年召開的黨的十三大上，趙紫陽提出了所謂的「社會主義初級階段」的理論，意圖為中國的經濟發展提供一個新的意識形態基礎。同時，趙紫陽也力圖將「政治改革」作為他改革議程的一個重要組成部分。但是趙紫陽失敗了。儘管他的政治改革計劃在社會群體中很受歡迎，尤其是在知識分子群體裏，但是趙紫陽未能贏得元老們和頑固的官僚群體的政治支持。

1992 年是理念認同功能發生變化的轉折點。在那一年召開的中共十四大上，按照鄧小平發出的第二次「思想解放」的呼籲，江澤民將「社會主義市場經濟」理論作為中國共產黨意識形態的核心。對鄧小平的認同由此得以牢固樹立。自此之後，江澤民開始探尋他自己的理念認同。他作出了巨大的努力，在 1996 至 1997 年間發起了「講政治」運動，並在 1998 至 1999 年間發起了「三講」教育運動（講政治、講正氣、講學習）。但是，令他感到驚訝的是，各級黨政機關都對這兩場運動反應冷淡。江澤民從而不得不探尋其他的理念認同。

2000 年，江澤民提出了「三個代表」的新理念。根據這一理念，中國共產黨要始終代表中國先進生產力的發展要求，要始終代表中國先進文化的前進方向，要始終代表中國最廣大人民的根本利益。在接下來的兩年時間裏，江澤民全面強調將「三個代表」打造為他的理念認同。就權力繼承而言，在決定誰將成為新的領導層

時，這一認同成為了最重要的因素。在 2002 年召開的中共十六大上，「三個代表」重要思想被寫入黨章。黨章的序言也做了相應的修改，反映了中國共產黨不僅成為工人階級的先鋒隊，也是中國人民和中華民族的先鋒隊。這是黨的重要一步，使其與任何特定的社會階級都保持距離，進而成為一個代表和協調不同社會階級利益的政治實體。

在胡錦濤時代，胡錦濤一方面必須忠於江澤民的理念認同，另一方面他也必須探尋自身的理念認同。在 2004 年的十六屆四中全會上，胡錦濤首先提出了「和諧社會」的概念。這一概念是胡錦濤「親民」的個人風格和領導層風格的拓展。「和諧社會」的核心，就是呼籲政策的全面轉向，從鄧小平和江澤民時代推行的發展為先的戰略，轉向以人為本的政策，旨在應對中國當時劇增的社會問題。

早些年，鄧小平是在「先富起來」的口號下治理國家。窮人的重要性在鄧小平那裏退居其次，這具體體現在「致富光榮」這一口號上。江澤民將鄧小平的指令推到一個極致，中國的國家演變為學術界所說的「發展型國家」：國家在推動經濟發展上起了關鍵的作用。在江澤民的治理下，中國的國內生產總值（GDP）成為了地方政府官員唯一且最重要的政績指標；也是在這個時候，私營企業主被允許加入中國共產黨，憲法也保護了他們的私有產權。

但是，這種殘酷無情、一心一意追求提高國內生產總值的做法持續了十多年之後，中國領導人發現有必要走出其之前的經濟發展模式。各種不良後果，例如收入分配差距和環境惡化，正影響着經濟發展，也影響了社會穩定。胡錦濤甫一掌權，就開始扭轉中國經濟增長的車輪，使其駛向另一個方向。但是，胡錦濤意識到，「和諧社會」的所有理想都必須建基於中國對經濟發展的持續推動。因此，現在的重點應當是發展的「可持續性」。於是，胡錦濤就提出了另一個概念，即所謂的「科學發展觀」。在本質上，這概念是要在中國的各項政策之間「求取平衡」，在追求中國的長期發展過程中提高社會公正的重要性，在不同的地區和社會群體之間，更加均衡地分配經濟、法律和政治權利。

　　「科學發展觀」成為 2007 年中共十七大的主題。[38] 大會通過了修改黨章的決議，並將「科學發展觀」確立為中國共產黨的核心指導思想。[39] 決議還提出了建設「社會主義和諧社會」，並將其作為黨章中黨的戰略目標的一個組成要素。[40] 儘管這些政策表達曾被詳細地討論過，但是將其正式納入黨章中，就賦予了其神聖性，並使得它們的提出者胡錦濤位列黨的理論締造者之一。同時，胡錦濤也更努力地完善中國共產黨。江澤民讓新興社會階層入黨，而胡錦濤則更進一步，希望黨能夠代表所有人民的利益。帶着這一目標，胡錦濤表現出一種孫中山式的立場。正如在之前的章節裏所論述的，孫中山的政治目標是「天下為公」，意味着政治是為了共同利益。自 2002 年從江澤民手中接過權柄後，胡錦濤一直重點強調「立黨為公」，意味着中國共產黨沒有自己的利益——它代表的是全民的利益。[41]

　　胡錦濤的理念認同由此得以牢固樹立。當然，像「三個代表」重要思想一樣，「科學發展觀」的概念也是對黨員幹部和政府官員對胡錦濤及其政策是否忠誠的政治檢驗。在黨的十七大上，胡錦濤通過安排其共青團系同事進入政治局或是佔據其他重要崗位，成功地戰勝了他的政治對手們。未來領導層的陣容由此浮出水面。

---

38. 這次黨代會提出了「科學發展觀」的幾個維度：首先是「以人為本」的發展，意味着不以增長為目的的經濟增長，發展的目的是為了造福人民。第二個維度是「全面、協調、可持續」的發展，意味着各方面的發展（經濟、政治、文化和社會）需要協調進行，以保護環境為首要任務。第三個維度是「統籌兼顧」的發展，旨在「統籌城鄉發展、統籌區域發展、統籌經濟社會發展、統籌人與自然和諧發展、統籌國內發展和對外開放」。

39. *Xinhua News*, 21 October 2007.

40. 根據新修改的黨章，中國共產黨的目標是把「中國建設成為富強民主文明和諧的社會主義現代化國家」。

41. 〈胡錦濤在全黨深入學習實踐科學發展觀活動動員大會上發表重要講話〉，《人民日報》，2008 年 9 月 19 日。

4. 政治退出

對於任何一次權力繼承來說，政治退出都非常重要。在新領導人產生前，老的領導人必須離開。沒有退出就沒有進入。在古代中國的大多數時間裏，制度化的規則是，只有老皇帝去世後，他的繼任者才能正式繼承他的帝位成為新的皇帝。老皇帝的去世可以由多種因素造成。在一些情況下，老皇帝被迫放棄了帝位。而通過各種暴力手段改朝換代時，現任的皇帝更是被簡單粗暴地推翻。

在 1949 年後的幾十年裏，中國事實上並沒有建立政治退出的制度。最高領導人能夠一直掌權，直到他們去世為止。毛澤東去世的時候還是黨的主席。儘管鄧小平在他的晚年並不擔任任何正式職務，但是他依然能夠通過非正式渠道發揮他的影響力。退出問題困擾着最高領導人和這個國家，因為它往往不得不通過痛苦的權力鬥爭來解決。正如邁克爾·奧克森伯格（Michel Oksenberg）所觀察到的：「在一個缺乏政變的列寧主義制度裏，即便一個卓越領導人的精神和肉體都已衰微，也沒有什麼能夠阻止他繼續掌權。」[42] 為了應對這個問題，黨制定了許多正式的規定和非正式的規則。[43] 尤其是使用了年齡限制作為處理權力繼承問題的重要手段。

20 世紀 80 年代初，老幹部退休制度正式建立起來。部長、省委書記和省長的候選人，年齡必須在 65 周歲以下，而副部長、省委副書記和副省長的候選人，則必須在 60 周歲以下。主要的問題在於讓最高層的元老退休，也就是那些位居政治局、尤其是位列政治局常委的人。雖然鄧小平沒有指明這些職位的退休年齡，但是他似乎能夠讓這些年老的政治元老退休。在鄧小平的努力下，政治局委員（包括委員和候補委員）的平均年齡從 1982 年的 71 歲下降到 1992 年的 62.1 歲。[44]

---

42. Michel Oksenberg, "China's Political System: Challenges of the Twenty-First Century," *The China Journal*, 45 (January 2001), p. 29.

43. Bo, *China's Elite Politics*.

44. Ibid., p. 21.

自從江澤民時代以來，年齡因素在處理權力繼承問題上變得日益重要。[45]1992 年黨的十四大後，黨內產生了一些不成文的規定，用於規範最高領導人的退休問題。黨內達成了一個共識，即除了江澤民之外，政治局委員的年齡均不得超過 70 歲。[46]這同樣也適用於總理和副總理職位（或是黨內同級職位）的候選人。在 2002 年黨的十六大上，政治局及其常委會的所有領導人，只要超過 70 歲的都退休了，所有新領導人的年齡都低於 70 歲。時任中國人民政治協商會議主席的李瑞環，退休的時候是 68 歲。江澤民依然是一個特例，儘管他在政治局裏已經不再擔任職務。在 2007 年黨的十七大上，被視為領導層中堅力量的曾慶紅退休，時年 68 歲。

同時，自從江澤民時代以來，大多數老領導人都能夠平靜和體面地從政治上退出。在 1997 年的十五大上，喬石體面地全面退休。在黨代會之前，喬石被視為是江澤民的主要挑戰者。當江澤民在 20 世紀 90 年代中期全面強調「講政治」運動時，喬石大力地推動「依法治國」的概念。事實證明，儘管喬石不能保留他的職位，但是他的「依法治國」概念在黨代會上成為了中國政治改革的主題。不論喬石是自願退休還是被迫退休的，他的退休被廣泛視為中國共產黨在解決自身特有的元老退休問題上邁出了重要一步。同樣在這次大會上，劉華清將軍也體面地退出了政治局常委會。自那以後，再也沒有一位軍人進入過這個中國最重要的決策機構。退出制度自此運轉良好。

45. Zheng Shiping, "The Age Factor in Chinese Politics," in Wang Gungwu and Zheng Yongnian, eds., *Damage Control: The Chinese Communist Party in the Jiang Zemin Era* (Singapore and London: Eastern Universities Press, 2003), pp. 173–189; Zheng Yongnian, "The Politics of Power Succession," in Wang and Zheng, eds., *Reform, Legitimacy and Dilemmas: China's Politics and Society* (London and Singapore: World Scientific and Singapore University Press, 2000), pp. 23–50.

46. Richard Baum, "Jiang Takes Command: the Fifteenth National Party Congress and Beyond," in Hung-mao Tien and Yun-han Chu, eds., *China under Jiang Zemin* (Boulder, CO: Rienner Publishers, 2000), p. 24.

5. 清洗忤逆者

權力繼承問題上的正式制度和非正式規則的確立，並不意味最高領導人之間沒有權力鬥爭。在古代中國，甚至還會有一些忤逆者，他們來自皇族內部和重要的官員。這些忤逆者會嚴重挑戰皇帝，有時候甚至會威脅到皇位。中國古代存在一種重要的皇權現象：通常，當一位皇帝處於弱勢，只是象徵性地行使權力的時候，任何來自臣屬的不忠或是挑戰都是不正當的。造成這種現象的原因，不僅是因為他們沒有足夠的權力來挑戰皇帝，而且還因為這樣的挑戰不為文化和社會所接受。一旦皇帝再度變得強勢，這些忤逆者就會受到懲處。因此，古代皇權的規則就是：即便你對皇帝不忠，你也不能在公開場合表露出忤逆態度，更不用說公開地挑戰皇帝；否則，你註定會受到懲處。

這種文化規範和思維方式，在當代中國依然起到重要的作用。雖然今天的最高領導人不能像古代的皇帝一樣懲處忤逆者和挑戰者，但是由於存在許多組織規則和規範，總能有其他方式來懲處事實上和潛在的挑戰者。毛澤東像一位真正的皇帝那樣行事。當他察覺到他的權力和權威受到他的接班人劉少奇的挑戰時，他就發動了「文化大革命」來打倒劉少奇，劉少奇最終在河南省悲戚地死去。另外，當毛澤東察覺到第二位接班人林彪對他構成挑戰時，他「迫使」林彪駕機逃離中國，林彪因飛機在蒙古境內墜毀而身亡。在鄧小平時代，類似的故事還在上演。20 世紀 80 年代中期，鄧小平的繼承人，改革派領導人胡耀邦，公開表露了對鄧小平保守的改革政策的不滿，並試圖要求鄧小平退休以加速推動改革。胡耀邦很快就因為對所謂的「資產階級自由化」的容忍態度而遭到嚴厲批評，並被趕下台。同樣的故事也發生在鄧小平的第二位繼任者趙紫陽身上。1989 年，當民主運動失去控制時，趙紫陽在與米哈伊爾・戈爾巴喬夫（Mikhail Gorbachev）的會談中，試圖向外界發出訊號，告知世界鄧小平才是中國真正發號施令的人，間接暗示鄧小平應當為針對運動的強硬政策負責。儘管趙紫陽沒有要求鄧小平退休，他發出

的訊號卻被視為不再對鄧小平忠誠。可以預見，趙紫陽在運動中下台了。[47]

正如在上一部分所論述的，在後鄧小平時代，黨採用了各種手段來使精英政治制度化，但同時亦以各種非正式的方式清除忤逆者。在鄧小平的前兩位接班人胡耀邦和趙紫陽相繼下台後，鄧小平和其他元老在 1989 年民主運動後，選擇了江澤民作為接班人。但是，江澤民在 20 世紀 90 年代初的保守政策遭到了來自其他改革派領導人的挑戰，其中最為突出的是楊氏兄弟 —— 楊尚昆（國家主席）和楊白冰（將軍）。楊氏兄弟與鄧小平及其家人關係密切。為了支持和護衛鄧小平的改革，在 1992 年黨的十四大前，楊氏兄弟對江澤民及其保守政策發起了政治攻擊。這種公開的忤逆行為是鄧小平所不能接受的，即使楊氏兄弟是他改革政策的強而有力支持者。因此，在黨的十四大上，鄧小平清除了楊氏兄弟和他們的關係網。同時，鄧小平和其他的改革派領導人迫使江澤民採納了改革政策。1996 年，在黨的十五大召開的前一年，在鎮壓 1989 年民主運動中起了重要作用的北京市市長陳希同，拒絕服從江澤民的領導。陳希同隨後因所謂的腐敗問題被判入獄。[48] 更重要的是，陳希同與前國務院總理李鵬關係密切，還是政治局委員。陳希同的倒台為江澤民牢牢掌控中南海政治鋪平了道路。

在胡錦濤從江澤民手中接過權柄後，江澤民的一些擁躉似乎很難把對江澤民的忠誠轉移到胡錦濤上。儘管江澤民已經不再於公開場合上出現，但是他的影響力依然存在於各級黨政機關中。與江澤民關係密切的人，以及江澤民在任期內任命的人，依然在位。同時，江澤民親商的、利於發展的政策導向，導致了中國社會利益集團的興起和多元化。這一切都對胡錦濤的親民政策產生了強大的抵

47. ZhanG, *The Tiananmen Papers*; Merle Goldman, *Sowing the Seeds of Democracy in China: Political Reform in the Deng Xiaoping Era* (Cambridge, MA: Harvard University Press, 1994); and Ruan Ming, *Deng Xiaoping: Chronicle of an Empire*, trans. and ed. by Nancy Liu, Peter Rand, and Lawrence R. Sullivan, with a foreword by Andrew Nathan (Boulder, CO: Westview Press, 1994).

48. 有關江澤民與陳希同之間權力鬥爭的小說式描寫，參見：陳放：《天怒人怨：江澤民 vs. 陳希同》，香港：太平洋世紀出版社，1999 年。

制力量。抵制力量很明顯地來自於地方層面。地方上的黨員幹部和政府官員的利益，更多地根植於地方上的經濟行為。他們對經濟的介入，為抵抗中央政策提供了強大的動力。由於地方幹部和官員的利益在本質上是獨立的，因此就不必指望省級領導人會嚴肅認真地遵照中央的指示。特別是上海市，成為了滯緩中央政策執行的領頭羊。例如，當 2004 年溫家寶領導下的國務院採取了新的宏觀調控措施來給經濟降溫時，以江澤民的擁躉之一陳良宇為市委書記的上海市便公開反對這項政策，聲稱在上海市壓根兒不存在經濟過熱現象。[49]

2005 年的下半年，形勢變得越來越明朗，胡錦濤已經決定要拿下這位目中無人的上海市委書記。有關陳良宇將被調離的謠言從 2005 年秋天起就滿天飛，人們認定，胡錦濤在共青團的同事劉延東將會取代失寵的上海市委書記陳良宇。[50] 這個計劃並沒有付諸實行，因為胡錦濤當時似乎未能與江澤民達成共識。[51] 但是，從 2006 年 7 月開始，有跡象表明共識已經達成。在那個月裏，《江澤民文選》（三卷本）正式出版，並得到了最高領導層的支持。向中國前最高領導人獻上的這份大禮，為胡錦濤推動更多的變化 —— 尤其是人事變化 —— 清除了障礙，同時也對江澤民和他的利益圈子表達了「應有的尊重」和某種一致性。隨後，在 2006 年 8 月末，《人民日報》發表的一篇評論中，不點名地將陳良宇與一起所謂的腐敗案件聯繫在一起，這起腐敗案件涉及到上海市勞動和社會保障局局長祝均一。[52] 這為陳良宇最終的免職做好了鋪墊，2006 年 9 月 25 日，陳良宇被免職。

49. Leslie Foong, "Leadership Dispute Over China Growth," The *Straits Times*, 10 July 2004.

50. "President Seeks First Lady for Shanghai," *The Times*, 19 August 2005.

51. 2006 年 4 月，當江澤民受上海交通大學之邀參加其 110 周年校慶時，交大打出的標語 —— 故意或是其他原因 —— 繼續稱呼江澤民為「國家主席」。這事件給人造成一種印象，中國同時存在兩個權力中心，一個中心在北京（胡錦濤），另一個中心在上海（江澤民）。這加劇了有關江澤民在中國政治中的作用的爭議，儘管他已經在 2004 年辭去了所有正式職務。參見：《上海交通大學標語：歡迎「江主席」》，《明報》，2006 年 4 月 8 日。

52. Lu Gaofeng, "Exactly How Much Public Funds were Appropriated? A Revelation by the Shanghai Social Security Scandal," *People's Daily*, 29 August 2006.

拿下陳良宇的上海市委書記職務至少有三個功能：第一，它對地方領導人發出了嚴厲的警告，要麼改變從前的唱反調態度與中央保持一致，要麼就被免職；第二，這在政治局和上海市都空出了一個位子，可以讓支持胡錦濤事業的人來填補；第三，它有助於鞏固胡錦濤有關「和諧社會」和「科學發展」的理念認同。更重要的是，陳良宇的倒台在樹立胡錦濤的權威上邁出了一大步，表明胡錦濤不僅在法理上，也在事實上成為中國的「老大」。陳良宇是政治局委員，與江澤民關係密切，與政治局常委黃菊也關係緊密，還是所謂的「上海幫」的核心成員。這是巨大的一步，表明了中國行進中的權力繼承的前進方向。正如在江澤民與陳希同之間的對立一樣，陳良宇的倒台為胡錦濤牢牢掌控繼承政治鋪平了道路。

但是，值得指出的是，為了允許權力鬥爭在有限的範圍內發生，領導層建立了一些或明或暗的規則和規範。第一，最高領導人強調集體領導，在這種領導制度下，沒有一個領導人能夠像毛澤東和鄧小平之前那樣獨斷高層政治。在江澤民時代，政治人物之間的妥協成為可接受的規範。誠然，江澤民努力地抵擋來自楊氏兄弟、陳希同和喬石發起的挑戰，但只要他面對的不是直接的和公開的挑戰，他就願意與其他派系達成妥協。儘管他與李鵬、朱鎔基和其他主要政治人物有分歧，但是江澤民能夠與他們一道開展工作，並利用他們的才幹來管理黨和國家事務。這對胡錦濤來說也是一樣的。只要他沒有遭到直接和公開的挑戰，他就願意與其他領導人和派系妥協。事實上，清洗忤逆者是集體領導的前提，集體領導由不同的領導人構成，他們有不同的政策偏好，並分屬不同的派系。領導層的核心（皇帝）是不能夠被挑戰的。在領導核心的主導下，繼承政治將變得更加穩定。

6. 選定的接班人

迄今為止，本章已經討論了權力繼承如何在中國政治的背景下進行，並且回答了兩個重要的問題：第一，現在的領導層，尤其是最高領導人，是如何選擇接班人的；第二，接班人在從前任手中接

過權柄之後，如何鞏固其權力。但是，我們還沒有回答一個重要的問題，那就是選定的繼承人在權力繼承的過程中扮演了什麼角色。這就是所謂的「老二」問題或是「指定的接班人」問題。[53]

在古代中國，皇帝選擇他其中一個兒子作為繼承人。然而，更常見的情況是，皇帝能夠撤銷選定的繼承人，重新選擇另外一個。這過程可能會不斷重複，直到皇帝去世，選定的繼承人成為新的皇帝。這通常是一個漫長且複雜的過程。正如本章早些時候所論述的，這種情況事實上自中華人民共和國建立以來依然延續。當毛澤東察覺到他的接班人，先是劉少奇，後是林彪，對他構成威脅時，他變得多疑，並除去了這兩人。同樣，當鄧小平察覺到胡耀邦和趙紫陽不再遵循他的政策路線時，他也將他們免職。

在學術界，選定的接班人在權力繼承中的角色被大大低估了。當一次特定的權力繼承失敗時，人們通常責備現任的領導人。選定的接班人通常要麼被視為無助的受害者，要麼是一個消極的追隨者。要理解有趣而複雜的權力繼承政治，我們必須把選定的接班人作為權力繼承的重要部分。正如鄭世平所說的，我們需要「對指定的接班人做一個概念界定，他是一個政治環境中的積極行動家，盡全力增加自己接班的機會，並盡量減少自己接班的危機」。[54] 選定的接班人不僅僅是政治過程的產物或是被動反應這個政治過程，事實上，他們能夠在整個權力繼承過程中扮演一個關鍵的角色，在決定他們自己的政治命運時也並非如此無助。一旦被選定為接班人，他們就應當明白作為「老二」所要面臨的一切挑戰。在中國的制度環境裏，選定的接班人必須遵循正式的和非正式的規則和規範；違反這些制度化的規則和規範，將使他們在權力遊戲中極易受到攻擊，並從而危害到他們順利接班的可能性。在這些規則和規範中，選定

---

53. Zheng Yongnian, "The Politics of Power Succession," pp. 45–46; and Zheng Shiping, "Crossing the Political Minefields of Succession," in John Wong and Zheng Yongnian, eds., *China's Post-Jiang Leadership Succession: Problems and Perspectives* (Singapore and London: Singapore University Press and World Scientific, 2002), pp. 59–85.

54. Zheng, "Crossing the Political Minefields of Succession," p. 67.

的接班人通常面臨兩個重大的挑戰，也就是處理與現任領導人的關係，以及發展政治支持網絡。[55]

當然，選定的接班人必須積極主動，像一個「老二」一樣行事。唯有如此，他們才能被黨員幹部、政府官員和普羅大眾所接受。但是，在這麼做的同時，又必須表現得不那麼有野心，以免使現任領導人感覺受到挑戰，這確實不是一件容易的事情。更通常的情況是，選定的接班人極難調和他們自己的主動性和他們對現任領導人的忠誠。

我們可以合理地認為，在胡錦濤之前，沒有一個選定的接班人能夠很好地處理這個傷腦筋的問題，正如毛澤東時代的劉少奇和林彪，以及鄧小平時代的胡耀邦和趙紫陽。在這些例子中，現任領導人之所以察覺到選定的接班人對他們構成威脅，要麼是由於他們採取的改革舉措，要麼是他們表現出來的行為模式。這對江澤民來說也是一樣。在 1989 年民主運動的餘波中被任命為總書記後，江澤民變得保守起來，沒有採取任何改革措施。因此，在 1992 年初的南巡講話中，鄧小平公開地表達了他對江澤民的不滿。但是由於從胡耀邦和趙紫陽的例子中接受了教訓，鄧小平這次並沒有換下江澤民。相反，他對江澤民施加了壓力，並重塑了黨的領導層的議程和方向。

胡錦濤在 1992 年黨的十四大中進入了政治權力的中心，成為了當時最年輕的政治局常委，這正是鄧小平大力推動了他的崛起。鄧小平從胡耀邦和趙紫陽的權力繼承問題上吸取了經驗和教訓，他意識到，接班人要從他們年輕的時候就開始培養，這一點很重要。鄧小平的政治支持，賦予了胡錦濤在中國共產黨黨內一個獨特的地位。鄧小平也任命了許多其他的重要領導人，他們對胡錦濤作為選定的接班人給予了強而有力的支持，例如喬石、李瑞環和朱熔基。任命他們進入政治局常委會，對「上海幫」是一種強大的限制。儘管江澤民不喜歡胡錦濤，但是江澤民很難換下胡錦濤。事實上，胡錦濤是未來領導層的核心，已經成為中國最高領導人之間的政治共

---

55. Ibid.

識。在鄧小平去世後，領導層繼續提供各種機會來培養胡錦濤作為江澤民的接班人。胡錦濤先是被任命為國家副主席。之前，這一職位是由退休的黨員幹部或非共產黨中的元老級政治人物擔任。通過任命胡錦濤擔任這一職務，領導層給予了他向外部世界展示的機會，並從中獲得處理國家外交事務的經驗。隨後，胡錦濤被任命為中央軍委副主席，這使得它能夠與軍隊建立正式的聯繫，這是確保他順利接班的重要因素。

這次權力繼承過程得以順利進行，一個更重要的因素是，胡錦濤能夠像一個選定的繼承人那樣行事。當他成為政治局常委後，胡錦濤非常出色地處理好了與江澤民的關係。江澤民可指望胡錦濤在常委會裏支持他。胡錦濤也願意為江澤民承擔艱巨的任務。最值得一提的例子是，1998 年，胡錦濤帶領了一個工作組，勸說軍事單位退出商業活動，並在美國轟炸了貝爾格萊德的中國大使館時，以及隨後中國各大城市出現的爆炸式遊行中出面。他對江澤民的忠誠及他的積極主動，使得胡錦濤在其伯樂鄧小平去世後生存了下來，並最終從江澤民手中接過權柄。胡錦濤在政治局常委會中長達十年的「謙卑」姿態，使得他幾乎不為外界所了解。但是，這樣一種「謙卑」的行為模式，在中國的政治文化背景下，對於一個選定的接班人來說，是很慎重的行為。

對於選定的接班人，同樣重要的任務是建立一個寬泛的政治支持網絡。這裏就出現了派系政治，並且它在處理權力繼承問題上起到了關鍵的作用。自毛澤東時代以來，有關權力繼承的政治環境和派系政治的重要性經歷了許多變化。對於老一輩領導人來說，例如毛澤東和鄧小平，他們背後的派系深深地根植於他們在漫長的革命和戰爭歲月裏的共同經歷和同志情誼。這些關係圈子所提供的政治支持，其他任何派系都無可比擬。在毛澤東時代（1949-1976），雖然毛澤東也需要派系的支持，但是他能夠凌駕於所有派系之上。新的派系，例如「四人幫」（江青、張春橋、王洪文和姚文元），是在毛澤東的羽翼下產生的，但是他們不如其他派系強大，因為其他派系的關係圈子是在革命年代建立起來的。一旦毛澤東去世，新的派系很快就被革命元老瓦解了。

從正式的角度看，鄧小平從未成為毛澤東選定的接班人。華國鋒繼承了毛澤東的權柄，但是沒能夠鞏固自己的權力，因為他缺乏強大的派系支持。鄧小平回到了權力舞台，因為他背後有着強大的派系支持。當然，這種支持也帶來了政治代價。他的兩位選定的接班人，先是胡耀邦，然後是趙紫陽，依次被趕下台，部分原因是受到那些曾幫助他重返權力舞台的人的強大壓力。他們的壓力迫使鄧小平收回了對胡耀邦和趙紫陽的支持。另一方面，作為選定的接班人，胡耀邦和趙紫陽都未能建立起自己強而有力的派系支持。儘管他們在社會上廣受歡迎，但是在中國的政治背景下，他們卻無法將社會支持轉變為政治支持。

在 1989 年的民主運動之後，江澤民出人意料地被選為鄧小平的接班人。江澤民肯定從兩位接班人的經歷中認識到，光鄧小平的支持還不夠，派系建設也是他繼承權力的必要且重要的組成部分。因此，在被召入北京後不久，他快速建立了「上海幫」，將他圈子裏來自北京、上海和其他地區的故舊調入他的領導圈子。正如在本章早些時候所論述的，在江澤民鞏固權力的過程中，派系支持也非常關鍵。

作為選定的接班人，胡錦濤小心翼翼地行事。但是這並不意味着他因此怠惰。事實上，他非常積極主動地利用已有的關係圈子建立起政治支持。「團派」成為他最重要的權力基礎。胡錦濤還招納他之前工作過的省份的支持者和忠誠者。在黨的十六大上，他繼承了江澤民的權柄，成為了「老大」。這次權力繼承是由江澤民負責的，江澤民的派系在政治局常委會裏佔據了主導地位。但是，胡錦濤在省一級獲得了強大的支持，因此也在中央委員會獲得了強大的支持，因為中央委員會委員大多數來自於各個省份。[56] 五年後，2007

---

56. 有關中共十七大權力分配的論述，參見：Yongnian Zheng, "The Sixteenth National Congress of the Chinese Communist Party: Institutionalization of Succession Politics," in Weixing Chen and Yang Zhong, eds., *Leadership in a Changing China* (New York: Palgrave, 2005), 15–36.

年黨的十七大上，胡錦濤的支持者和忠誠者出現在政治局及其常委會中。[57]

在黨的十七大上，25 位政治局委員中，有 10 位是新面孔。這些新成員大多數來自當今中國兩大最有權勢的政治力量，也就是「太子黨」（革命元老的後代）和共青團系。在政治局委員中，習近平、王岐山、劉延東、俞正聲和薄熙來被普遍認為是「太子黨」的代表，而李克強、李源潮、汪洋和王兆國被普遍視為是共青團系的代表。當然，這兩類人相互有重疊。例如，劉延東和李源潮都來自革命高幹家庭，他們同時也屬共青團系。

中國共產主義青年團是一個群眾性組織，但事實上，它是中國共產黨最重要的幹部後備基地。如今，共有 7,350 萬共青團團員，規模和中共黨員差不多大。[58] 2006 年，110 萬共青團員加入中國共產黨。20 世紀 80 年代，中國共產主義青年團在中國的權力政治中起了重要的作用，因為曾任團中央第一書記的胡耀邦被鄧小平相中，出任中共中央總書記。胡耀邦很受中國民眾歡迎，尤其是知識分子，因為他具有開明的思想。但是他開明的政治立場也觸怒了黨內的保守派。在歷經了 20 世紀 80 年代中期幾輪「資產階級自由化」運動後，胡耀邦被黨內保守勢力趕下台。1989 年胡耀邦去世，他的離世引發了全國性的民主運動。1989 年的事件還導致了另外一位共青團系大員的失勢，那就是胡啟立。

在天安門事件的餘波中，江澤民被任命為中共中央總書記，許多技術官僚被提升到黨和政府的領導層，因為相比共青團系的幹部，他們具有較少的意識形態色彩。胡錦濤也曾擔任過共青團中央第一書記，他被鄧小平相中，在 1992 年黨的十四大中進入政治局常

---

57. 有關中共十七大的論述，參見：Yongnian Zheng, "Hu Jintao's Road Map to China's Future," *Briefing Series*, Issue 28, China Policy Institute, University of Nottingham, October 2007; and Zhengxu Wang and Yongnian Zheng, "Key Policy Outcomes of the Seventeenth National Congress of the Chinese Communist Party," *Briefing Series*, Issue 31, China Policy Institute, University of Nottingham, November 2007.

58. 譯者註：根據共青團中央組織部在全國團內統計的數據，截至 2015 年底，全國共有共青團員 8746.1 萬名。（數據來源：人民網：http://cpc.people.com.cn/gqt/n1/2016/0504/c363174-28324633.html，最後瀏覽時間：2018 年 1 月 5 日）

委會。然而，20 世紀 90 年代主要還是技術官僚的時代，共青團系的影響力在領導層並不明顯。

　　自從胡錦濤成為中共中央總書記以來，擁有共青團背景的幹部快速地晉升為各級黨政領導幹部。他們成為政治局裏的重要支柱力量，在省級層面甚至更具權勢，因為許多省委書記和省長都有團系背景。2006 年初，胡春華被任命為新一任團中央第一書記。胡春華畢業於北京大學，畢業後在西藏工作了 20 年。在他出任團中央第一書記前，他已經在西藏自治區黨委（常務）副書記的位置上幹了幾個年頭。[59] 在團中央工作了一年多後，他被調任河北省出任省長。普遍視他為未來黨的領導層的核心成員。[60]

　　來自「太子黨」的習近平快速崛起，使許多觀察家感到驚訝。但是，如果我們密切關注到「太子黨」的崛起，那麼習近平就不該被視為黑馬。20 世紀 80 年代鄧小平掌權的時候，「太子黨」被邊緣化了。那時的中國人對「太子黨」沒有好感，因為他們許多人都從事尋租活動，並通過父輩的關係致富。但是許多「太子黨」成員，例如習近平、薄熙來和劉延東，在政治上雄心勃勃。他們放棄了致富的機會，選擇接受在各級黨政機關的底層職位。多年來，他們在處理黨政事務上已經驗豐富。在江澤民於 1989 年天安門事件中掌權之後，「太子黨」成員開始出現在中國的政治舞台上。今天，「太子黨」的成員佔據了政治、經濟、軍事和社會組織的許多重要職位。在很大程度上，「太子黨」是當下中國最有權勢的政治力量。從某種方面來說，「太子黨」可以說是中國共產黨的「皇族」，它的成員被視為忠於他們父輩所打下的紅色江山。「太子黨」也從老一輩革命家那裏獲得了強力的支持，這些革命家大多數都是從黨政領導崗位上退下來的。

---

59. 譯者註：胡春華自 2003 年起任西藏自治區黨委副書記、區政府常務副主席，2005 年起任西藏自治區黨委常務副書記。（資料來源：新華網胡春華簡歷：http://news.xinhuanet.com/rwk/2013-02/21/c_124373026.htm，最後瀏覽時間：2015 年 4 月 28 日）

60. 譯者註：胡春華自 2009 年 11 月起任內蒙古自治區黨委書記，2012 年底成為政治局委員並兼任廣東省委書記。（資料來源：同上）

任命團派要員和「太子黨」成員出任要職，毫無疑問對胡錦濤有利。雖然胡錦濤的權力基礎是團派，但是他也從「太子黨」那裏獲得了強大的支持，尤其是革命元老那裏。在黨的十七大上，制約胡錦濤的主要政治力量是「上海幫」。隨着團派和「太子黨」強勢出現，「上海幫」在領導層的力量被削弱了。「上海幫」的衰落有目共睹。黃菊（常務副總理）於 2007 年因病去世，同一年，陳良宇因被控腐敗而倒台。曾慶紅由於年齡因素也退休了。當然，江澤民的影響力依舊還在，因為與他關係密切的張德江和張高麗還是政治局委員。團派和「太子黨」之間也存在着利益衝突，並且最終其中一支力量必須成為主導力量，以確保下一次權力交接能夠順利進行。但是，這對胡錦濤自身來說是一件好事，因為他能夠處理好兩派力量之間的關係，使其對自己有利。

7. 小結

在繼承政治的背景下，派系政治在後鄧小平時代愈發重要。最重要的原因在於，在強人時代之後，新一代領導人需要政治上的支持。在沒有民主的情況下，他們不得不訴諸派系支持。換句話說，權力繼承的過程發生在派系政治中。

從這個意義上說，今日中國的派系政治將其自身與傳統的權力繼承區隔開來。雖然在帝制的中國也存在派系政治，但是在權力繼承問題上不需要處理政治問題，或者說相比今天而言，較少涉及政治問題，因為皇帝主導着整個過程。皇帝能夠任意地選擇或改變他的繼任者，即便他面臨着來自各方的壓力。但是在今天，權力繼承是政治問題，而且變得越來越政治化。所有的政治都包含了政治動員，繼承政治也不例外。派系政治從而成為政治動員的重要手段。

我們可以將謝淑麗所說的「相互問責制」（reciprocal accountability）應用到對派系政治的解釋中來。謝淑麗認為，中國共產主義政治的特徵是「相互問責制」，也就是說，領導人挑選官員，官員也選舉領導人。任何一個共產主義國家，包括中國在內，其制度都是呈等

級式結構的，這意味着黨的最高領導人選擇和任命下級的黨政軍官員。另一方面，根據黨章的規定，中央委員會有權選舉黨的領導人，中央委員會由黨的領導人所任命的黨政軍官員所構成。因此，「領導人任命官員，中央委員會裏的官員選擇領導人。政府官員既是黨領導人的代理人，又是他們的委託人。問責是雙向的，從而將一個等級制的關係轉變成一種『相互問責制』」。[61] 然而，正如謝淑麗所警示的，在相互問責制之下，權力在領導人和中央委員會之間並不是平等劃分的，自上而下的權力要遠遠強於自下而上的權力。同樣，雖然在謝淑麗看來，這種相互關係體現在中國共產黨的正式制度中，但是它同樣也體現在中國非正式的派系政治中。一方面，派系支持他們的領導人；另一方面，他們的領導人也必須照顧派系的利益。

此外，在當下中國，派系主導和派系和解是共存的。正如在本章中所論述的，精英政治要平穩運行且運作良好，就必須有一個領導核心，必須有一個領導人處於主導地位。如果某個派系是這個領導人的權力基礎，這個派系就必須成為主導派系。如果沒有主導派系，派系政治就會導致激烈的權力鬥爭，直到某個派系成為主導派系。同時，也存在派系和解，這意味着主導派系不得不與其他派系的利益和解。如果沒有這樣的和解，其他派系就會結成聯盟反對主導派系。

這現象在鄧小平時代就存在。作為第二代領導集體的核心，鄧小平必須與陳雲、李先念和其他革命元老和解。當然，這也意味着鄧小平的派系必須通過各種形式的權力分享機制來與其他派系進行和解。這在江澤民時代也是如此。江澤民建立了自己的派系，「上海幫」主導中國政治長達十多年。當江澤民決定拿下他的挑戰者陳希同的時候，他願意與其他領導人及他們的利益和解，例如李鵬、喬石和朱熔基。這一實踐在胡錦濤時代依然持續。胡錦濤積極主動地建立起自己的權力基礎，也就是共青團系。然而，他也與其他領導人及他們的利益進行和解。他拿下了陳良宇這個「上海幫」的要

---

61. Shirk, *The Political Logic of Economic Reform in China*, p. 83.

員，但是接受了其他與江澤民關係密切的人，例如賈慶林、李長春和張高麗。同樣，儘管他的權力基礎是共青團系，但是胡錦濤願意在他的治下接受其他派系，尤其是「太子黨」。

和其他地方一樣，作為政治的一種形式，派系政治在中國也是不可避免的。雖然在權力繼承問題上，存在着派系政治的非正式規則和規範，正如從毛澤東一直到胡錦濤以來的權力繼承歷史所表明的那樣，但是平穩的派系政治必須基於正式制度之上。有必要建立正式的制度，使得權力繼承可以照其運作。

為精英政治建立正式的制度，事實上正在中國發生。近年來建設的「黨內民主」就是將精英政治制度化的重要努力。最為顯著的是，正如在本章所提及的，政治局的新成員是通過集體投票選出來的。

在 2007 年黨的十七大上，胡錦濤還概述了其他重要的特定機制，以便更好地將精英政治制度化。根據他在大會上所作的報告，中國共產黨將建立健全中央政治局向中央委員會全體會議，地方各級黨委常委會向委員會全體會議定期報告工作並接受監督的制度。同時，實行各級黨的代表大會代表任期制，以便在黨代會閉幕期間，黨代表依然可以積極履行檢查黨委工作的職責；選擇一些縣（市、區）試行黨代表大會常任制，而不是幾年才開一次會。完善黨的地方各級全委會、常委會工作機制，發揮全委會對重大問題的決策作用，而非由地方黨委書記或常委會專斷決策。中國共產黨對在兩個領域內引入某種形式的票決制很感興趣。第一個領域是任用重要幹部的票決制。除了對公眾和黨員更加開放以外，候選幹部還要通過黨委的投票獲得任命。第二個領域是推行地方黨委討論決定重大問題票決制。[62]

正如在本章中所論述的，組織化皇權的本質決定了，如果制度想要存續下去並運作良好，那麼就必須存在特定的規則和規範。作

---

62. Wang and Zheng, "Key Policy Outcomes of the Seventeenth National Congress of the Chinese Communist Party".

為一個等級制的制度，組織化皇權要求必須有一個領導核心 ——一位主導的領導人和一個主導的派系。它還意味着，所有的下級都必須對他們的最高領導人表示忠誠；否則的話，他們將因其公開的忤逆而遭到懲處。出於許多原因，例如功能分化、區域經濟力量中心的崛起，以及黨內民主的發展，中央和各省的領導人往往擁有他們行使其權力的特定領域。這意味着在他們的行政領域和管轄地區內，他們享有很大程度的自主權。考慮到這些領域都由不同派系背景的領導人所掌控，就總有某些人敢於挑戰位居組織化皇權高位的人。從權力政治的角度來看，這是符合邏輯的。可以理解，當一個人的權力足夠強大，不管是真實的權力還是感知到的權力，就會產生一種自然的傾向，希望向組織化皇權索取更多權力。一個人也有可能對組織化皇權表露不忠，而這對於組織化皇權來説是不可接受的，對於一個有着皇權文化思維習慣的社會來説，也是無法接受的。從這個意義上説，我們可以合理地認為，儘管黨的領導層作出了所有制度化的努力，但是精英政治的本質並沒有太大變化，權力鬥爭也將繼續下去。

第五章

黨對國家的主導

1989 年北京民主運動之後，趙紫陽被軟禁在家中。1993 年，他提及了中國的老人政治，並評論了中國共產黨：

> 看來，像中國這樣的大國是需要有強人、有權威的人來領導。這是由於中國地域這樣遼闊廣大，發展又極不平衡，經濟、文化發展又這樣落後所決定的；從中國社會歷史發展來看也歷來如此。目前中國實行的是「老人政治」，由元老來領導。這是中國過去長期革命鬥爭中形成的。是他們領導取得了革命勝利，建立了新中國，自然還要由他們來領導。這是誰也代替不了的事。如同歷代封建帝王那樣，是自己打下了天下自己坐，以後也自然應當是由自己的家族來進行統治，別人是不能分享的。總而言之，如同一個家庭是由家長創業置的家產，自然應由家長來當家，這都是中國的政治特色。[1]

雖然趙紫陽所談論的是鄧小平和陳雲這樣的政治元老在中國政治中的角色，但是他提出了一個關鍵的「產權」問題，一方面讓我們理解黨和國家之間的關係，另一方面也讓我們理解黨／國家和社會之間的關係。此外，趙紫陽也指出了傳統皇權和組織化皇權之間的政治連續性。簡單來說，在古代的王朝時代，皇帝打下了江山，是江山的所有者；在當代中國，中國共產黨是國家的所有者，因為是中國共產黨締造了中華人民共和國。不過，儘管所有權屬於皇帝，但是皇帝也沒有必要獨自管理這個國家。相反，皇帝可以向行政機構委派權力來管理國家。當然，由於國家的「產權」屬於皇帝，他可以任意地僱傭或者解僱管理者。在當代中國，黨和國家之間也有着類似的關係。可以說，中國共產黨是中華人民共和國的「產權」所有者，而政府則可以說是國家的管理者。在古代中國，皇帝可能會被政府邊緣化和削弱；更通常的是，皇帝的統治變得更具象徵性，真正的權力掌握在行政機構手中。正如之前所述，作為一個組織化皇帝，中國共產黨在尋求和維繫其對政府的主導上，比中國歷史上的任何一個皇帝都更有能力。

---

1. 宗鳳鳴：《趙紫陽軟禁中的談話》，香港：開放出版社，2007 年，第 83 頁。

在中國的治理體系裏，自中央到省（市）、縣、鄉鎮有兩套平行的系統，也就是黨和政府這兩套系統。前者是黨務系統，後者是政務系統。在少數民族自治地區，例如西藏和新疆，黨委書記是漢族，而自治區主席是少數民族。儘管這一現象通常被解讀為漢族對其他少數民族的主導，但是它也可以從「產權」的角度進行解讀，也就是說，少數民族地區的所有領土都屬中國共產黨。即便是在少數民族地區的大學裏（例如：西藏大學），黨委書記必須是漢族人，而校長必須是藏族人。事實上，在中國所有重要的組織裏，基本上都是如此。這是可以理解的。在王朝中國，「普天之下莫非王土」，那麼在當今中國，則是「普天之下莫非黨土」。

在中國的政治制度裏，黨和國家（政府）之間的關係是最為重要的。將黨與國家的關係類比為所有者和管理人的關係，對於我們理解當代中國黨對國家的主導，具有啟發意義。黨（產權所有者）對國家的主導，似乎是非常自然和符合邏輯的。

改革開放以來快速的經濟發展，為中國共產黨創造了一個新的社會—經濟環境。為了在這個新的環境中生存下來，中國共產黨一直重新調整其與行政機構（國家）的關係。中國要想成功地向現代的有效治理轉型，依然有賴於這些變化中的黨—國家關係。由於黨—國家關係一起構成了中國最重要的一組政治—制度基礎，因而它們是所有政治活動的核心。

黨和國家的關係是理解中國政治的關鍵，理解中國共產黨及其在中國的未來也很重要。學術界作出了許多努力，將黨和國家作為相互分離的政治組織進行研究，並探索它們二者之間的關係。[2] 出於分析的便利，學者們往往只是簡單地認為中國是一個「黨國」。尤其是在國家—社會關係的框架下檢視中國政治時，這一範式在中國研究領域主導了幾十年。將黨和國家作為一個實體來研究無可厚非，不過，本章將分解這一實體，觀察黨如何主導國家。在將黨—

---

2. Shiping Zheng, *Party vs. State in Post–1949 China: The Institutional Dilemma* (Cambridge and New York: Cambridge University Press, 1997); and Andre Laliberte and Marc Lanteigne, eds., *The Chinese Party-State in the 21st Century* (London: Routledge, 2007).

國家關係進行分解研究的時候，我們會發現，黨對國家的主導並非總是如此絕對的。黨與國家之間的許多因素，例如功能分化，以及國家所具有的專業主義，都表明國家在黨的面前並非一個無助者。國家的權力不單單是由黨委派的，相反，國家擁有其自身的權力「場域」。（下一章將檢視黨／國家與社會的關係，黨／國家將被視為一個實體。）

本章將界定並分析一些關鍵的制度，例如幹部任命制度、中央領導小組和黨組。通過這些制度，中國共產黨在新的社會—經濟環境中對國家進行主導。雖然黨—軍關係不是本書的關注點，但是本章也將強調這個問題，因為軍隊在中國政治中起到了重要的作用。本章將檢視黨的領導層為理順黨和國家之間的關係而作出的努力。本章還將探究黨的主導性是如何體現在不同的政府機構及政府層級中。

1. 黨—國家關係的改革：話語表述

如前所述，從嚴格意義上說，中國共產黨不是西方意義上的「政黨」。在現代國家，政黨是通過選舉獲取資格，以競逐公共職位的政治團體。大多數情況下，政黨是國家結構裏的一部分；也就是說，政黨只是國家的機構。但是在中國，中國共產黨被視為是與國家本身相分離的。黨是皇帝的現代化身。它是一個高度組織化的皇權，試圖對國家和社會施加主導。[3]

中國共產黨的這個特殊角色，是由中國獨特的歷史經驗所決定的。中國一直以來都是一個陸地強國。歷代統治者不得不高度依賴於思想灌輸和地方鄉紳來維繫統治。出於這一緣由，政治中心的權力通常是不固定的，也是非制度化的。現代威斯特伐利亞國家的中

---

3. Franz Schurmann, *Ideology and Organization in Communist China* (Berkeley, CA: University of California Press, 1968).

央權力在其境內疆域是均質的。[4] 與這種特質不同，中國的歷史經驗則是，中央權力呈現同心圓的等級結構，從中心向外圍輻射。儘管中國作出了許多嘗試來建立現代國家，但是中國依然遠不是一個西方意義上的現代國家。中國缺乏現代國家的明確特徵：法治。很大程度上，國家不能夠執行賦予它的管理功能。在這種情況下，中國共產黨成為支撐這一形似現代國家的最重要支柱。[5] 換句話說，中國共產黨是中國國家的支柱。

中國共產黨的一元化統治，或者說黨對國家的主導，是黨的歷史發展的結果，因為黨所領導和從事的革命和戰爭，要求黨成為一個高度中央集權的組織。從 1921 年成立到 1949 年建立中華人民共和國期間，中國共產黨是一個反對黨。在 1949 年以前，儘管中國共產黨在其事實上的管轄區內像政府一樣運作，但是從根本上說，它是一個革命和戰爭機器。1949 年掌權後，黨的領導層開始探索黨和政府之間的合理關係。在領導人看來，黨的角色是政治領導，而政府的角色是治理。例如，根據時任全國人大常委會副委員長彭真的看法，黨對政府的領導是一種政治領導，政府對黨沒有組織上的從屬關係。[6] 時任中國人民政治協商會議副主席的董必武也指出，「各級黨委對各級政權機關的領導，應經過在政權機關中工作的黨員來實現；其中如有黨員三人以上，應組成黨組以保證黨的領導。」[7]

但是，毛澤東治下的領導層繼續致力於他所說的「繼續革命」，未能將黨從革命黨轉變為正常的執政黨。在進行了多輪政治運動後，包括「反右派運動」、「大躍進」和「文化大革命」，中國共產黨日益變得集權化和個人化。為了保證黨對政府的領導，黨建立了許多（黨內）組織，這些組織與政府相應機構平行存在。這些組

---

4. 譯者註：「威斯特伐利亞國家」即民族國家。

5. Franz Schurmann, *Ideology and Organization in Communist China* p. 1. 舒曼認為：「共產黨中國就像一座由不同種類的磚塊和石頭建造起來的大廈，不論這些磚石是如何堆砌起來的，這座大廈確實是樹立起來了。把它凝聚在一起的正是意識形態和組織。」即使到了今天，這在很大程度上也沒有改變。

6. 彭真：《彭真文選》，北京：人民出版社，1991 年，第 226–227 頁。

7. 董必武：《董必武選集》，北京：人民出版社，1985 年，第 314 頁。

織使得黨能夠對相關的政府機關實行直接的控制。一個以黨為中心的政治等級結構形成了：黨對所有國家事務做決策，黨的各級權力都集中到當地的黨委書記手中。在全國層面，所有的最終權力都集中到毛澤東手中。通過這一制度，「一黨（中國共產黨）專權」變成了「一人（毛澤東）專權」。這一等級結構一方面改變了黨的本質，另一方面也改變了政府的本質。中央政治局決定了全國所有重要的政策；在地方上，所有重要的決策權都集中到黨委手中。從理論上說，各級政府（包括行政機關和司法機關）應該向同級的人民代表大會彙報工作，但是事實上，它們向同級的黨的平行機關彙報工作。黨委通過政府機關裏的黨組，直接向政府機關下指令，政府也通過黨組向黨委彙報工作。（這一點將在後面論述）。結果造成了一個事實，在「文化大革命」的一段很長時期裏，地方政府被廢除了，由黨的延伸機構「革命委員會」所取代。

鄧小平於 20 世紀 70 年代末重新掌權，他從毛澤東那裏吸取了教訓，開始重視黨─國家之間的關係。1978 年，他在中共中央工作會議上批評了黨對國家的一元化領導。鄧小平指出，毛澤東版的加強黨的領導，「變成了黨去包辦一切、干預一切；實行一元化領導，變成了黨政不分、以黨代政。」[8] 在 1980 年的政治局擴大會議上，鄧小平詳細闡述了這一觀點：

> 着手解決黨政不分、以黨代政的問題。中央一部分主要領導同志不兼任政府職務，可以集中精力管黨，管路線、方針、政策。這樣做，有利於加強和改善中央的統一領導，有利於建立各級政府自上而下的強有力的工作系統，管好政府職權範圍的工作⋯⋯權力過分集中的現象，就是在加強黨的一元化領導的口號下，不適當地、不加分析地把一切權力集中於黨委，黨委的權力又往往集中於幾個書記，特別是集中於第一書記，什麼事都要第一書記掛帥、拍板。黨的一元化領導，往往因此而變成了個人領導。全國各級都不同程度地存在這個問題⋯⋯真正建立從

---

8. 鄧小平：《鄧小平文選》（第二卷），北京：人民出版社，2002 年，第 142 頁。

國務院到地方各級政府從上到下的強有力的工作系統。今後凡屬政府職權範圍內的工作，都由國務院和地方各級政府討論、決定和發佈文件，不再由黨中央和地方各級黨委發指示、作決定。政府工作當然是在黨的政治領導下進行的，政府工作加強了，黨的領導也加強了……實行這些改革，是為了使黨委擺脫日常事務，集中力量做好思想政治工作和組織監督工作。這不是削弱黨的領導，而是更好地改善黨的領導，加強黨的領導。[9]

1986 年，政治改革開始成為黨領導層的一項重要議程，鄧小平反覆強調黨政分開的政治重要性。他認為：「我們堅持黨的領導，問題是黨善於不善於領導。」[10]「黨要善於領導，黨政需要分開，這個問題要提上議事日程……黨政要分開，這涉及政治體制改革。黨委如何領導？應該只管大事，不能管小事……改革的內容，首先是黨政要分開，解決黨如何善於領導的問題。這是關鍵，要放在第一位。」[11]

1987 年黨的十三大的一個中心議題就是政治改革。時任中共中央總書記的趙紫陽非常強調黨政分開。趙紫陽提出，黨的領導指的是黨的政治領導，意味着黨應當關注在政治原則、政治方向和重大決策上的領導，以及在向政府推薦重要幹部時發揮領導作用。趙紫陽還強調，黨對政府進行政治領導時，必須通過法定的程序，將黨的意志上升為國家意志。[12]

在鄧小平和趙紫陽的改革話語中，黨政分開居於中心地位。這論述是相當保守的，因為黨政分開的目的是為了增強黨領導的有效性。換句話說，它並不旨在改變黨對國家的主導。這句改革話語的確立，產生了一個短時期的「政治自由化」，並一直持續到 1989 年

---

9. 同上，第 320–343 頁。

10. 鄧小平：《鄧小平文選》（第三卷），北京：人民出版社，2002 年，第 163–164 頁。

11. 同上，第 177 頁。

12. 有關趙紫陽改革理念的全面論述，參見：吳國光：《趙紫陽與政治改革》，香港：香港太平洋世紀研究所，1997 年。

民主運動被鎮壓。這場鎮壓之後，黨政分開從江澤民（1989-2002 年任總書記）和胡錦濤（2002-2012 年任總書記）的改革話語中消失了。相反，如何加強黨對政府的領導，成為了改革話語的中心。

2. 幹部任命制度

中國共產黨主導國家所運用的最為有力手段，就是「黨管幹部」的制度，或者用西方更為熟知的術語來說，叫「幹部任命制度」。幹部任命制度的內容「包括了一系列的領導職位，黨的機關行使權力，對這些職位進行任命或免職；包括了這些職位的一系列儲備幹部或候選人；還包括了作出適當人事變動的制度和程序」。[13] 這個制度建設是以蘇聯模式為基礎，隨着時間的推移而發生變化，儘管變化並不大。[14]

幹部任命制度是最為重要的組織支柱，它賦予了中國共產黨在所有重要崗位上的主導性人事話語權。[15] 中國政治制度中最重要的兩項原則分別是：以黨領政和黨管幹部。[16] 中國共產黨挑選出所有的政府官員，幾乎所有的政府官員和所有的最高官員自身就是黨員；在每個政府機關裏，黨員由黨委組織起來，這級黨委又隸屬於上級黨委。政府機關的等級結構上，附着平行的黨的等級結構，使

---

13. John P. Burns, ed., *The Chinese Communsit Party's Nomenklatura System* (Armonk, NY: M. E. Sharpe, 1989), p. ix.

14. 有關幹部任命制度的發展，參見上註及 John P. Burns, "Strengthening Central CCP Control of Leadership Selection: The 1990 Nomenklatura," *The China Quarterly*, 138 (1994), pp. 458–491.

15. 儘管由於改革開放的緣故，國家機關獲得了一部分權力，但是黨依然控制着最重要的人事任命。

16. 有關這兩項原則的論述，參見：Kenneth Lieberthal, *Governing China: From Revolution Through Reform* (New York: W. W. Norton, 1995), Chapter 6; Yasheng Huang, *Inflation and Investment Controls in China: The Political Economy of Central-Local Relations during the Reform Era* (New York: Cambridge University Press, 1996), Chapter 4; and Susan Shirk, *The Political Logic of Economic Reform in China* (Berkeley, CA: University of California Press, 1993).

得黨的領導人能夠管理政府裏的黨員，並領導政府的工作，而不需要從外部進行干預。

　　現行的幹部管理模式是「下管一級制度」，也就是說，每一級的黨組織只負責下一級的政治任命。例如，所有副部級以上的職務（例如國家主席、國家副主席、總理、副總理、國務委員和其他職務）都處於中央政治局（更具體而言是常委會）的管轄範圍內。在這種情況下，政治局首先挑選候選人，然後才提名給全國人民代表大會（中國的議會）通過。

　　「黨管幹部」制度也是中國共產黨控制國內地方主義的最有效手段。政治局和中組部牢牢地支配着省委書記和省長的選擇和任命。為了避免省委書記和省長過度捲入地方上的既得利益，中國共產黨實行了「幹部交流制度」。這制度使得中國共產黨能夠抑制地方主義。正如表 5.1 所示，所有重要的省級領導人和幹部都由中央政府進行任命和管理。

　　從 20 世紀 50 年代中期到 1984 年，幹部任命制度使得中央能任命對下兩級幹部。1984 年，胡耀邦為總書記的黨的領導層進行了一場重大改革，將下管兩級制度改為下管一級制度，這意味着中央只直接管理省部級幹部。這變化大大減少了由中央直接管理的幹部人數。通過下放幹部任命權，中央旨在增強自身的權力，並提高對省部級領導的管理效率，這一點非常重要。在下管兩級制度之下，官員數量非常龐大，通常使幹部考察變成走過場，事實上等於批准了下級地方單位提名的任意人選。因此，這個制度非常低效。相比之下，下管一級制度能夠使「中央政府以一種更嚴肅的方式運用其幹部任命權」。[17] 儘管 20 世紀 80 年代發生了很大程度的自由化，但在 1989 年民主運動之後，這制度被收緊了。自那以後，這制度原封不動（見表 5.1）。

---

17. Lieberthal, *Governing China*, p. 211.

表 5.1 由中央管理和報備中央的省級官員（1990）

中央管理的省級領導	
職位	單位
書記、副書記、常委	各省、自治區和直轄市黨委（北京、天津、上海）[19]
主任、副主任	各省、自治區和直轄市黨的顧問委員會（小組）[20]
書記、副書記	各省、自治區和直轄市黨的紀律檢查委員會
省長、副省長	各省人民政府
主席、副主席	各自治區政府
市長、副市長	各直轄市
主任、副主任	各省、自治區和直轄市的人大常委會
主席、副主席	各省、自治區和直轄市的中國人民政治協商會議
院長	各省、自治區和直轄市的高級人民法院
檢察長	各省、自治區和直轄市的人民檢察院
報備中央的省級幹部	
職位	單位
秘書長、副秘書長、部長、副部長、辦公室主任、辦公室副主任	各省、自治區和直轄市的黨委
校長、副校長	各省、自治區和直轄市的黨校
總編輯、副總編輯	各省、自治區和直轄市的黨報
秘書長、副秘書長、委員會主任、委員會副主任、廳（局）長、副廳（局）長	各省、自治區和直轄市人民政府
副院長	各省、自治區和直轄市的高級人民法院
副檢察長	各省、自治區和直轄市的人民檢察院

---

19. 譯者註：此處為 1990 年的數據，重慶是在 1997 年設立直轄市，因此表格沒有列入。
20. 譯者註：中央顧問委員會於 1982 年中共「十二大」設立，並於 1992 年中共「十四大」撤銷。

職位	單位
主席、副主席	中華全國總工會各省、自治區和直轄市分會
書記、副書記	共青團各省、自治區和直轄市委員會
主席、副主席	各省、自治區和直轄市的婦聯
行長（總經理）、副行長（副總經理）	中國人民銀行、政策性銀行和中國人民保險公司在各省、自治區和直轄市的分行
書記、副書記	以上銀行和保險公司的黨組（委）
書記、副書記、常委	中央計劃單列市的黨委（瀋陽、大連、長春、哈爾濱、西安、成都、重慶、青島、南京、寧波、廈門、武漢、廣州、深圳）[21]
市長、副市長	中央計劃單列市的人民政府（見上述列表）
書記和副書記	地、市、州、旗的黨委
專員、副專員	地區人民政府
市長、副市長	市人民政府
州長、副州長	州人民政府
旗長、副旗長	旗人民政府
書記、副書記	北京、天津和上海的直轄區區委
區長、副區長	北京、天津和上海的直轄區人民政府

資料來源：中共中央組織部：《中央組織部關於修訂〈中共中央管理的幹部職務名稱表〉的通知》（1990 年 5 月 10 日）（中組發【1990】2 號），載人事部政策法規辦公室編：《人事工作文件選編》（第 13 卷），北京：中國人事出版社，1991 年，第 39–53 頁。亦可參見：John Burns, "Strengthening Central CCP Control of Leadership Selection: The 1990 Nomenklatura," *The China Quarterly*, 138(1994), pp. 479–480, 483–485.

在後毛澤東時代，黨的意識形態成功地從階級鬥爭的意識形態轉向經濟發展的意識形態，先是在鄧小平手中，隨後是江澤民手中；到胡錦濤時代又提出了建設和諧社會。如果沒有幹部任命制

---

21. 譯者註：計劃單列市是分批設立的，到 1993 年全國共設立此處提及的 14 個計劃單列市。1993 年，國務院決定撤銷省會城市的計劃單列，計劃單列市只剩下 6 個。1997 年重慶設立直轄市後，中國最終一共保留了 5 個計劃單列市：深圳、寧波、青島、廈門、大連。

度，這種轉變將無法實現。在改革的不同階段，既得利益者對變革的抵制必然很強大。為了應對這種情況，中國共產黨領導層不得不訴諸幹部任命制度，來使那些抵抗者退休，甚至是強制其下台。這制度還讓中國共產黨挑選出「恰當類型」的幹部和政府官員來執行其改革政策。因此，中國共產黨就成為國家行政機關執行其改革政策的一個重要鞭策者。除了幹部管理，中國共產黨還幫助國家行政機關調動資源，這些資源是國家進行社會—經濟轉型所必需的。

幹部任命制度代表着一種典型的弱國家和強政黨現象，這對中國來說是一個兩難困境。一方面，持續的一黨統治抑制了強大的國家機制的發展，而強大的國家機制又是成為現代國家的前提條件；另一方面，沒有黨及其機關，國家行政機關就無法在任何事情上取得進展，更不用說執行改革性議程了。

3. 中央領導小組

雖然「黨管幹部」是一個總的方針，但是中國共產黨也建立了各種「權力技術」或「權力機制」，並通過它們來主導政府。其中兩種重要的技術和機制是：最高層級的中央領導小組，以及遍佈整個制度體系的黨組。

在中國的政治制度裏，有兩類領導小組，也就是中央領導小組和國家領導小組。這兩類領導小組都是專門的跨部委協調和諮詢機構，領導小組成立的目的是：當現有的官僚結構不能夠在跨越黨、政、軍系統的事務上達成共識時，領導小組可以起到建立共識的作用。[21] 但是，這兩類小組有着截然不同的功能。國家領導小組

---

21. 分別參見：Lu Ning, "The Central Leadership, Supraministry Coordinating Bodies, State Council Ministries, and Party Departments" and David M. Lampton, "China's Foreign and National Security Policymaking Process: Is It Changing, and Does It Matter?" both in David M. Lampton, ed., *The Making of Chinese Foreign and Security Policy in the Era of Reform* (Stanford, CA: Stanford University Press, 2001), pp. 45–49, and pp. 16–19.

的重點在於為政府協調政策執行，而中央領導小組的重點在於為政治局提出和管理政策。通過中央領導小組，中國共產黨有效地主導政府。

中央領導小組並不制定具體的政策；相反，它們通常為具體政策制定指導性原則。領導小組的任何建議，都有可能反映在決策過程中，因為它們代表了相關的黨、政、軍機關的領導成員的共識。在某些情況下，決策機關只是簡單地採用中央領導小組的建議，只做少量的修改，甚至是不修改。

中央領導小組涵蓋了廣泛的重要問題領域，包括台灣問題、外交事務、財經事務、農村工作、黨建工作、宣傳和意識形態工作、外宣工作、黨史工作和其他重要的新興問題。因此，中央領導小組很難有固定成員。它們通常依賴於它們的辦公室來管理日常運作、開展研究和提出政策建議。儘管中央領導小組的效率通常取決於其辦公室的效率，但是其運作方式也為領導人個人（通常是一個特定中央領導小組的組長）提供了影響政策建議的空間。

在後鄧小平時代，中央領導小組正成為一個日益重要的工具，用於協調多個部門的工作，以及確保黨對政府行為的監督。在毛澤東和鄧小平這樣的強人逝去後，年輕一代的領導人通常沒有強大的合法性基礎，來使得單個領導人可以躍居不同的機關和部門之上。而且，中國現在是一個多元化的社會，在作出重大決策時，不同的利益都必須考慮。在這種情況下，中央領導小組在協調不同的利益上起到了重要的作用。

更為重要的是，中央領導小組也是單個領導人對各種政策施加個人偏好的工具。在這種情況下，中央領導小組是黨對重要的政治和政策議程施加主導的非正式機制。20 世紀 80 年代，胡耀邦是中共中央總書記，趙紫陽是總理。根據趙紫陽的說法，儘管胡耀邦和趙紫陽在政治上相互支持，但是他們對於中國經濟改革的觀點是不同的。胡耀邦試圖干預經濟事務，而經濟事務原則上屬趙紫陽的管轄範圍。鄧小平支持由趙紫陽掌管經濟事務。為了解決胡耀邦和趙紫陽之間的分歧，鄧小平讓姚依林（時任副總理）去告訴趙紫陽，

他可以成為中央財經領導小組組長。[22] 鄧小平同樣告訴胡耀邦，從那以後，所有有關經濟和財政事務的重要決定，都必須由中央財經領導小組作出。[23] 由於中央財經領導小組負責關鍵的決策，那麼任命趙紫陽出任組長就意味着胡耀邦不再擁有任何有效的方式來干預經濟事務。同樣，1993 年，時任中共中央總書記的江澤民，重建了被廢除多年的中央財經領導小組，並出任組長。江澤民在 1989 年民主運動中被從上海召入北京，他對高層政治並沒有很多經驗。時任總理的李鵬則是一位根基穩固的官僚。在很大程度上，李鵬比江澤民更有權勢。通過重建這一領導小組，江澤民得以削弱李鵬的權力及其對經濟事務的影響力。[24]

在這兩個例子中，中央財經領導小組都是黨主導政府的有效工具。在胡耀邦的例子中，他對經濟事務的干預是合乎情理的。然而，雖然胡耀邦是中國共產黨的總書記，但現實中，鄧小平才是黨內的「一號人物」。對鄧小平來説，趙紫陽的經濟改革更加反映了他的思想，因此，他不希望看見胡耀邦介入經濟事務。江澤民的例子也很明晰。作為中央財經領導小組的組長，江澤民能夠對李鵬施加權力和影響。這在中國的對外關係中尤其如此，包括台灣問題也是這樣。

4. 系統

與中央領導小組功能相似的另一個機制是系統。中央領導小組只存在於中央一級，但是系統同時還在地方層級上存在，例如省和市。和中央領導小組一樣，系統的目的也是為了使黨能夠對政府施加主導。系統的含義是，社會被劃分為不同的功能領域，黨的相關

---

22. 宗鳳鳴：《趙紫陽軟禁中的談話》，第 101 頁。
23. 同上，第 140 頁。
24. 同上，第 101 頁。

職能機構與幹部監督和控制着這些系統，這些系統涵蓋了各級政治和社會領導層。[25]

這裏必須加以說明的是，系統不同於黨內與行政機關相對應的部門。系統裏的黨職領導層通常不是正式的、法定的組織結構，一般來說，黨職領導人的名字並不公開。而黨內與行政機關相對應的部門，則是正式和法定結構的一部分。並且，正如他們的頭銜所示，黨內與行政機關相對應的部門的作用有限，也就是說，它們只是監督一個特定的行政機關。相比之下，一個系統通常監督着好幾個相關的政府部委辦局。

在中華人民共和國的早期，中國共產黨在中央和省級建立了一系列的黨的部門，例如中共中央工業交通工作部、[26] 中共中央財政貿易工作部、[27] 中共中央文教小組、[28] 中共中央農村工作部 [29] 和中共中央城市工作部。[30] 這些部執行的功能和同級的政府是一致的。

---

25. Yan Huai, "Organizational Hierarchy and the Cadre Management System," in Carol Lee Hamrin and Suisheng Zhao, eds., *Decision-Making in Deng's China: Perspectives from Insiders* (Armonk, NY: M. E. Sharpe, 1995), pp. 39–50.

26. 譯者註：1956 年 1 月，中共中央決定成立中央工業交通工作部。中央組織部的工業幹部管理、交通運輸幹部管理兩個處列入。同年 11 月，中共中央決定，中央工業交通工作部分為中央工業工作部與中央交通工作部。1960 年 10 月，中央工業工作部、中央交通工作部與中央組織部合位。

27. 譯者註：1956 年 1 月，中共中央決定成立中央財貿工作部。中央組織部的財貿幹部管理處列入。1960 年 10 月，中央財貿工作部與中央組織部合併。

28. 譯者註：1958 年 6 月 10 日，中共中央發出《關於成立財經、政法、外事、科學、文教小組的通知》。通知指出，這些小組是黨中央的，直屬中央政治局和書記處。文教小組組長為陸定一。

29. 譯者註：1926 年 11 月，中央農民運動委員會在上海正式成立。1927 年黨的五大後，改稱中央農民部。1927 年 11 月，中央臨時政治局在上海召開擴大會議，取消中央農民運動委員會。1928 年 7，黨的六屆一中全會決定恢復中央農民運動委員會。1933 年 1 月，又取消中央農民運動委員會。1937 年 12 月，中央農村工作委員會成立。1945 年 8 月，取消中央農村工作委員會。1952 年 11 月 12 日，中央決定在省委以上的黨委領導下，一律建立農村工作部。中共中央農村工作部於 1953 年 2 月組建，1962 年 11 月 9 日，中共中央作出《關於撤銷中央農村工作部、任命國務院農林辦公室主任、副主任的決定》。1993 年 3 月，中央決定，成立中央農村工作領導小組，單設中央農村工作領導小組辦公室作為辦事機構。

30. 譯者註：1944 年 6 月 5 日，中共六屆七中全會第二次會議決定，由劉少奇、彭真、陳雲等 14 人組成城市工作委員會，彭真任主任委員。1944 年 7 月，中央成立城市工作部。抗日戰爭勝利後，城工部停止工作。1946 年 12 月 16 日，中共中央決定重新恢復城市工作部。1948 年 9 月 26 日，中共中央決定將中央城市工作部改名為中央統一戰線工作部。

黨內與行政機關相對應的部門完全模糊了黨和政府之間的界限。政府職能被黨的部門所取代。因此，在 1986 到 1989 年間的政治改革中，黨內與行政機關相對應的部門，成為鄧小平和趙紫陽的主要改革目標。許多與行政機關相對應的部門被廢除了，它們的職能被重新分配給相關的政府機構。這場改革對系統產生了重要影響。由於改革廢除了黨內與行政機關相對應的部門，黨的領導層不得不加強系統在主導政府中的作用。直到今天，在黨對政府的主導中，系統依然具有關鍵的作用。

在中央層面上，每一個主要的系統都由一位政治局常委領導。在省一級，這職能由省委常委的每位成員承擔。主要的系統包括：

- 軍隊系統。涵蓋了所有的武裝力量。

- 政法系統。涵蓋了國家安全部、公安部、司法部和民政部；最高法院和最高人民檢察院；全國人民代表大會；以及中國人民武裝警察部隊。

- 行政系統。政府被進一步細化為各種子系統，包括外事系統、科技系統、體育和公共衛生系統，以及財經系統。

- 宣傳系統。涵蓋了國務院的教育部、文化部；國家廣播電影電視總局、國家新聞出版總署；[31] 中國社會科學院；新華通訊社；《人民日報》和《求是》雜誌。

- 統戰系統。涵蓋了中國人民政治協商會議；八大民主黨派；中華全國工商業聯合會；各種宗教、少數民族和海外華人華僑；國家民族事務委員會；國家宗教事務局；還有國務院僑務辦公室、國務院台灣事務辦公室、國務院港澳事務辦公室。

---

31. 譯者註：2013 年的行政機構改革方案中，國務院將新聞出版總署、廣電總局的職責整合，組建國家新聞出版廣播電影電視總局。

- 群團系統。涵蓋了中華全國總工會、中國共產主義青年團、中華全國婦女聯合會，以及各下屬工會、共青團和婦女組織。

- 組織和人事系統。主要是黨的組織部和政府的人力資源和社會保障部，或各級人事部門。它們管理着以上所有組織裏的幹部。

5. 黨組

　　如果說中央領導小組是黨在頂層設計上對政府施加主導的機制；那麼黨組就是黨為了實現同樣的目的，而在所有政府機關和部門裏設置的一種機制。雖然中國是一黨制，但是這並不意味着黨和政府之間沒有矛盾。黨制定政策，而政府負責執行這些政策。在這個過程中，矛盾就產生了。正如謝淑麗所觀察到的，一旦黨向政府委派權力，就產生了監督問題。黨的領導人如何得知政府機構是否按照黨的意志來執行政策？黨組在其中發揮了關鍵的作用。[32]

　　黨組有時又稱為黨的「派出小組」（Party "factions"）或黨的「中心組」。不要把「黨組」與另外一個重要的機構「黨委」或「機關黨委」混淆起來。中國共產黨在所有的政府機關裏都建立了黨組和黨委。黨委同樣存在於其他所有的社會主義國家，而黨組只在中國共產黨裏存在。黨委隸屬於黨組織系統而非它們所附着的政府機關。至少在理論上，黨委委員是由在同一政府機關裏工作的黨員選舉產生的。黨委關注的是黨務工作，例如監督在同一個機關裏的黨員的行為，發展新黨員，指導政治學習和意識形態工作，並收取黨費。原則上，黨委不干預政府工作。黨委向上一級黨委負責。[33]

---

32. Shirk, *The Political Logic of Economic Reform in China*, Chapter 3.

33. Hsiao Pen, "Separating the Party from the Government," in Hamrin and Zhao, eds., *Decision-Making in Deng's China*, pp. 163–164.

相比之下，政府機關裏的黨組要比黨委更有權力。事實上，黨委處在同一政府機關的黨組指導下。換句話説，黨組全盤負責政府機關裏的行政工作。黨組成員不是由同一機關裏的黨員選舉產生的，而是由上一級黨委委派的。例如，在國務院層面，各部委的黨組都是由中組部和中央書記處委派的。在下級機構裏，黨組是由省級和地方黨委委派的。各級黨組向上一級黨委負責，上級黨委擁有下級黨組的任命權。[34]

黨組是中國共產黨獨家創造的。它在中國共產主義革命的早期就存在了。黨組制度的建立，是為了確保黨對軍隊的領導。可以理解，在從事革命和戰爭的同時，中國共產黨必須高度組織化。1949年中華人民共和國成立後，黨組制度繼續保留下來。在中華人民共和國成立初期，中國人民政治協商會議在中國政治中起到了重要的作用。從中央到地方的許多政府部門，都由非共產黨人士領銜。所有這些非共產黨的黨派，都在中國共產黨奪取權力的道路上有重要作用。因此，中國共產黨必須以某種方式，與非共產黨的黨派一道，履行建立聯合政府的承諾，尤其是與「民主黨派」（見第三章）。然而，即便是必須與非共產黨的黨派組建聯合政府，中共領導層也需要考慮如何真正掌握實權。在這個問題上，黨組起了重要的作用，它確保了中國共產黨對政府和社會組織中非共產黨黨派及其黨員的控制。例如，政府機關的黨組書記通常也是這個機關的行政一把手。如果行政機關的行政一把手是非共產黨員，那麼其常務副職就必須是一位共產黨員，並同時擔任黨組書記一職。在文化大革命初期，黨組制度陷於癱瘓。這是因為革命委員會取代了各級政府，並直接扮演了政府的角色。文化大革命結束後，黨組加強了，以防再次發生過去十年那樣的政治動亂。

政府部門中的黨組，通常由四至五位在這部門中佔據高位的黨員構成。黨組書記對部門的重要事務有最終發言權，並負責批准和發佈重要的文件。黨組的主要目的是監督它所屬政府機構的一些重要舉措（例如：政策制定、政策執行和人事任免）。黨組要確保這

---

34. Ibid., pp. 159-160.

些舉措都貫徹了黨的意志。事實上，沒有黨的支持，這個政府部門就無法推行任何重要的舉措。如此一來，「黨實際上掌握了行政權力。」[35] 以科技部為例。2007 年 4 月，非共產黨員的萬鋼被任命為科技部部長。[36] 然而，這次任命並不意味着萬鋼在關鍵的政策領域有任何實權。科技部的領導層有六個人，萬鋼是部長，還有五位副部長。除了萬鋼，其他五位都是共產黨員，他們五位同時是科技部的黨組成員。儘管萬鋼能夠參與政策制定和政策執行，但是對所有重要的政策決定具有最終發言權的還是黨組。

6. 黨和司法

上面提及的所有系統，都是黨對政府施加主導的機制。在這些系統裏，有兩個系統對黨和國家之間的關係尤為重要，就是司法系統和軍隊系統。簡要論述這兩個系統，有助我們進一步闡述黨對政府的主導。從組織化皇權的角度來看，不難理解，為什麼黨要全面掌控司法系統和軍隊系統，因為這是保證黨擁有國家「產權」最為有效的工具。

自從改革開放以來，就有着關於「黨大還是法大」的開放式爭論。雖然中國的憲法明文規定：「任何組織或者個人都不得有超越憲法和法律的特權」，並且中國共產黨領導人也反覆強調，同其他組織和個人一樣，黨也必須在法律框架內活動。但是事實上，黨通過各種機制主導着中國的司法系統。

中央政法委是確保中國共產黨主導所有司法事務的最有權勢的機制。中央政法委成立於 1980 年，是黨內負責政法工作的特別機

---

35. Ibid., p. 160.

36. 萬鋼是全國政協常委、中國「民主黨派」之一的致公黨中央副主席。（譯者註：萬鋼現為十二屆全國政協副主席，致公黨中央主席，科學技術部部長。）萬鋼 1978 年從東北林業大學獲得學士學位，1981 年從上海同濟大學獲得碩士學位，並留校任教至 1985 年。1991 年獲德國克勞斯塔爾工業大學博士學位。從 1991 年到 2001 年，他在德國奧迪汽車公司技術開發部任工程師，隨後在生產部和總體規劃部任技術經理。2001 年 4 月，他出任同濟大學新能源汽車工程中心主任，不久後擔任同濟大學的副校長。

構。中央政法委書記由一名政治局常委擔任。[37] 自從 20 世紀 90 年代初以來，政法委被高度制度化了。富有權勢的政治人物，包括彭真、陳丕顯、喬石、羅幹都曾經領導過這一機構。當時的領導人是周永康。[38] 中央政法委書記直接向政治局常委會彙報工作，這一制度安排，保證了中央政法委通過連接黨中央和政法一線，貫徹黨的相關政策和協調不同政治和司法機關之間的關係，來實現黨對政法工作的領導。和其他系統一樣，中央政法委也行使着許多政府職能。它積極地介入司法工作，通常就案件處理給予相關法院指示。它有權與法院和檢察院聯合發佈法律文件。在政治方面，中央政法委通常主動發起所謂的「嚴打」行動。[39]

　　除了中央政法委，中共中央紀律檢查委員會（中紀委）也頻繁地干預司法工作。中紀委成立於 1978 年。[40] 它旨在增強黨的紀律。根據《中國共產黨章程》的規定，黨的各級紀律檢查委員會的主要任務是：維護黨的章程和其他黨內法規；檢查黨的路線、方針、政策和決議的執行情況；協助黨的委員會加強黨風建設和組織協調反腐敗工作；經常對黨員進行遵守紀律的教育，作出關於維護黨紀的決定；監督黨員領導幹部行使權力；檢查和處理黨的組織和黨員違反黨的章程和其他黨內法規的比較重要或複雜的案件，決定或取消對這些案件中的黨員的處分；受理黨員的控告和申訴；保障黨員的權利。[41] 如此廣泛的功能，意味着中紀委不可避免地執行了屬政府的職能。

---

37. 譯者註：本書所指的是周永康執掌政法委的年代。事實上，並非所有的政法委書記都由政治局常委出任，有的僅是政治局委員。

38. 譯者註：本書寫作時，周永康還是中共中央政治局常委、中央政法委書記。2014 年 7 月 29 日，周永康涉嫌嚴重違紀被中共中央立案審查。2014 年 12 月 5 日，中共中央開除周永康的黨籍。2015 年 6 月 11 日，天津市第一中級人民法院判處周永康無期徒刑，剝奪終身政治權利，並沒收個人財產。現任中央政法委書記為郭聲琨。

39. Zou Keyuan, "The Party and the Law," in Kjeld Erik Brodsgaard and Zheng Yongnian, eds., *The Chinese Communist Party in Reform* (London and New York: Routledge, 2006), pp. 77–102.

40. 1977 年 8 月，中國共產黨第十一次全國代表大會通過的《中國共產黨章程》重新恢復了設置黨的紀律檢查委員會的條款，決定恢復重建黨的紀律檢查委員會，以取代之前被「文革」中斷的中央監察委員會。1978 年 12 月，中國共產黨第十一屆三中全會選舉產生了新的中共中央紀律檢查委員會，陳雲當選為第一書記。

41.《中國共產黨章程》，第 44 條。

以反腐敗為例。中紀委通常發起和領導反腐敗運動。然而，司法獨立卻遭到了嚴重的破壞。中紀委對反腐敗的介入，通常有助於一些黨員，尤其是高級黨員幹部，逃脫司法審判。因此，這一行為是「獨斷專行」的，它表明「只要黨依舊不以任何法律程序來處置自己的黨員，那麼中國就不可能走向去政治化的司法制度。」[42]

此外，大多數法院幹部也是中國共產黨黨員，[43] 當他們判案的時候，往往也傾向於遵守黨的決定或政策，尤其是那些具有政治意味的案件。除了幹部的黨員身份，黨在法院和檢察院裏也有黨委和黨組。

還應當指出的是，中紀委和監察部合署辦公，也就是說，自從1993 年以來，兩個機構是一套人馬，兩塊牌子。因此，在司法系統裏，黨和政府之間沒有真正的界限區分。

7. 黨和軍隊

當我們檢視黨如何維繫其對政府的主導時，黨—軍關係值得大書特書。很多人都感到很困惑，到底是黨指揮槍還是槍指揮黨。然而，有一點是明確無誤的，那就是軍隊不屬政府。在中國社會，時不時有「軍隊國家化」的聲音，意思就是軍隊應該處於政府的管轄之下，而不是在黨的管轄之下。西方的學者也認為，沒有軍隊國家化，中國就沒有可能產生有意義的政治改革，尤其是不可能實現民主化。然而，如果我們仔細觀察黨、政府和軍隊的三角關係，就會發現問題不是那麼簡單。而對中國的許多學者來說，考慮的主要問題不是軍隊是否應當國家化，而是文官力量（黨和政府）是否有能

---

42. Jasper Becker, *The Chinese* (New York: The Free Press, 2000), p. 340.

43. 官方的一份報告承認，95% 的法官和其他法律機構人員都是黨員，他們是精心挑選出來的，在政治上忠於黨的路線。參見：Xin Ren, *Tradition of the Law and Law of the Tradition: Law, State and Social Control in China* (Westport, CT: Greenwood Press, 1997), p. 60.

力繼續有效地控制軍隊，以及個人對軍隊的掌控能否轉變為制度性的掌控。

長期以來，黨—軍關係被認為是一種共生關係。[44] 這兩個最有權勢的政治組織之間的緊密關係，具體表現在許多明確的特徵上，例如它們共同的意識形態和革命熱情、它們相同和重疊的人事結構、幾乎同等的政治地位，以及對政府和既得利益的共同心態。

這些特徵是在黨長期奪權的鬥爭中形成的，在革命和戰爭年代的生存和發展過程中，這些特徵成為了黨組織的必然特徵。共生關係的基礎是意識形態，並強調社會的革命性變化。自從改革開放以來，共生關係中又加入了新的動力，中國共產黨從一個革命黨轉變為一個正常的執政黨，而軍隊現代化則將軍隊推向專業化和正規化。

相同且相互交叉的人事結構，為黨控制軍隊提供了渠道，也為軍隊干預文官事務開闢了渠道。從領導層交替到對政府的控制，再到社會穩定，這些中國政治的許多關鍵領域裏，都能夠看到軍隊的身影。在後毛澤東時代，所有的文職領導人都必須動員不同的力量來源，以控制軍隊。

得益於毛澤東的革命經歷，他對軍隊的掌控是不可動搖的。在毛澤東的有生之年裏，他依靠其革命意識形態和人事網絡，牢固地控制着軍隊。當中國在文化大革命中陷入混亂時，毛澤東依靠着國防部長林彪的支持來對抗其他文職元老，例如彭真、劉少奇和鄧小平。在文化大革命的最後幾年裏，林彪和他的將領們試圖將軍隊在文官事務中的角色制度化。雖然林彪在據稱是針對毛澤東的陰謀暴露後，於 1971 年墜機而亡，但是軍隊依然是中國政治制度的重要組成部分。在毛澤東於 1976 年去世後，華國鋒逮捕了江青和「四人幫」的其他成員。在這場行動中，軍隊對華國鋒的支持是非常關鍵的。

---

44. David Shambaugh, *Modernising China's Military: Progress, Problems and Prospects* (Berkeley, CA: University of California Press, 2003); Thomas Bickford, *A Retrospective on the Study Chinese Civil-Military Relations since 1979*, paper to CAPS/RAND Conference (Washington, DC, 1999).

在鄧小平掌權後，他的一個主要改革目標，就是重建文官對軍隊的控制，並減少軍隊在文官事務中的角色。鄧小平降低了意識形態的重要性，並大力推動軍隊現代化。在鄧小平去世之時，他成功地讓元老們退休，減少了軍區的數量，更換了軍區的司令，並削減了政治局和中央委員會中的軍方代表人數。鄧小平通過人事控制來掌控軍隊。鄧小平在軍隊裏建立起楊尚昆和楊白冰兄弟領導核心體系，這核心體系代表鄧小平管理着軍隊的日常事務。一般情況下，鄧小平任命高級將領時，並不事先諮詢政治局的意見。這就意味着中央軍委獨立於文官統治，自行運轉。另一方面，中央軍委僅向鄧小平一個人直接彙報工作。在這種情況下，政治局的角色就像一個橡皮圖章。

隨着老一代革命護航者的離世，新一代黨的領導人將文官—軍隊關係制度化，就顯得愈發重要了。當個人控制難以為繼時，就必須依靠制度了。對於黨的領導人來說，建立一個有效的機制，使黨可以控制軍隊，並不是一件輕鬆的任務。在江澤民於 20 世紀 90 年代中期牢固樹立其軍委主席地位之前，他歷經艱難以應對來自軍隊的干預。1989 年事件後，江澤民取代趙紫陽出任中國共產黨的總書記。在掌權後，他變得保守起來，不再放手發動改革。鄧小平於 1992 年進行的南巡，針對的就是江澤民的保守政治路線，這路線將社會穩定置於深化改革之上。為了推動新一輪的改革，鄧小平再次依靠楊氏兄弟。在南巡的過程中及南巡之後，鄧小平成功地迫使江澤民改變了政策偏好。然而，這也造成了軍隊干預文官事務的政治局面。在黨的十四大召開之前，楊氏兄弟提出，軍隊是為改革開放「保駕護航」的。這被視為軍隊試圖嚴重干預文官事務。

在南巡之後，鄧小平開始重視這個問題。鄧小平認為，在江澤民這個權力中心之外，楊氏兄弟有可能成為第二個權力中心。因此，鄧小平將他們從軍隊的位置上解職，儘管楊氏兄弟多年來一直是他最忠實的追隨者。從制度上，鄧小平決定，三個最高職位要集中在黨的領導人手中。也就是說，江澤民同時是黨的總書記、國家主席和中央軍委主席，這樣做的唯一的目的就是要增強江澤民的權威。自從 1962 年毛澤東不擔任國家主席以來，還沒有過這樣的先

例。從 1992 年開始，三位一體的制度（三權合一）就被高度制度化了，以幫助文職領導人鞏固其對軍隊的權力。

1997 年，中國通過了《中華人民共和國國防法》，這毫無疑問進一步加強了文官政府對軍隊的控制。然而，這並不意味着文職領導人真正掌握了槍桿子。江澤民還訴諸於其他機制來確保黨對槍桿子的控制。在 1992 年召開的中共十四大上，劉華清將軍安然退出政治局常委會。從此以後，再也沒有軍方人士進入過這個最重要的決策機構。在成為中央軍委主席後，江澤民增加了軍費預算，消弭了軍隊高級將領對鄧小平和趙紫陽在 20 世紀 80 年代大力削減經費的不滿。在江澤民 12 年的治下，軍隊將許多改革制度化了，例如軍隊不得經商，以及軍隊的專業化。[45]

後鄧小平時代的所有軍事改革，在很大程度上都將文官—軍隊關係制度化了，並使黨的領導人有效地控制軍隊。在胡錦濤接替江澤民之後，他快速地鞏固了對軍隊的權力。雖然胡錦濤的親民政策贏得了大眾的支持，不過後鄧小平時代的這些制度化改革，也使得迄今為止，軍隊干涉文官事務的可能性大大降低。

軍隊的職業化使得中國人民解放軍和西方的其他軍事力量很相似。在民主國家，在事關國家安全和國防事務上，軍隊也對決策過程有莫大的影響。[46] 然而在中國，問題則在於，這是否將會最終產生政治上中立的國家化軍隊和軍人。儘管這是一個合理的問題，但是探尋其答案還為時過早。在可預見的未來，黨的領導人的任務，依舊是建立制度，讓黨能夠有效地控制軍隊，同時將黨—軍關係制度化。沒有來自黨的支持，文官政府在控制軍隊的問題上將面臨巨大的不確定性。對中國共產黨而言，在許多發展中國家上演的軍人統治，不管是民主的還是威權的，都為黨控制軍隊提供了正當性。

---

45. You Ji, "Beyong Symbiosis: The Changing Civil-Military Relationship after Mao," in Wang Gungwu and Zheng Yongnian, eds., *China and the New International Order* (London and New York: Routledge, 2008), pp. 101–124.

46. Richard Kohn, "Out of Control: the Crisis in Civil-Military Relations," *National Interests*, vol. 35 (1994), pp, 3–17.

只要中國共產黨依舊是一個組織化皇帝，軍隊就必將繼續成為中國的「忠誠」衛隊。在這種情況下，軍隊國家化將取決於黨和政府之間不斷變化的關係。同樣，就像在前蘇聯和東歐國家，以及台灣所發生的那樣，並沒有實質上的證據能夠證明，黨對軍隊的控制是政治改革的主要障礙，甚至是民主化的主要障礙。

8. 改革：黨—國家關係的合理化

儘管黨維繫着對政府的主導，但是它也盡力將二者之間的關係合理化。多年來，黨和政府並不滿意二者之間的關係結構。黨和政府從中央到地方的平行架構，導致了政治低效和行政低效。一方面，黨和政府之間的界限不明，另一方面，這二者常常處在衝突中。中國所謂的「窩裏鬥」，常常使治理陷入癱瘓狀態，尤其是在危機時期。這似乎是不可避免的，因為黨和政府之間的界限不明，也導致了二者之間的責任不明。黨採用了許多措施來將黨—國家關係合理化。同時，這些改革也旨在建立一種統治關係，使得黨依舊維繫其對政府的主導。

8.1 三位一體制度

正如之前所提及的，三位一體制度是指，國家主席職位和中央軍委主席職位，都交由黨總書記出任。現在，總書記（執政黨的領袖）同時也是國家的領袖（國家主席）和最高軍事指揮官（中央軍委主席）。這制度多多少少類似於其他國家的半總統制。

在江澤民於 1993 年繼任國家主席之前，國家主席這職位並不重要，通常由政治賢達或是革命元老擔任。前任的國家主席包括孫中山的夫人宋慶齡、李先念和楊尚昆。前任國家主席是胡錦濤。[47]

---

47. 譯者註：胡錦濤於 2003 年 3 月退休，國家主席現在由習近平擔任。和兩位前任一樣，習近平同時也是黨的總書記和中央軍委主席。

為了試圖將黨—國家關係合理化，國家主席和國家副主席成為了中國領導層最重要的職位。在承繼江澤民的職位以前，胡錦濤已經擔任國家副主席多年了。制度化不僅帶來了重要公職之間某種程度的「功能分化」，而且它也為黨控制軍隊帶來了合法性。儘管「黨指揮槍」的基本原則大致上沒有改變，但是這權力現在以正式的公職固定下來了，並代表黨來行使這權力。這在中央軍委制度安排上顯而易見。儘管中央軍委是一個機構，但是它有兩塊公開的牌子，就是中共中央軍事委員會和國家軍事委員會。

國家主席的職位和中央軍委主席的職位，給予了黨總書記及其辦公室執行政府職能的合法基礎。在國家主席辦公室和國務院總理辦公室之間，存在着一種非正式的「職能分工」。國家主席辦公室負責外交事務、國防事務、國家安全和公共安全；而國務院則負責經濟和民政。像國防部、國家安全部、公安部和外交部這些部門，雖然位於國務院系統，但是卻是處在國家主席辦公室的管轄之下，可見這些領域的重要決定，都是由黨（總書記辦公室）以國家主席辦公室的名義作出的。當然，國務院必須負有執行這些政策的責任。

8.2 黨委書記兼任人大主任

在省一級，黨委書記同時兼任人大主任。這制度在絕大多數的中國省份和城市中得以確立。儘管這制度安排一般被視為黨增強對人大的控制，不過其背後所蘊藏的意味，也可以被理解為黨—國家關係的合理化。

根據《中華人民共和國憲法》，「中華人民共和國全國人民代表大會是最高國家權力機關」（第 57 條）；「人民行使國家權力的機關是全國人民代表大會和地方各級人民代表大會」（第 2 條）。[48] 然而，在現實中，全國人大和地方各級人大通常只是黨的橡皮圖章，也就是首先由黨組織作出重要決定，然後要求全國人大和地方人大僅僅「通過」一下。

---

48. *Constitution of the People's Republic of China* (Beijing: Foreign Languages Press, 1994).

在毛澤東時代和鄧小平時代，全國人大和地方人大的委員長（主任），通常由無權勢的退休黨幹部和政府官員出任。自從 1989 年以來，這情況發生了變化，在那一年的民主運動中，全國人大的許多領導人對運動都顯得野心勃勃。《人民日報》前總編、社長、時任全國人大常委胡績偉，甚至意圖利用全國人大來否決國務院的《戒嚴令》。在運動被鎮壓後，黨的領導人開始加強黨對全國人大和地方人大的控制。從 20 世紀 90 年代初起，全國人大常委會委員長由政治局常委出任，包括喬石、李鵬和吳邦國。在省一級，人大主任通常由省委書記兼任。[49]

事實上，根據趙紫陽的說法，這樣安排的想法早在 20 世紀 80 年代就提出了，那時候，政治改革是黨的領導人的重要議程。黨的領導人希望這安排能有助協調兩個相互矛盾的權力來源：在理論上作為國家最高權力機關的全國人大，和在實際中掌握最高權力的中國共產黨。[50] 我們可以如下的方式來理解趙紫陽的話：黨委書記兼任人大主任，給了黨一個合法的途徑來影響政府。中國共產黨作為唯一的執政黨，保持着其對政府的主導。在 20 世紀 80 年代有關政治改革的討論中，黨政分開成為了主題。如果黨和政府變成了兩個分開的主體，那麼問題來了：黨如何控制政府？從這個意義上說，黨和全國人大（以及地方人大）有着相似的功能。因為根據中國的憲法，全國人大和地方人大的任務是監督各級政府。因此，通過積極地介入全國人大和地方人大的活動，各級黨委就建立起一個合法的渠道，來「監督」政府並維繫其對政府的主導。因此，這種新型的綁定關係，一方面可讓中國共產黨直接控制省人大，另一方面，毫無疑問，代表中央領導人的省委書記亦得以直面地方上的人民代表。在省委作出重要決定前，省委書記需要聆聽代表們的意見，並考慮他們提出的意見。

49. Zheng Yongnian and Li Jinshan, "China's Politics after the Ninth National People's Congress: Power Realignment," in John Wong, Zheng Yongnian and Li Jinshan, *China After Ninth National People's Congress: Meeting Cross-Century Challenges* (Singapore and London: World Scientific and Singapore University Press, 1998), pp. 51–92.

50. 宗鳳鳴：《趙紫陽軟禁中的談話》，第 147 頁。

8.3 給專業主義更大空間和更多自主權

在政府官員隊伍中，意識形態上的可靠逐漸讓位於專業主義。為了推動有效的治理，自 20 世紀 90 年代中期以來，中國共產黨逐漸放鬆了對國家的控制，在國家的日常運營管理上，讓專業人士享有更多的自主權。換句話説，國家在其「場域」裏變得有權力了。

最明顯的信號出現在國務院裏。多年來，國務院成為一個由專業人士執掌經濟事務和社會管理的機構。總理、副總理、國務委員、部長和副部長們，現在都由專業人士出任，尤其是部長和副部長的職位更是如此。專業主義的興起，很大程度上反映了在應對複雜的新社會和經濟問題上，需要有專門技能的人才。2007 年，中國在政府裏任命了兩位非共產黨員的部長，也就是科技部部長萬鋼和衛生部部長陳竺。正如我們在萬鋼的例子中所看到的，任命這兩位部長的意義不宜誇大。然而，它確實意味着在處理國家日常事務上，專業人士正在起着越來越重要的作用。

專業主義也同樣注入到全國人大和地方人大。在很大程度上，全國人大是一個低效的平台，因為它的規模過於龐大，包括了三千多名的代表。它每年集中開會的時間很短，年會的時間通常是 10 到 14 天。此外，會議的結構全程都是全體大會，並不適於冗長的商討。為了克服這些不足，全國人大自 20 世紀 90 年代初以來進行改革，聚焦於擴大常委會和專門委員會。

多年來，全國人大常委會擴大到了 2015 年的 154 人。[51] 擴大後的全國人大常委會就像一個「縮小版的全國人大」一樣運作。它較小的規模，使得其相比整個全國人大而言，可以進行更頻繁和更有效的商議工作，而其規模又大到足以容納不同的社會和政治基礎，尤其是那些非共產黨員的參與。這些「首屈一指」的人構成的團

---

51. 2013 年 3 月 14 日第十二屆全國人民代表大會第一次會議選舉產生的常委會委員共 161 人；截止到 2015 年 9 月 30 日，161 人中，1 人逝世、5 人辭職、1 人被撤職。（譯者註：參見新華網：http://news.xinhuanet.com/ziliao/2013-03/14/c_115030655.htm，最後瀏覽時間：2015 年 9 月 30 日。）

體，提高了每年向全國人大提交討論的議案的質量，並在有需要的時候對全國人大的決議作進一步跟進。

　　同時，全國人大還有九個專門委員會，分別是民族委員會、法律委員會、內務司法委員會、財政經濟委員會、教科文衛委員會、外事委員會、華僑委員會、環境與資源保護委員會和農業與農村委員會。專門委員會的人數還在繼續增加。專門委員會的人員通常來自兩個渠道：一個是之前在國家各個機關工作過的政府官員；一個是特定領域的專業人士。在立法過程和監督政府（國務院及其各部委）的日常運作中，這些專門委員會提供了專業意見和公職經驗。專業主義改變了全國人大「橡皮圖章」的角色，使其成為一個有能力監督政府運作的機構。[52]

9．小結

　　中國共產黨對政府的主導是以巨大的代價來實現的。然而，很難說中國共產黨的領導層沒有意識到黨主導政府的問題所在。讓我們再次看看趙紫陽是怎麼說的：

> 三權分立不搞，但民主問題不能迴避，這是潮流。要改變家長式的領導，實行人民民主是針對家長式領導的。政治體制有個現代化的問題，人員每到一個單位就有人身依附關係，領導得罪不得，這不行。還有黨的領導太絕對化，每個黨委書記，就是一個絕對權威，一個單位的太上皇。[53]

---

52. 例如，參見：Murray Scot Tanner, *The Politics of Lawmaking in Post-Mao China: Institutions, Processes, and Democratic Prospects* (Oxford: Oxford University Press, 1998); and Randall Peerenboom, *China's Long March toward Rule of Law* (New York: Cambridge University Press, 2002).
53. 宗鳳鳴：《趙紫陽軟禁中的談話》，第 148 頁。

> 　黨內不設分管行政的書記、常委，不設對口部，政府
> 系統不設黨組。這樣，可使黨非權力化，非行政化，避免
> 官僚化和腐敗。[54]

> 　黨的領導控制由制度所決定。黨的領導控制愈多，
> 黨政就愈難以分開；黨政愈不分，民主法治就愈建立不
> 起來。[55]

　事實上，這樣的認識驅使鄧小平和趙紫陽領導下的領導層，將黨政分開作為 20 世紀 80 年代政治改革議程的核心。在這場改革中，黨內各級與相應的政府機關重疊的特定部門，有許多被廢除了。在企業裏，這場改革將行政責任從黨委書記手中重新轉交給廠長。在中央層面，則修改黨章，逐漸廢除政府機構裏的黨組。公務員改革也在進行，行政機構建立了一個雙軌選拔晉升制度，專業的公務員通過績效考核來選拔，並按照專業標準來晉升；而行政官員則由黨的組織部門進行任命和拔擢。

　在後鄧小平時代，儘管黨政分開不再是中國改革的主要議程，但是黨的領導層也試圖將黨政關係合理化。在中國一黨制的制度之下，黨是組織化的皇帝。要將黨和國家之間清楚地進行一刀切，是不現實的。因此，問題不在於中國共產黨會否主導國家，而在於黨要如何主導國家。中國共產黨已經作出了巨大的改革嘗試，通過制度化和合理化的方式來調整其與國家的關係。

　只要中國共產黨能夠再造其對國家的主導，並維繫自己的組織化皇權，它就不太可能放棄一黨制。但是，黨堅持不懈地尋找一個可行的方案，來將其與國家的關係合理化。迄今為止，用「剛性靈活」一詞能最好地概括中國共產黨的整體演進：其整個結構依舊維繫不變，而它的內容則不斷地經歷着變化。因此，重要的是，儘管一黨制的結構（組織化皇權）似乎沒有變化，但我們卻要根據其內容的變化來觀察中國新的黨—國家關係。

---

54. 同上，第 149 頁。
55. 同上，第 34 頁。

第六章

對社會力量的霸權化：主導與合法化

在上一章裏，筆者已經討論了黨和國家之間的關係。筆者以所有者和管理者之間的關係來類比黨和國家之間的關係。黨是國家的締造者，也是國家的所有者。然而，所有者並不必然要管理它所擁有的東西，也可以將管理的權限委派給管理者。中國共產黨與國家之間的關係也是如此。在管理國家事務上，中國共產黨不得不向國家委派其權威和權力。原則上說，儘管國家從屬黨，但是黨和國家分屬兩個不同的場域。一方面，中國共產黨擁有最高的政治權力（政治場域）；另一方面，政府負責管理國家日常的社會和經濟事務（行政場域）。黨和政府的利益並不完全相同。黨不一定能夠有效地控制政府，而政府也未必自願地接受黨的發號施令。因此，為了維繫對政府的主導，黨不得不設計出各種正式和非正式的機制和程序來控制政府。換句話說，雖然黨主導着國家，但不意味着國家是一個徹底的無助者；相反，在黨—國家框架內，它擁有獨特的權力來源和自主性。

在本章中，筆者將關注點轉移到黨及其領導下的國家（Party-state or Party/state，以下翻譯將簡稱「黨／國家」）如何維繫並再造其對社會力量的主導。雖然黨和國家之間存在着利益衝突，但是二者之間的關係可以被視為是體制內的。而當我們檢視黨／國家與社會之間的關係時，黨和國家之間的界限就可以忽略不計了。在面對社會力量時，黨和國家的利益變得一致起來。在這種情況下，在觀察黨／國家與社會力量之間的關係時，學者們將黨／國家視為一個整體的分析對象。此外，黨／國家維繫和再造對社會力量的主導，是一個更加複雜和艱難的任務。在主導社會力量時，黨／國家必須證明其主導的合法性。黨／國家與社會之間的關係因此而變成了一個主導和合法化的雙重過程，合法化的目的就是為了實現有效的主導。筆者借用葛蘭西的術語，將這個雙重過程稱之為「霸權化」（hegemonization）。

本章的主要目的，就是描述霸權化這個雙重過程。本章首先從研究公民社會的文獻出發，討論黨／國家—社會關係。儘管在討論中國政治時，公民社會的概念被廣泛使用，但是其使用起來卻不能反映中國的真實情況。學者們在將其應用到中國身上時，嘗試修正

其定義，但是這些修正依然未能擺脫其來自非中國經驗的窠臼。總體上說，在中國，黨／國家與社會力量之間的界限，並非像西方那樣涇渭分明。社會力量在中國政治過程中的角色，通常取決於它們與黨／國家之間的距離。黨／國家能夠採用各種手段來維繫其對不同社會力量的主導。正如在第二章中所論述的，這些手段包括了強制、談判和互惠。一方面，當黨／國家遭遇了來自社會力量的挑戰時，就會採取強制手段；另一方面，它也必須有效地採用另外兩種手段。霸權化的過程也是合法化的過程。相比強制手段，其他的手段通常是更加有效的主導形式，例如談判和互惠。比較明顯的重要機制，包括公民社會掛靠於黨／國家，這樣可以將社會力量納入現存的體制，同時對黨／國家來說，也是迎合了這些社會力量。本章首先會簡述黨／國家與社會之間關係的變化層面，然後解釋這些變化背後的意味和本質。在論述完主導和合法化這雙重過程之後，本章將展示三組案例，藉此檢視中國共產黨在不同領域裏對社會力量的霸權化過程。最後，本章將從實踐和理論兩個層面，得出有關中國共產黨—社會之間關係的結論。

1. 中國黨／國家—社會關係：一對矛盾？

20 世紀 90 年代初，東歐持不同政見者的聲勢越來越大，匈牙利、波蘭和東德的一黨制崩潰，此時，西方學術界很興奮地（重新）尋回了「公民社會」的概念。[1]西方學者堅定地認為，中東歐一黨制的威權主義之所以能夠被和平地推翻，正是由於一大批社團和非正式組織的抗議和無聲的抵制，這些團體包括波蘭的團結工會或是萊比錫的「星期一大遊行」。社會領域這概念，指的是人們在這個領域裏組織私人範圍的集體生活，遠離國家的（極權主義）控制範圍。這概念與西方左翼自由主義關於第三部門的概念完美契合，第三部門是指那些為了應對國家和市場失敗，而由社會發起的組織性

---

1. J. Keane, ed., *Civil Society and the State: New European Perspectives* (London: Verso, 1988).

回應。對中東歐的政治變革所產生的狂熱，復興了「來自底層」的公民參與和政治行動的自由民主思想。

東歐所發生的事情，對於中國黨／國家與社會之間關係的研究也產生了重要影響。許多學者探尋了社會層面的各種要素，他們相信這些要素能夠為中國自下而上的政治變革提供巨大的動力。近年來，橫跨中國大地的社會抗議日益普遍，有關這些抗議的報道似乎也在強調這一趨勢。中國政府發佈的官方數據顯示，群體性事件的數量，從 1993 年的 8,700 起，增加到 2004 年的 74,000 起，每年的數量增長率至少也有 9%。這數字在 2005 年進一步增加到 87,000 起，與 2004 年相比，增長了 6.6%。社會抗議的頻發，常讓西方記者和學者預測，執政的中國共產黨的合法性已經消失，黨／國家正在崩潰。在這背景下，華志堅（Jeffrey Wasserstrom）聲稱，這些（有關社會抗議）報道造成的影響是，「將中華人民共和國描繪成一個處在危機中的國家，這個國家將會隨着這些裂隙而崩潰；中國的統治集團成員日益焦慮，既擔心騷亂的範圍，又擔心國內媒體對抗爭活動的報道。」[2] 谷梅（Merle Goldman）細緻地檢視了中國的民主要素發展，並將這些報道中的數字作了如下解讀：

> 這些數字表明，中國的威權主義政治制度無法應對今天中國正在發生的動態變化。中國的領導人要麼繼續在現有的威權主義黨／國家體制下勉強度日，要麼邁向民主進程，這樣他們也許還能夠更好地應對中國農民和城市工人日益高漲的不滿情緒，這些農民被中國城市富有活力的增長遠遠甩在後頭，而工人則在國有企業私有化浪潮中失去了飯碗、醫療保險和養老金。[3]

學者們確實指出了黨／國家與社會之間日益嚴峻的緊張關係。根據包瑞嘉（Richard Baum）的觀點，在中國，一方面是經濟和社會生機勃勃、活力十足；另一方面是治理體制和政治控制僵化刻

---

2. Jeffery Wasserstrom, "Beijing's New Legitimacy Crisis," *Far Eastern Economic Review*, vol. 168, no. 1 (December 2004), pp. 25–30.

3. Ibid.

板、因循守舊；這二者之間日益脫節。在社會中的許多群體和個人看來，黨在他們的日常生活中毫不相干——是一個能躲就躲、能忍就忍的麻煩事物。[4] 在裴敏欣的研究中，他列舉了國家與社會之間逐漸增加的緊張關係，以及民眾對共產黨認識的覺醒，即民眾認識到中國共產黨是裴敏欣所說的最重要的「分權化掠奪者」（decentralized predation）或「掠奪型獨裁政體」（predatory autocracy）之一。[5] 此外，如果我們將今天的中國共產黨與幾十年前的中國共產黨相比，不難發現，作為一個制度的中國共產黨，就其對國內的思想領域、社會生活、經濟生活和政治生活的各方面控制而言，處在一種滑坡狀態。根據沈大偉的觀點：「中國共產黨的傳統控制手段——宣傳、強制和組織——全都出現了相當大的收縮和弱化……全球化以及中國與外部世界的全方位交往進一步削弱了中國共產黨對社會的控制。今天，中國共產黨也面臨着各種緊迫的挑戰：社會分化和不平等不斷加劇，腐敗盛行，失業普遍，犯罪率上升，農村地區動盪不安。」[6] 類似的學術研究，加上頻繁的新聞報道，[7] 使人們相信崩潰即將到來，這不僅是中國共產黨的崩潰，甚至是作為民族國家的中國的崩潰。這個邏輯很簡單，中國共產黨之所以將要垮台，是因為它不能夠滿足社會的要求。政黨，包括共產黨，就好像植物一樣，它們必須適應不斷變化的環境來贏得生存和發展。中國共產黨則明顯不是這樣的機體，正如沈大偉所說的那樣：「列寧主義的體制不具備這樣的能力來回應社會不斷變化的需求和需要——正因為它們從本質上而言，是自上而下的『動員』體制，不具備傾聽和回應社會總體要求和需要的反饋機制。」[8]

---

4. Richard Baum, "China's Road to Soft Authoritarian Reform," *U.S.-China Relations and China's Integration with the World*, Aspen Institute, 19, no. 1 (2004), pp. 15–20.

5. Minxin Pei, *China's Trapped Transition: The Limits of Developmental Autocracy* (Cambridge, MA: Harvard University Press, 2007).

6. David Shambaugh, *China's Communist Party: Atrophy and Adaptation* (Washington, DC and Berkeley, CA: Woodrow Wilson Center Press and University of California Press, 2008), pp. 3–4.

7. 例如：Gordon Chang, *The Coming Collapse of China* (New York: Random House, 2001).

8. Shambaugh, *China's Communist Party*, p. 7.

　　然而，中國政治的發展，並不遵循前蘇聯和東歐共產主義國家的民主化路徑。許多學者觀察到，中國的社會力量只從國家那裏享有非常有限的自主權，許多社會組織都是半公半私的混血組織，國家和社會在這些組織裏相互交織，它們並不滿足公民社會的最基本定義，因為構成公民社會的組織是在國家之外獨立存在的。[9] 東歐國家的公民社會團體，通常被視為民主的代理人，而中國的社會通常成為國家控制社會力量的工具，而非社會力量表達和追求利益的機制。[10] 事實上，除了一些地下組織和組織鬆散的異議人士團體外，正如郝秋笛（Jude Howell）指出的那樣，中國的社會組織「並不是一個對政務進行批判性公開討論的平台」，因為它們通常「既沒有公開的民主綱領，也沒有隱晦的民主綱領」。[11]

　　事實上，迄今為止，黨／國家成功地維繫了其對社會的主導。根據世界銀行的治理報告，從 1996 年到 2006 年，採用基於主觀感受的數據，中國的政治穩定程度在全球 20 個人口最多的國家中排名第七。[12] 有關近期社會抗議本質的研究表明，雖然民眾的不滿是

9. 這類文獻增加得很快，例如，參見：Vivienne Shue, "State Power and Social Organization in China," in J. S. Migdal, A. Kohli and V. Shue, eds., *State Power and Social Forces: Domination and Transformation in the Third World* (New York: Cambridge University Press, 1994), pp. 65–88; C. E. Nevitt, "Private Business Associations in China: Evidence of Civil Society or Local State Power," *China Journal*, 36 (July 1996), pp. 25–43; Jude Howell, "An Unholy Trinity? Civil Society, Economic Liberalization and Democratization in Post-Mao China's *Government and Opposition*, 33: 1(1998), pp. 56–80; J. Unger and A. Chan, "Corporatism in China: A Developmental State in an East Asian Context," in B. L. McCormick and J. Unger, eds., *China after Socialism: In the Footsteps of Eastern Europe or East Asia* (Armonk, NY: M. E. Sharpe, 1996), pp. 95–129; G. White, "Prospects for Civil Society: A Case Study of Xiaoshan City," in D. S. G. Goodman and B. Hooper, eds., *China's Quiet Revolution: New Interactions between State and Society* (Melbourne: Longman Cheshire, 1994), pp. 194–218; and S. Whiting, "The Politics of NGO Development in China," *Voluntas*, 2:2 (1991), pp. 16–48.

10. R. Yep, "The Limitations of Corporatism for Understanding Reforming China: An Empirical Analysis in a Rural County," *Journal of Contemporary China*, 9:25 (2000), pp. 547–566; and G. White, J. Howell and X. Shang, *In Search of Civil Society: Social Change in Contemporary China* (Oxford: Oxford University Press, 1996).

11. Howell, "An Unholy Trinity?" pp. 71–72.

12. Daniel Kaufmann, Aart Kraay and Massimo Mastruzzi, "Governance Matters VI: Governance Indicators for 1996–2006," *World Bank Policy Research Working Paper* no. 4280 (July 2007), available online at: http://ssrn.com/abstract=999979 (accessed on 20 February 2007).

真實的、也是嚴峻的，但是它們並沒有對中國共產黨的統治發起根本性的挑戰。反觀 20 世紀 80 年代的示威遊行，1989 年的民主運動才是舉國矚目，並遭到了來自中央政府的壓制；而後來中國所發生的社會抗議，更像是一些更具地方性的特定關切所造成的。事實上，蘇黛瑞（Dorothy Solinger）認為，他們更關切「拖欠的薪酬和養老金、突發的大規模下崗，以及導致企業破產的管理腐敗——自 20 世紀 50 年代以來，下崗工人曾在這些企業裏確定無疑地享有各種特權和利益。」[13] 許惠文（Vivienne Shue）也指出，典型的抗議者是「遭受苦難的國企工人和農民，他們提出抗議的方式往往是局部的和有限的，他們的目標並非中央政策的設計者，而是地方上的『壞』官員、『不稱職』的企業管理者和『無情的』僱傭者」。[14]

為了維繫其對社會力量的主導，對於那些對其行為表達不滿的大眾示威，以及威脅到其權威的政治組織，中國共產黨確實沒有放棄使用武力來制止它們。然而，光靠武力不能解釋黨對權力的控制。學者們試圖回答一個問題，為什麼中國共產黨與其他正式的共產黨不同。一些學者傾向於關注中國共產黨自改革開放以來所獲得的合法性程度。他們開展了有關中國共產黨合法性的多項調查。[15]1990 年，黎安友和史天健與中國人民大學社會調查中心一起合作，開展了一項全國範圍內的意見調查。這項調查表明，政府享有很高的支持度，這表明政府的權威牢固，至少短期內如此。[16]黎安友指出：「來自定性和定量的研究證據表明，那些廣為報道的工人和農民抗議及他們所表達的不滿，針對的通常是底層的政府，

13. Dorothy J. Solinger, "Worker Protests in China: Plentiful but Pre-empted," *Project Syndicate*, February 2005, available online at: http://www.project-syndicate.org/commentary/solinger1 (accessed 9 June 2008).

14. Shue, "Legitimacy Crisis in China?" in Peter Hays Gries and Stanley Rosen, eds., *State and Society in 21st-century China: Crisis, Contention and Legitimation* (London: RoutledgeCurzon, 2004), p. 29.

15. 有關這些調查的論述，參見：Peter Sandby-Thomas, *The Legitimating Logic of Stability: Analysing the CCP's Stability Discourse*, PhD thesis, University of Nottingham April 2008, chapter 1.

16. Andrew J. Nathan, "Authoritarian Resilience," *Journal of Democracy* 14(1) (January 2003), pp. 6–17.

而整個政權依然享有很高的認可度。」[17] 史天健在 1993 年發起了另一項更深入的調查，其結果也有力地支持了這一發現。在這項 1993 年的調查中，94.1% 的受訪者對「我們應當信任和服從政府，說到底，它是為我們的利益服務的」這一陳述，給出了贊同或是強烈贊同的回答。[18] 從 1995 年到 1999 年，陳捷進行了一項追蹤調查，也產生了類似的結論，他認為：「這三個樣本給出的回應表明，民眾強烈支持整個政治制度，或是認為當下的政權具有合法性。」[19] 1999 年，唐文方在中國六個城市裏做了調研後，也得出了一個相似的結論。在唐文方看來，調研的結果表明：「中國城市居民不僅表現出了對當前政治制度較強的支持度和日益強大的民族主義，而且也表示不願意挑戰當局，至少不會通過制度性渠道來挑戰，例如在工作場合。」[20] 較後的一次調查是由世界價值觀調查組織（World Values Survey）進行的，其收到的回應表明，中央政府依舊得到了廣泛的支持。在回答「你對中央政府有多大的信心」這條問題時，95.2% 的受訪者認為，他們有「很大的信心」或是「極大的信心」。事實上，對中央政府的支持度的研究上，中國在進行調研的 80 個國家裏排名第三，僅次於越南（第一）和匈牙利（第二）。[21]

在解釋中國的政治信任問題上，王正緒發現：「中國公民對抽象的政府抱有較高的信任度，而對履行國家具體職能的機構較為不滿。」[22] 在王正緒看來，這明顯的差別可以這樣解釋：國家領導人被視為一個「想像的國家」，對於這個「想像的國家」，由於缺乏與之直接的互動，公民的認知是通過教育和媒體話語來塑造的；反之，地方政府部門代表了「真實的國家」，公民對此的感知是基

17. Ibid.

18. Ibid., p.13.

19. Jie Chen, *Popular Political Support in Urban China* (Stanford, CA: Stanford University Press, 2004), p. 29.

20. Wenfang Tang, "Political and Social Trends in the Post-Deng Urban China: Crisis or Stability?" *The China Quarterly* 168 (December 2001), pp. 890–909.

21. Zhengxu Wang, "Political Trust in China: Forms and Causes," in Lynn White, ed., *Legitimacy: Ambiguities of Political Success or Failure in East and Southeast Asia* (London and Singapore: World Scientific Press, 2005).

22. Ibid., p. 122.

於真實的經驗。[23] 陳捷也總結道：「中國人似乎總是或多或少地將他們對地方事務的興趣和評價，與對整體政治制度的含糊感知區分開來。」[24]

在解釋中國共產黨所享有的政治合法性程度時，許多學者試圖觀察黨／國家──社會關係的變化。中國共產黨不僅從 1989 年社會各群體表達不滿的示威中恢復過來，而且還採取了一系列的改革，使其得以避免「第三波」民主化浪潮，而世界上許多剩下的共產主義政權都在「第三波」民主化浪潮中土崩瓦解了。中國共產黨同時還引導着黨／國家──社會關係以賦權自身。因此，正如黎安友所指出的：「在其他地方邁向了民主轉型的背景下，中國的轉型則是從極權主義邁向了典型的威權主義政權，而且表現得日漸穩固。」[25] 包瑞嘉也觀察到了他所謂的「協商式列寧主義」（consultative Leninism）的興起，並認為「在強勁的經濟增長支持下，協商式列寧主義可以說延長了中國威權主義政權的壽命」。然而，包瑞嘉警告説，從長期來看，「中國守舊的列寧主義也許已經活在借來的時間裏了」。[26]

黨／國家與社會之間的制度性變化，使得學者們套用「統合主義」（corporatism）來解釋中國的模式，[27] 它強調的是黨／國家對社會力量的主導角色。學者們使用了不同的標籤來指稱中國的變種，以使其區別於其他地方的統合主義，這些變種包括「國家社會主義統合主義」、[28]「社會主義統合主義」、[29]「中國式統合主義」[30] 和「地方統

23. Ibid., pp. 121–123.

24. Chen, *Popular Political Support in Urban China*, p. 113.

25. Nathan, "Authoritarian Resilience," p. 16.

26. Richard Baum, "The Limits of Consultative Leninism," in Mark Mohr, ed., *China and Democracy: A Contradiction in Terms?* Asia Program, Special Report, no. 131 (June 2006), Woodrow Wilson International Center for Scholars, pp. 13–20.

27. 譯者註：Corporatism 一詞，常見的翻譯有「法團主義」、「社團主義」、「統合主義」、「工團主義」、「階級合作主義」等，本書中根據其適用中國場景的特定背景，選擇「統合主義」一詞譯出。

28. Shue, "State Power and Social Organization in China," pp. 65–88.

29. M. Pearson, *China's New Business Elite: The Political Consequences of Economic Reform* (Berkeley, CA: University of California Press, 1997).

30. Unger and Chan, "Corporatism in China: A Developmental State in an East Asian Context".

合主義」、「部門統合主義」等。[31] 根據包端嘉（Richard Baum）和舍甫琴科（Alexei Shevchenko）的觀點：「統合主義模式的主要吸引力在於，它們同時具備了接受由市場化改革帶來的多元社會—經濟變化的能力，以及列寧主義黨／國持續佔主導的能力。」[32]

在這個整體框架內，一些學者注意到中國共產黨適應新社會—經濟環境的能力。早些時候，狄忠蒲（Bruce Dickson）認為，中國共產黨處在塞繆爾・亨廷頓（Samuel Huntington）所說的「調適」（adaption）階段。但是狄忠蒲也認為，和台灣的國民黨不同，中國共產黨將不會遵循民主化的道路。[33] 然而，在他的新著中，狄忠蒲認定，中國共產黨接受私營企業主入黨的動議，與其他東亞國家執政黨的演進是一致的。這項動議是「調適」自身以拯救自身。狄忠蒲認為，這項動議是一個務實的、調適的舉措。中國共產黨的「增選」（co-optation）戰略奏效了。

不過，狄忠蒲依然懷疑，中國共產黨是否能夠容納真正的公民社會和社會利益有組織的聚合，因為列寧主義政黨本質上是不寬容的，不會將這種權力讓渡給自治的社會群體。他觀察到：

> 中國共產黨尋求一系列的政治改革，這些改革旨在增強國家有效治理的能力，而非民主化。它採用了混合的手段來增強大眾支持，解決地方抗議，並將經濟改革的獲益者納入政治體系。反過來，它也強而有力地壓制挑戰其權威的努力，並壟斷政治權力和組織……一個流傳甚廣的看法是，民主並不適合中國，至少不適合當前的經濟和文化發展水平。當然，這是中國共產黨的觀點，大多數中國人也不反對。許多知識分子和異見人士對此並不贊同，但是他們所呼籲的快速和直接的民主化，不僅遭到了體制內的

---

31. White, Howell, and Shang, *In Search of Civil Society*.

32. Baum and A. Shevchenko, "The 'State of the State'," in M. Goldman and R. MacFarquhar, eds., *The Paradox of China's Post Mao Reforms* (Cambridge, MA: Harvard University Press, 1999), p. 348.

33. Bruce J. Dickson, *Democratization in China and Taiwan: The Adaptability of Leninist Parties* (Oxford: Clarendon, 1997).

反對，也遭到了社會中大多數民眾的反對……由於缺乏一個可取且可行的替代性政治制度，似乎在短期內看來，維持現狀是最為保險的……呼籲更好的治理，遠比呼籲民主更能夠在民眾中產生共鳴。[34]

在蔡欣怡（Kellee Tsai）有關中國私營企業主的研究中，她也認同這一觀點，她認為，私營企業主和新興的中產階級並不打算要求政權變革。她的研究探索了各式各樣的「調適性非正式制度」，它們使中國共產黨得以重建並維繫其統治。[35]

但是，在解釋中國的黨／國家和社會之間的關係上，統合主義範式的有效性並非沒有問題。甚至統合主義範式學派的學者也發現，在解釋中國的公民社會時，這模式具有局限性。戈登・懷特（Gordon White）、郝秋笛（Jude Howell）和尚曉媛將統合主義運用到中國身上，他們指出，他們研究中所涵蓋的社會團體，與國家之間的關係呈現出多樣化，一些組織比其他組織更加自治和自覺。因此，最好的方式，是將這些社會團體描述為一個組織合集（organizational continuum），從國家主導的一端，延伸到公民社會的一端。[36] 許惠文也提出了中國社會團體的一個「國家統合主義合集」（state-corporatism continuum）。[37] 瑪格麗特・皮爾遜（Margaret Pearson）基於她對商業組織的三組案例研究，觀察到「社會主義統合主義並非均質地存在於所有的商業部門裏」，一些組織比其他組織享有更大的自主權，儘管她依然認為，「（這些商業組織）有足夠的類似特徵，讓我們認定它們都是一種新的社會主義統合主義戰略的一部分」。[38]

34. Dickson, "Populist Authoritarianism: China's Domestic Political Scene," paper presented at the Third American-European Dialogue on China, Washington, 23 May 2005.

35. Kellee Tsai, *Capitalism without Democracy: The Private Sector in Contemporary China* (Ithaca, NY: Cornell University Press, 2007).

36. White, Howell and Shang, *In Search of Civil Society*.

37. Shue, "State Power and Social Organizations in China".

38. Pearson, *China's New Business Elite*, pp. 134–135.

　　根據葉芮（Ray Yep）的觀點，統合主義本質上是一個利益代表制度，它包括了國家和組織化的社會利益之間的政治交換。要統合主義有效運作，必須有能夠聚合和溝通社會利益的有效機制。此外，與國家進行統合主義交換的特定社會團體，需要擁有強大的內部團結。從這兩點來看，葉芮發現，中國的商業組織不符合統合主義的定義。它們太過於受到國家的主導，以至於無法起到有效的利益聚合和溝通的作用。這些組織非但沒有促進商業部門裏的橫向整合，而且還阻礙了這樣的整合，因為根據不同的所有制形式（例如民營、集體所有）和企業規模，商業經理人被割裂為不同的群體。從這個意義上說，葉芮認為，「中國出現的統合主義有形無實」。[39]

　　郝秋笛曾經將統合主義模式運用到中國的公民社會上，但是隨後她就修改了觀點，並指出了這一模式運用到中國身上所產生的問題。根據郝秋笛的觀點：

> 在中國的案例中 …… 很少有證據表明，新的社會組織參與了中央政府政策的制定。這表明了幾個問題：第一，在天安門事件後，社會組織和國家之間的權力天秤明顯是向後者傾斜了；第二，在國家與這些新社會組織的關係中，控制和強制構成了國家的主題，但絕不會是唯一的要素；第三，這些新的組織還不夠格被納入政策領域。因此，更準確的描述是，黨／國家與新的中間領域之間的關係，是一種「吸納」關係而非「統合」關係。[40]

　　根據肯尼斯·福斯特（Kenneth Foster）的觀點，統合主義模式往往模糊了國家對社會組織的主導。基於他在沿海城市煙台對商業組織所作的調查，他總結道，這些組織本質上是政府或黨組織的附屬機構。[41] 商業組織和支持它們的政府部門關係緊密，在許多案例裏，它們在人事、辦公場所、日常運營和職能方面都有所重疊，這

---

39. Yep, "The Limitations of Corporatism for Understanding Reforming China," p. 548.

40. Howell, "An Unholy Trinity?" p. 63.

41. K. W. Foster, "Embedded within State Agencies: Business Associations in Yantai," *China Journal*, 47 (January 2002), pp. 41–65.

表明，將這些組織視為政府機構複合體的一部分更能說得通，而不是將它們視為非政府組織。

統合主義模式也遭到了自由主義視角的批評。托尼・賽奇（Tony Saich）一方面不認同公民社會模式，另一方面，它也指責統合主義模式高估了國家對社會組織強加其意願的能力，而且低估了社會組織規避或轉移國家對其侵犯的能力。根據賽奇的觀察，中國的社會組織有能力與國家協商自己的利益，它們往往出於自己的意願使自己「服從」國家，因為相較於讓它們處在完全自治的狀態下，「服從」能夠讓它們對決策有更多的影響，並更加有效地追求成員的利益和組織目標。[42] 狄忠蒲認為，私營企業主或資本家情願被納入黨／國家體制，不是因為懼怕黨／國家的強制，而是因為通過表達忠誠，它們可以從體制內獲得好處。[43]

無論是統合主義模式、公民社會、從統合主義到公民社會的合集，還是這二者的有機混合，歸結起來都是國家與社會的二元對立框架，也就是裴宜理（Elizabeth Perry）所說的「國家—社會範式」。[44] 這種國家—社會的二分法，構成了大多數現有的中國社會組織研究的基礎，即便許多學者承認，國家和社會之間的界限通常混淆不清。在國家與社會二元對立框架的影響下，學者們全神貫注地討論社會組織從國家那裏享有的自治程度。裴宜理因而建議，要深化對中國政治的理解，就要求研究者對「國家」和「社會」粗糙而笨拙的範疇進行分解研究，從而超越國家—社會的二分法。[45]

中國共產黨在中國社會中的持續性主導角色，要求學術界重新思考中國的黨／國家—社會關係。中國既區別於蘇聯和東歐的共產主義，又不適用於公民社會或是統合主義範式。在過去的三十

---

42. Tony Saich, "Negotiating the State: The Development of Social Organizations in China," *The China Quarterly*, 161 (2000), pp. 124–141; and *Governance and Politics of China* (New York: Palgrave, 2001).

43. Dickson, *Democratization in China and Taiwan*.

44. Elizabeth J. Perry, "Trends in the Study of Chinese Politics: State-Society Relations," *The China Quarterly*, 139 (1994), pp. 704–713.

45. Ibid.

年裏，中國實現了前所未有的快速社會——經濟轉型。但是中國共產黨不但沒有放鬆對社會的控制，相反，它還再造了其對社會的主導。為了應對快速的社會——經濟變化，中國共產黨力圖完善其統治機器，以治理一個日益複雜的中國社會。儘管保留着列寧主義的結構，中國共產黨通過在組織化皇權中引入現代國家制度，甚至是納入民主要素來調整自身，以適應不斷變化的社會——經濟環境。迄今為止，中國的政治發展告訴我們，儘管發生了劇烈的社會——經濟變化，中國未必將走向多元主義和民主，儘管很多西方的學者並不認同；而中國也不會像一些學者所認為的那樣崩潰。

新葛蘭西主義的方法，也就是「霸權化」，它試圖表明中國共產黨如何通過容納民主要素來維持自身，以及霸權化如何發生在中國共產黨和社會力量之間。中國公民社會的發展，可以被視為中國共產黨對社會力量主導的擴張。然而，這種擴張並不與民主發展相矛盾。儘管公民社會為中國的民主發展作出了貢獻，但是中國的民主幾乎不符合自由民主模式。正如在第二章中所論述的，如果我們理解布迪厄社會學理論的國家——社會關係，我們就會看到，社會力量並不像在葛蘭西主義模式裏所說的那樣無助；也不像在自由民主模式中所說的那樣強大。儘管公民社會的發展可以被視為是中國共產黨再造其對社會力量主導的努力，但是如此一來，中國共產黨自身也在轉型。

2. 霸權化：主導與合法化

「霸權化」這一術語含有三個基本含義。第一，中國共產黨想要維繫其對社會力量的主導。第二，中國共產黨維繫其主導的方式，是通過接納社會力量並獲取它們的忠誠。第三，因此，霸權化是合法化的一個有效工具。在這一背景下，筆者認為，中國公民社會的發展，是主導和合法化的雙重過程。中國共產黨如何同時推動這雙重過程呢？

合法化可以簡單理解為「藉以獲得合法性的過程」。[46] 合法性構成了任何政治制度和任何政權類型的關鍵性政治基礎，無論它是民主的還是威權主義的。馬克斯・韋伯被普遍譽為是真正提出了合法性概念來分析現代政治制度的人。按照韋伯的觀點，政治制度合法性的核心可以解釋為「用於證明自身合法性的普遍可觀測到的對權力的任何需求，甚或是可觀測到的對任何生活優勢的需求」。[47] 韋伯對合法性的概念，來自他提出的「權力是理性」概念。也就是說，行為者並不掌握權力本身，他們的權力源於他人的認可，別人相信行為者行使權力的正當性。[48] 合法性取決於這一認同觀念，因此「每一個權威制度的基礎，以及相應的每一種遵從意願的基礎，是一種認同，憑藉這種信念，人們所行使的權威是一種借來的威望」。[49] 此外，對統治者合法性的認可，其效果是將權力的行使轉變為權威。按照尤爾根・哈貝馬斯（Jürgen Habermas）的看法，當一個政治決定的作出是「獨立於權力的具體使用，獨立於明顯的懲治威脅，而且即便與受到政策影響的群體對着幹也能常規地執行」時，這種權威就展現出來了。[50] 權威意味着，人們服從的是發佈命令之人的合法性，而非那些命令。[51]

因此，合法化非常重要。根據穆西亞・阿拉加帕（Muthiah Alagappa）的觀點，合法化是「政府、精英群體和具有政治重要性的公眾之間的一個互動及富有活力的過程：掌權之人尋求將他們的控制合法化，並行使他們的權力；而受權力支配的人則尋求將他們

---

46. Leslie Holmes, *The End of Communist Power: Anti-Corruption Campaigns and Legitimation Crisis* (Cambridge: Polity Press, 1993), p. 39.

47. Max Weber, *Economy and Society: An Outline of Interpretative Sociology*, Guenther Roth and Claus Wittich, eds., Ephraim Fischoff, et al., trans. (Berkeley CA: University of California Press, 1978), p. 953.

48. Weber, *The Theory of Social and Economic Organization*, Talcott Parsons, ed., (New York: The Free Press, 1964).

49. Ibid., p. 382.

50. Jürgen Habermas, *Legitimation Crisis*, Thomas McCarthy, trans., (Cambridge: Polity Press, 1988), p. 201.

51. Weber, *The Theory of Social and Economic Organization*, pp. 324–325.

的從屬界定在一個可接受的範圍內」。[52] 韋伯界定了合法化的三種模式，政權從這三種模式中獲取權威：法理型、魅力型和傳統型。韋伯將這些類型視為「理想型」。法理型合法化來源於一種「對規範性規則模式的『合法性』的認同，以及對通過這種規則晉升為權威的人有權發佈命令的認同」。[53] 這種「認同」有賴於當權者建立一個有明確規則和程序的政權，這些規則和程序的執行是透明且負責的。魅力型合法化模式可以與法理型模式相對照，法理型模式關注的是制度性權力，而魅力型模式關注的是個人權力的合法化效果。在韋伯看來，魅力型概念「運用於個人性格的特質，借由這種特質，他與普羅大眾相區分，被視為天生具有超自然、超人類，或至少是特別地擁有非凡的權力或品質」。[54] 合法化的第三類是傳統型，它被視為混合了前兩種模式的要素。根據韋伯的觀點，這種合法化模式可以理解為「一種已確立的信仰，它認同古老的傳統，也認同在這種古老傳統之下行使權威的人的合法性」。[55]

在解釋為什麼一個政權能夠維繫其權威，韋伯的合法化概念仍有局限，因為在他的概念裏，並沒有給如下問題提供解決的空間：為什麼人們認同這些確認的合法化模式？韋伯似乎認為，按照政權自己建立起來的規範和規則而運作的政權，不論是直接遵照、借由傳統，抑或是由一個魅力型領袖領導，都會持續地享有合法性。就這點而論，這種概念化過於結構主義了。此外，儘管這種方法能夠描述政治穩定時的情況，但是它無法概念化政治變革時期的情況。

霸權化是合法化的一個有效模式，它的重點不僅放在結構上，也放在黨／國家和社會力量之間的互動上。如此一來，筆者試圖強調如下幾點。第一，黨／國家和社會力量之間的互動並非是零和博弈。雖然霸權化意味着黨／國家主導社會力量的過程，但是這並不意味着社會力量是毫無權力的，因為如果真是這樣，那麼黨／國家

---

52. Muthiah Alagappa, ed., *Political Legitimacy in Southeast Asia: The Quest for Moral Authority* (Stanford CA: Stanford University Press, 1995), pp. 13–14.

53. Weber, *The Theory of Social and Economic Organization*, p. 328.

54. Ibid., p. 358.

55. Ibid., p. 328.

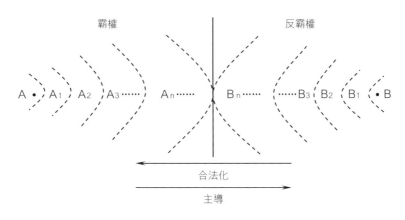

圖 6.1 霸權化：主導與合法化

就無法獲得合法性。第二，在這個過程中，社會力量和黨／國家一樣，也是積極的行為者。政治是理性的；權力也是如此。合法化意味着黨／國家通過非強制的手段來獲取社會行為者的忠誠，社會力量則以某種方式自願地接受黨／國家權力的主導。主導和合法化的過程，都是黨／國家與社會力量之間鬥爭的過程。在它們之間的互動中，黨／國家和社會力量都在爭奪「符號權力」（布迪厄的術語）。第三，因此，霸權化是一個黨／國家和社會力量相互轉型的動態過程。通過霸權化獲取合法性，並不意味黨／國家能夠輕易地將自己的意願強加給社會力量，也不意味社會力量毫不抵制和協商就接受了黨／國家的主導。這是二者之間的一個互動過程，它們持續的互動導致了相互轉型。

圖 6.1 詳細地說明了主導和合法化的雙重過程，這是中國共產黨建立並維繫霸權性政治秩序的過程。左邊欄代表了中國共產黨對社會力量的主導和合法化的雙重過程。A 代表中國共產黨，A_1、A_2、A_3……A_n 代表社會力量，例如群團組織（包括：中國共產主義青年團、中華全國總工會和中華全國婦女聯合會），以及其他社會力量（包括：商業協會和各種非政府組織）。通過接納社會力量進入霸權的邊界，國家獲取了社會力量的忠誠；而通過接受國家的主導，社會力量成為了政治過程的一部分。

此外，中國共產黨是社會的一部分，中國共產黨在社會中組織起贊同和霸權。根據葛蘭西的觀點，如果一個組織要具有霸權性，它就必須將其他組織和社會力量的利益同自身的利益結合在一起，從而締造一種全國性的集體意志。[56] 如果中國共產黨僅僅局限於自身的組織利益，或是局限於其已經建立起霸權性地位的社會力量的利益，那麼它就無法獲得全國性領導地位。相反，為了在不同的歷史階段維繫和再造其霸權性地位，中國共產黨必須超越這些利益，將其他社會力量的目標和利益也納入考量，將它們的利益與自己的利益聯繫在一起，以便成為它們的「全體」代表。如此一來，中國共產黨在與社會組織的關係中，就實現了主導和合法性的雙重過程。

然而，從屬的社會力量也有可能在社會領域裏組織起反抗力量，爭奪「符號權力」（布迪厄的術語）並建構另一種霸權——反霸權。圖 6.1 的右邊欄指出了一種可能的反霸權。在可能的反霸權力量中（例如：B、B_1、B_2、B_3 …… B_n），當中國共產黨遭遇不同的行為者的挑戰時，或它認為自己遭遇了挑戰時，它就傾向於使用強制手段來針對這些行為者。正是在這一點上，中國共產黨與自由民主模式裏的所有政治組織都有所區別。在後者中，多元主義是一種規範。中國共產黨不允許一個反霸權力量發展起來。通過強制手段來實現這個目標並不總是有效的，而且事實上往往會引起反作用，因為社會—經濟環境不斷變化。因此，一方面，中國共產黨在任何時候都不會放棄使用強制手段；另一方面，它積極地應對社會力量，通過接納它們來使它們轉型。在這過程中，中國共產黨也實現了自我轉型。

---

56. Roger Simon, *Gramsci's Political Thought: An Introduction* (London: Lawrence and Wishart, 1991), pp. 48–52.

3. 放權：政府之間與國家—社會之間

社會力量的崛起，是由後毛澤東時代的放權產生的。在改革開放之前的年代裏，中國政治制度的特徵是極權主義。根據卡爾·弗里德里希（Carl Friedrich）的觀點，極權主義政權的特徵是，擁有一個極權主義的意識形態、遵循這個意識形態的單一政黨、一個發育完備的秘密警察制度，以及對大眾傳播、作戰武器和所有組織的壟斷。[57] 在這種制度裏，公民活動的存在空間非常有限。自中國共產黨於 1949 年取得政權後，國家採取了許多措施，按照階級關係重組、經濟調整和權力合法化來重塑中間組織的領域。所有被黨／國家視為甚或懷疑是「反革命」的組織，都被禁止了。另一方面，為了動員成百萬的群眾來推行公共政策，並實現黨的、甚至是毛澤東的個人目的，黨和國家創造出了大量的群眾性民間組織，或「行政性群眾組織」。黨員幹部和政府官員利用這些組織將青年、工人、婦女和其他的社會組織整合成實體機構，類似一個「徵兵社會」（conscription society）。[58] 當時中國的人際關係特徵是社會原子化，社會關係閉塞，因為社會關係不符合黨的宗旨。國家不承認私人和公共領域之間有合法的區別。對黨不忠誠則被視為顛覆其宗旨。因此，正如威廉·科恩豪澤（William Kornhauser）所指出的，一個「原子化社會」就形成了，原子化社會指的是「一種環境，在這種環境下，由個人聚集起來的集合體只以一種方式相互聯繫着，那就是，在各種各樣的獨立團體中，有一個大家共同與之發生關係的權威。」[59] 理由很簡單。「原子化的群眾」不僅是一個極權主義政權保持權力的需要，以防止他們效忠政權之外的力量，而且還確保沒

57. Carl J. Friedrich, "The Evolving Theory and Practice of Totalitarian Regimes," in Carl J. Friedrich, Michael Curtis, and Benjamin R. Barber, *Totalitarianism in Perspective: Three Views* (New York: Praeger, 1969).

58. Gregory J. Kasza, *The Conscription Society: Administered Mass Organizations* (New Haven, CT: Yale University Press, 1995).

59. William Kornhauser, *The Politics of Mass Society* (Glencoe, IL: The Free Press, 1959), p. 32.

有其他力量能夠阻止其對群眾的全面動員。[60] 在這種情況之下，「疏遠」、「失範」和「孤獨」是社會關係結構的普遍特徵。[61]

在後毛澤東時代，中國共產黨領導層發起了多輪的放權運動，這對黨／國家─社會關係產生了重要的影響。在共產主義國家和後共產主義國家裏，放權作為一項改革戰略，被政治領導人廣泛運用，以解決由舊時的計劃經濟造成的過度集權而產生的經濟和政治問題。放權有不同的方式，對社會也產生了相當不同的結果。在表6.1 中，筆者概述了兩種主要的放權形式和四個主要的放權維度。這種分類並不是要簡化中國複雜的改革過程，而是為了展示社會力量如何在中國的改革中成長起來。在 1978 年到 20 世紀 90 年代中期的第一階段改革中，中國領導層聚焦於政府間放權。自 20 世紀 90 年代後期以來，中國在從政府間放權轉型為國家─社會放權上，有了很大的進展。

表 6.1 中國放權的兩個階段

放權	階段一　政府間	階段二　國家─社會（企業）
經濟的	中央─地方 結果： • 地方政府產權 • 地區間競爭 • 有限的市場化 • 地方政府干預 • 地方保護主義等	國家─企業 結果： • 私有產權 • 私有化 • 市場化 • 企業自由競爭 • 政府干預少等
政治的	中央─地方 結果： • 地方或基層民主 • 穿孔的主權和行為聯邦制 • 有限的個人權利等 • 政府控制的「非政府組織」	國家─社會 結果： • 民主化 • 人民主權和個人權利 • 政治參與 • 非政府組織和公民社會等

---

60. Ibid., p. 62.

61. Andrew G. Walder, *Communist Neo-Traditionalism: Work and Authority in Chinese Industry* (Berkeley, CA: University of California Press, 1986), pp. 2–3.

政府間放權不僅改變了政府間的關係（例如：中央—地方關係），也在後一階段產生了黨／國家—社會（企業）關係變化的動力。圖 6.2 展示了中央政府、地方政府和社會之間的權力流動，它是由政府間放權導致的。隨着政府間的經濟放權，中央將經濟決策權下放到地方政府。代替私有化的方案是，產權下放到了地方政府，而不是單個企業或私營企業主。地方政府成為了國有企業的實際擁有者。即使中央從單個企業的經濟事務中逐漸抽出身來，地方政府卻成為了高度干預者。政府間放權，事實上為地方政府在其權限內干預經濟活動創造了制度環境和合法性。儘管如此，政府間放權並不意味着拒絕市場化。事實上市場化受到了積極的鼓勵，這是由於不同轄區之間和不同所有制的企業之間激烈的競爭。經濟改革的初期也存在着地方保護主義，但是隨着市場機制的增長，地方保護主義受到了很大的限制。

政府間放權有助於增強地方政府的力量，並幫助它們更有效地推動社會經濟變化並應對這些變化。隨着地方責任的增加，中央—地方關係變得相互依賴了。地方政府發展並增強了它們自己的權力基礎，它們不僅有權威來處理地方事務，而且還有權威來影響高層的決策。國家—社會關係中或許出現了民主因素，但是在不同的地區有所不同。政治參與的程度取決於地方因素，例如經濟發展的水

圖 6.2 政府間放權

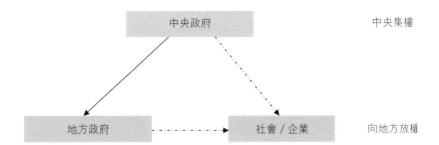

圖 6.3 國家—社會放權

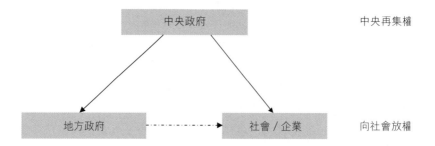

平、地方的政治文化、地方領導人對民主的態度，以及地方提出的政治改革措施。[62]

政府間放權對於實現高速的經濟增長非常成功，但是它也付出了代價，並在行政層級裏製造了矛盾。雖然威權主義的結構依然存在，但是維繫這結構的代價變得越來越大。即便快速的政府間放權沒有導致中國像蘇聯一樣解體，但是地方主義和地區主義通常變得不可控制，並對中央權力添加了嚴峻的挑戰。[63]

大約在 20 世紀 90 年代中期，中國領導層開啟了第二階段的改革，也就是國家—社會放權。政府間放權對地方政府進行賦權，這往往成為國家—社會放權的障礙。為了推動國家—社會放權，中央政府不得不首先再集權。再集權並不意味領導層打算扭轉改革進程，並回到舊的制度去。領導層所做的，是將特定方面的權力選擇性地再次集中到中央政府手中，這些權力對於中央政府來說是非常重要的。圖 6.3 展示了第二階段改革的權力流動。

---

62. 一個很好的例子是農村基層選舉制度的發展。有關這制度發展不均衡的論述，參見：Tianjian Shi, "Village Committee Elections in China: Institutional Tactics for Democracy," *World Politics* 51: 3 (April 1999), pp. 385–412; and Anne F. Thurston, *Muddling Toward Democracy: Political Change in Grassroots China* (Washington, DC: United States Institute of Peace, 1998).

63. 有關政府間放權導致的消極後果的論述，參見：Yongnian Zheng, *De Facto Federalism in China: Reforms and Dynamics of Central-Local Relations* (Singapore and London: World Scientific Publishing, 2007).

在經濟領域，選擇性集權聚焦於兩項主要的改革上：稅制改革和中央銀行系統改革。這兩項改革旨在減少地方政府的權力。在政治領域，在 1989 年事件平息和 1991 年蘇聯解體之後，再集權旋即發生。中央政府再次加強了舊的幹部任命制度，這是共產主義政權用於對地方黨員幹部和政府官員行使權力的一種傳統方式。[64]

同時，中央政府推行了一些改革項目，選擇性地將權力從國家轉移給社會。在經濟方面，朱鎔基政府作了一些初步的努力。公司化和民營化的舉措，旨在將權力從國家下放給企業。在政治方面，有限的民主化反映在農村民主的持續發展上，有限的自由化反映在吸收私營企業主入黨上。在社會方面，從國家到社會的放權使得 20 世紀 90 年代非政府組織開始興起。

中國改革的一個主要目標是政企分開，也就是公司化，這項改革旨在將政府權力委派給市場。公司化很大程度上是指改革國有企業，國有企業是舊的計劃經濟的產物。過去，國有企業主要像一個社會經濟實體那樣運作，而非一個生產單位。許多大型國有企業的目的，不僅限於利潤最大化，因為它們還運營包括社會服務和福利服務的部門，這些通常被視為是「公共產品」，例如教育、醫療、住房、兒童保育和養老金等。事實上，許多大型國企就像一個「袖珍型福利國家」；而且不奇怪的是，它們是在「預算軟約束」之下運營的，政府總是補貼它們的虧損。

從 1993 年到 1997 年，國企改革的努力方向是建立一個「現代企業制度」。通過重組國企的內部運營和激勵機制，鼓勵國企轉變為營利性的現代企業，或是通過併購或其他整合方式，形成新的企業集團。同時，股份制試驗也在加快。最重要的是，《中華人民共和國公司法》於 1994 年 7 月生效，它為驅動公司化提供了現代法律框架。

---

64. Yongnian Zheng, *Globalization and State Transformation in China* (Cambridge: Cambridge University Press, 2004), Chapter 6.（譯者註：此書已有中文版，參見：鄭永年，郁建興、何子英譯：《全球化與中國國家轉型》，杭州：浙江人民出版社，2009 年）。

　　1995 年，國企改革進一步闡明詳盡的戰略，抓大放小，培育大型國企成為巨型企業，而將一些小的國企交給市場機制。領導層認為，儘管他們可以通過各種形式的重組，包括改組、合併和接管、租賃和管理承包、股份制改造，甚或徹底破產，來「放手」大量的小國企，尤其是地方性國企，但他們必須保留屬中央政府的大型關鍵性國企。這些關鍵性國企具有戰略上的重要性，因為就市值和就業來說，它們構成了中國產業經濟的骨幹。

　　民營化的措施甚至比公司化的措施還要劇烈。1998 年，中央政府引進了「股份制」的新概念，以加快民營化。這屬中國技術層面上的「變相私有化」形式。[65] 股份制計劃能夠更加有效地處理關鍵的國有制問題。如果不持有企業的股份，企業的工人和管理者就沒有內在的動力來好好表現。對於大量的小型國有企業，政府更願意「放手」，實際上允許它們選擇任何能夠最好地重振它們的方案。由於民營所有制不再是意識形態的雷區，更多國企能轉變為股份制公司。企業宣佈破產或者出售，甚至是出售給外國企業，也變得更加容易。這些小型的國企有了更多選擇和更大靈活性來選擇它們的改革路徑。許多小國企開始從事潛在的競爭性活動，這些活動不需要國家在場。

　　政府間放權和國家─社會放權，對國家─社會關係都有重要的影響。政府間放權的焦點，不僅是權力在國家和社會之間的轉移，而且是在中央政府和各省政府之間的轉移。領導層不想把政治權力下放給社會；相反，它認為政治參與應該受到限制，群眾運動無助於向一個有效政府的轉型。相比之下，國家─社會放權是中央政府向社會放權，或是地方政府向地方社會放權。隨着國家─社會放權，個人和社會群體自由表達和集體行動的政治空間擴大了，有限的自下而上的政治參與也產生了。

---

65. Guy S. Liu, Pei Sun, and Wing Thye Woo, "The Political Economy of Chinese Style Privatization: Motives and Constraints," *World Development*, vol. 34, no. 12 (2006), pp. 2016–2033.

4. 霸權化與社會參與

當然，不管是政府間放權抑或是國家和社會之間的放權，其目的都不是要削弱黨／國家的力量，而是為了鞏固其權力。換句話說，這是中國共產黨對社會力量的霸權化過程。將霸權化放置在中國發展的背景下是非常重要的，中國的發展是由中國共產黨引導的。這意味着三個要點。第一，社會力量的崛起，是中國發展的結果。中國共產黨對中國發展的引導，意味着維繫其對社會力量的主導是這一發展的內在組成部分。第二，這一引導也表明，在回應變化中的社會力量，並再造對社會的主導時，中國共產黨不是一個被動的行為者，而是一個主動的行為者。第三，再造的過程，也是一個中國共產黨和社會之間持續互動的過程，而在使社會轉型的同時，中國共產黨也在變化。

當放權導致了劇烈的社會—經濟變化時，黨／國家不得不轉型，並重新界定它和社會力量之間的關係，以便維繫其霸權性地位和維繫其對社會力量的主導。國家與社會之間的互動過程，具有相互轉型的特性。儘管有着這種相互轉型的本質，但是黨—國家關係中發生的變化，並沒有導致任何西方意義上的民主化。換句話說，領域 I 沒有轉向領域 IV（圖 6.4）。黨／國家允許了另外兩項變化發

圖 6.4 霸權化和社會參與

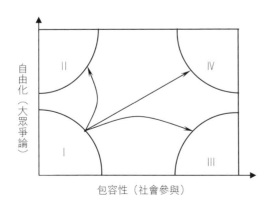

I：封閉的霸權
　　（一黨統治）

II：競爭性寡頭
　　（與其他政治力
　　量分享權力）

III：包容性霸權
　　（向社會力量開
　　放政治過程）

IV：多元體制
　　（民主）

自由化（大眾爭論）

包容性（社會參與）

生，也就是自由化（從領域 I 到領域 II）和社會參與（從領域 I 到領域 III）。自由化的邁進依然非常微小。在國家領導人的產生過程中，沒有大眾爭論的介入。所有國家領導人都是由黨內機制選拔和選舉的。而全國人大在「批准」選定的領導人上，開始起到更大的作用，全國人大代表本身也是由黨選拔出來的。相比之下，社會參與的運動相當強烈。為了維繫其對社會力量的主導，黨／國家不得不容納它們，也就是說，向不同的社會力量開放各級政治過程。換句話說，黨／國家政權不得不變得日益包容，至少是對底層展現其包容性。

接下來的三組案例展示的是，國家如何通過其與不同的社會力量的積極交往，再造其主導和霸權性地位。我們將會看到，政治參與已經在基層大量發生，具有代表性的是農村民主、私營企業主入黨和非政府組織的增長。這些方面的發展是至關重要的，因為它們創造了民主化的動力。然而，沒有跡象表明，大眾爭論和社會參與有結合在一起的意向。換句話說，西方意義上的民主化並沒有發生。向社會力量開放政治過程，是使黨／國家能夠對社會行使霸權的機制。

5. 三組案例

5.1 半競爭性選舉和地方民主的擴大

「地方民主」是指自 20 世紀 80 年代後期開始的農村村民委員會選舉，以及 20 世紀 90 年代開始的鄉鎮長選舉。農村基層選舉制度最初於 20 世紀 80 年代後期發起。在 20 世紀 70 年代末，中國開啟了農村改革，改革的特徵是激進的放權，並基於家庭聯產承包責任制。這個制度快速擴散，並很快導致了舊治理制度的瓦解，即生產隊制度，最終導致了公社制度瓦解。黨和國家領導人決定重建基層的治理制度。1987 年，全國人大通過了《中華人民共和國村民委員會組織法（試行）》。根據這部法律，「在中國的農村地區應當建立村民委員會，以保障農民的政治參與機會和權利。村民通過直接

選舉村民委員會主任、副主任和成員，改善村民對村幹部的監督，提高村民自治程度，進而提升村民政治參與的質量」。[66] 自 20 世紀 90 年代中期以來，選舉制度的發展令人印象深刻。根據負責執行選舉制度的民政部的統計，到 1997 年初，中國 930,000 個行政村中，有超過 80% 已經開展了至少一輪相對民主的選舉。到 2001 年，這制度擴散到全國。

這種自上而下的改革，並不代表中國共產黨放棄了其在鄉村的統治；相反，它旨在通過容納民主要素，增強黨在農村地區的統治。[67] 因此，儘管村民委員會是由村民直接選舉產生的，但是黨委（村支部）繼續存在。然而，農村民主的快速擴散，很快就使得當選機構和黨支部之間產生了矛盾。當選的村委會從村民那裏獲得合法性，而黨支部通常在應對村委會時面臨着挑戰。為了解決這個矛盾，許多省份採用了「兩票制」的制度，在這制度裏，村支書需要先由全體村民推薦投票，然後再由黨員選舉投票，這意味着在這些地方，村委會和村支部都是由選舉產生的。[68] 村委會和村支部的兩套平行制度繼續存在，但是它們之間的相互關係已經轉型了。

中國共產黨也開始在試驗的基礎上，在鄉鎮一級推行直接選舉，鄉鎮是行政管理層級的最基層。在 20 世紀 90 年代中期，中國嘗試在鄉鎮選舉首批主要鄉鎮幹部。從那以後，新的選舉實踐擴散到許多縣裏的大量鄉鎮。開放的選舉職位從副鄉鎮長到鄉鎮長，有時候甚至是鄉鎮黨委書記。這些案例從 20 世紀 90 年代中期的 12 起，增加到 20 世紀 90 年代後期的上百起，再到 21 世紀初的上千

---

66. 轉引自：Jiang Wandi, "Grossroots Democracy Taking Root," *Beijing Review*, 39 (11), 11–17 March 1996, p. 11.

67. Lianjiang Li and Kevin O'Brien, "Accommodating 'Democracy' in a One-Party State: Introducing Village Elections in China," *The China Quarterly*, no.162 (June, 2000), pp. 465–489; and Li and O'Brien, "The Struggle for Village Elections," in Merle Goldman and Roderick MacFarquhar, eds., *The Saradox of China's Post-Mao Reforms* (Cambridge, MA: Harvard University Press, 1999), pp. 129–144.

68. Lianjiang Li, "The Two-Ballot System in Shanxi Province: Subjecting Village Party Secretaries to a Popular Vote," *The China Journal*, no. 42 (July, 1999), pp. 103–118.

起。相比農村選舉，鄉鎮選舉更多受到了各種因素的限制，學術界為此創造了一個術語：「半競爭性選舉」。[69]

鄉鎮選舉是政策產物，而不是法律產物。事實上，鄉鎮選舉並沒有在中國法律中得到認可，並且飽受爭議，儘管它們現在已經遍地開花。[70] 來自中央和地方層面的領導人的政治支持，是落實這個制度的關鍵要素。[71]

除了農村和鄉鎮選舉，今天的中國還在試驗各種不同的民主要素，例如城市居民委員會選舉、允許獨立候選人參選地方人大代表、中國稱之為「維權式民主」的出現，以及社會運動。[72] 此外，在2007年召開的十七大上，自下而上的民主（或人民民主）被認定為中國政治改革中民主化的關鍵領域。[73]

儘管學術界質疑中國的一黨制是否能夠容納民主，但是中國共產黨已經老練地引入了民主要素來改革其在農村地區和城市地區的舊治理制度。「民主化」成為了中國共產黨在地方層面合法化的手段。民主化的過程已經被精心編排好了，因為中國共產黨需要確保「民主化」的每一步都不會損害其主導。儘管這不能確定中國是否會發展為一個西方所理解的民主國家，但是中國共產黨確實通過容納「民主」，成功地將地方民眾納入其霸權之下。

---

69. 例如：Hairong Lai, *The Causes and Effects of the Development of Semi-Competitive Elections at the Township Level in China since the 1990s*, PhD thesis, Department of Political Science, Central European University, Budapest, January 2008.

70. 參見：See Lisheng Dong, "Grassroots Governance and Democracy in China's Countryside," in Zhengxu Wang and Colin Durkop, eds., *East Asian Democracy and Political Changes in China: A New Goose Flying?* (Singapore: Konrad Adennauer Stiftung, 2008), pp. 155–168.

71. Lianjiang Li, "The Politics of Introducing Direct Township Elections in China," *The China Quarterly*, no. 171 (September, 2002), pp. 704–723.

72. 「維權式民主」指的是邊緣化和處於不利地位的社會群體，通過各種手段來維護和保衛他們的權利，這些手段包括正式的制度，例如競逐地方選舉，堅持有權罷免他們認為不稱職、腐敗或是不能代表它們利益的地方人大代表。有關這些民主形式的論述，參見：Li Fan, "Is Democratic Development in China Sustainable," in Wang and Durkop, eds., *East Asian Democracy and Political Changes in China*, pp. 135–151.

73. 有關中共十七大的分析，參見：Zhengxu Wang and Yongnian Zheng, "Key Policy Outcomes of the 17th National Congress of the Chinese Communist Party," *Briefing Series*, issue 31, November 2007, China Policy Institute, University of Nottingham.

5.2 接納私營企業主入黨

接納私營企業主入黨，最有可能被視為中國共產黨歷史中的里程碑。歷史上，所有共產主義政黨都對資本主義和資本家持有敵視態度。《中國共產黨章程》裏寫道，黨的目標是消滅資本主義和資產階級。儘管在後毛澤東時代，意識形態的角色已經弱化，但是資本家或是私營企業主是否能夠入黨的問題，依然長期飽受爭議。民營部門在 20 世紀 80 年代開始扮演重要的角色，首先是在經濟領域，隨後是在政治領域，正如在 1989 年的民主運動中所展示的那樣，在這場運動中，許多私營企業主不僅為運動捐助了大量資金，而且還起到了領導作用。[74] 1989 年事件平息之後，中共中央於 1989 年 8 月 28 日發佈了《中共中央關於加強黨的建設的通知》（中發 [1989] 9 號）。《通知》指出，「我們黨是工人階級的先鋒隊。私營企業主同工人之間實際上存在着剝削與被剝削的關係，不能吸收私營企業主入黨。」[75] 時任中共總書記的江澤民，是這個《通知》背後的主要政治力量之一。[76]

然而，在 1989 年事件後，民營部門繼續為中國經濟提供了許多動力。正如之前所述，鄧小平 1992 年的南巡開啟了新一輪激烈的經濟放權運動，這反過來推動了民營部門的快速擴張。20 世紀 90 年代末期，朱鎔基時代推動的民營化工程進一步推動了民營部門的興盛發展。可以理解，私營企業主很快就成為了中國經濟生活中的一股強大力量。同時，中國共產黨黨內的自由派開始提出，黨應該允許私營企業主加入，從而擴大黨的社會基礎。這些自由派的觀點招致了左派人士的強烈反對。儘管這個問題飽受爭議且非常敏感，但是領導層還是決定更進一步，正式允許私營企業主入黨。[77] 在 2000 年初，以江澤民為總書記的黨領導層提出了「三個代表」的新概

---

74. 這尤其體現在萬潤南身上，他是四通公司的前總經理。參見：Merle Goldman, *Sowing the Seeds of Democracy in China: Political Reform in the Deng Xiaoping Era* (Cambridge, MA: Harvard University Press, 1994).

75. 中共中央文獻研究室：《新時期黨的建設文獻選編》，北京：人民出版社，1991 年，第 456 頁。

76. 同上，第 442 頁。

77. Zheng, *Globalization and State Transformation in China*, chapter 4.

念。這個概念的內容是：「中國共產黨要始終代表中國先進生產力的發展要求；中國共產黨要始終代表中國先進文化的前進方向；中國共產黨要始終代表中國最廣大人民的根本利益。」[78]「三個代表」理論被視為中國共產黨對經濟領域非國有部門的肯定。更重要的是，它也表明，中國共產黨開始考慮如何代表新興階層和社會群體的利益。

中國共產黨厭惡自下而上的動議，它更習慣於自上而下的路徑，因為通過自上而下的方式，它能夠掌控發展的方向、路徑和速度。多年來，中國共產黨一直對持續的牢固政治控制負責，並扼殺那些處在萌芽中的社會運動。然而，中國共產黨也作出了一些進步，通過積極主動地與各類社會群體打交道，尤其是與那些在中國變化中的社會—經濟環境下出現的新興力量打交道，來擴大其社會基礎。有效的治理要求中國共產黨從這些群體裏獲得政治忠誠。

為了從新興企業家階層獲取政治忠誠，中國共產黨的領導層務實地接納了他們。吸收私營企業主入黨的決定，意味着中國共產黨調整自身以適應中國變化中的政治現實。市場經濟的發展，快速地改變了中國的社會結構。當傳統的統治階級（例如工人和農民）衰弱之時，企業家階層的角色變得日益重要。擁抱新興階層必能使黨擴大其社會基礎。這個決定也反映，黨正在提出一種新的方式來治理國家。當毛澤東使用階級鬥爭來治理國家時，政治動員就顯得非常重要且不可避免。為了動員社會力量，黨的領導層不得不依賴所謂的統治階級——工人和農民。但是現在，中國共產黨是唯一的執政黨，它必須盡量代表社會利益。在很大程度上，黨能否維繫其對日益多元的社會的主導，取決於它能否位於所有的社會力量之上，並協調這些不同且相互衝突的利益。這也是霸權化的一個過程。為了維繫其對資本家的主導，同時又獲得合法性，中國共產黨不得不代表這一新興社會力量的利益，並在政權內為它們「分配」特定的空間。

---

78. 新華社：《江澤民同志在全國黨校工作會議上的講話》，載《人民日報》（2000 年 7 月 17 日）。

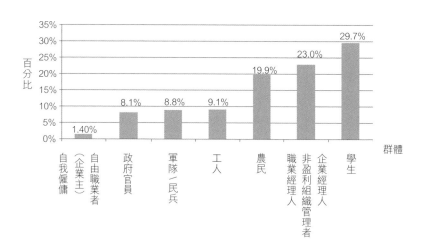

圖 6.5 中國共產黨黨員的職業構成（2006）

　　這非常清楚地表現在中國共產黨黨員結構的巨大變化上（圖 6.5）。在毛澤東時代，中國共產黨是一個真正的革命黨，其黨員的構成中，工人和農民佔據壓倒性的多數。例如，1956 年，83% 的黨員來自於這兩個群體。這個比例在 1981 年的時候依然很高，約 64%。當鄧小平掌權後，他發起了所謂的技術官僚運動，用技術官僚取代了黨內的工人和農民。農民和工人黨員，從 1981 年的 64% 減少到 1994 年的 48%。[79] 這比例繼續下降到 2005 年的 29%。[80]

　　這個變化也反映在法律層面。1999 年，第九屆全國人大第二次會議通過了憲法修正案，自中華人民共和國成立以來，第一次為民營經濟提供憲法上的保護。[81] 2008 年，第十一屆全國人大通過了《中華人民共和國物權法》來保障私有產權。《物權法》的推行，標

---

79. Ignatius Wibowo, "Party Recruitment and the Future of the Chinese Communist Party," Unpublished manuscript, East Asian Institute, National University of Singapore, 2001.

80. Xinhua News Agency, "Professions of CCP Members, 2005," http://www.xinhuanet.com (accessed on 12 February 2007).

81. K. Zou and Y. Zheng, "China's Third Constitutional Amendment: A Leap Forward Towards Rule of Law in China," in A. J. de Roo and R. W. Jagtenberg, eds,. *Yearbook Law & Legal Practice in East Asia*, vol. 4 (The Hague: Kluwer Law International, 2000), pp. 29–41.

誌着中國轉向市場經濟的重要一步。為了確保這部新法律通過而面臨的陣痛，正強調了中國領導人在為國家確立一個一致的法律和金融體制上所面臨的困難。《物權法》的生效，花費了 13 年的時間，歷經了 8 次審議（只有 3 次是程序性要求，而在大多數情況下，是根據實際需求進行的）。這部法律最初計劃在 2006 年通過，但是在黨內的保守派發起的一場反對聯署運動後，就被擱置了，這些保守派是強硬的毛澤東主義者，他們覺得舊的社會主義理想在不光彩的賺錢狂熱中被抹殺了，他們抗議這部法律，認為它將會破壞中國的社會主義制度。《物權法》詳細地規定了物權的設立、變更、轉讓和消滅。

5.3 非政府組織的增長

非政府組織的發展，是黨／國家向社會放權的重要一部分。[82] 在領導層於 21 世紀初開始強調社會改革之後，尤為如此。改革不僅令國家放鬆對社會的控制，而且也見證了國家積極地締造和支持非政府組織，以向其轉交原先由國家履行的特定職能。中國的非政府組織逐年穩步增加。民政部負責非政府組織的登記工作，其統計數據顯示，1978 年以前，中國大約只有 100 個全國性的社會組織。到 2003 年底，增加到 1,738 個。與此同時，地方性的社會組織從 6,000 個增加到 142,121 個。民辦非企業在改革之前並不存在，在同一時期也增加到 124,491 個。截止到 2005 年底，共有 168,000 個社會組織、146,000 民辦非企業和 999 個基金會。然而，學者們發現，還有大量的協會並沒有被計算在內。通過加上各類不同的未註冊非政府組織，王紹光認為，民間組織的總數量在 2003 年已經達到了 880 萬。[83] 儘管非政府組織取得了快速的發展，但是學者們認為，中國的非政府組織依然是低度發展的。例如，在中國，每萬人所擁有的

---

82. Ibid.

83. 轉引自：Zengke He, "Institutional Barriers to the Development of Civil Society in China," in Zheng Yongnian and Joseph Fewsmith, eds., *China's Opening Society: The Non-state Sector and Governance* (London and New York: Routledge, 2008), p. 162.

民間組織是 1.45 個，而法國是 110.45 個，美國是 51.79 個，巴西是 12.66 個，印度是 10.21 個，埃及是 2.44 個。[84]

在西方，非政府組織是自治的，獨立於政府。然而，在中國，非政府組織的自治程度，取決於它們與政府的關係，進而取決於它們與政府的政治「距離」。[85] 政府法規規定，任何社會組織都必須在縣級（含）以上的民政部門登記註冊並得到批准，基金會（例如：慈善機構）必須得到省級或中央政府的批准。任何一個沒有在民政部註冊的民間組織，都是非法的。政府法規要求每一個社會組織都找到一個業務主管單位，作為它們的支持部門。只有當獲得了其業務主管部門同意後，非政府組織才能在民政部登記註冊。業務主管部門必須是一個縣級以上的國家機關，或是由相應國家機關授權的組織。主管部門還必須是和非政府組織從事的活動「相關」的，也就是說，它的負責領域必須和非政府組織從事的領域是相同的。政府法規也不允許有類似功能的非政府組織在一個地域範圍內同時存在。

這些嚴格規定的結果，就是許多基層的非政府組織無法註冊，要麼是因為它們未能找到願意作為它們業務主管部門的政府機關，要麼是因為在它們想註冊的地方，已經有了類似功能的非政府組織。為了合法的存在，一些非政府組織以企業的名義在工商局註冊，即便它們從事的是公益活動，是非盈利性質的。還有一些未註冊的，因而成為非法的組織，它們公開開展活動，政府對它們睜一隻眼閉一隻眼，而非根據法規禁止它們。

然而，註冊登記的要求，並不適用於八個大型的全國性組織，它們常稱為「人民團體」或「群眾團體」，例如中華全國總工會、中華全國婦女聯合會和中國共產主義青年團。這些社會組織是由

---

84. Ibid., p. 163. 根據民政部的數據，截至 2015 年 3 月底，全國共有社會組織 61.3 萬個。其中社會團體 31.2 萬個，基金會 4,190 個，民辦非企業單位 29.7 萬個。2010 年中國經濟體制改革研究會的一項課題研究表明，從每萬人擁有的社會組織數量看，法國為 110 個，日本為 97 個，美國為 57 個，新加坡為 14.5 個，巴西為 13 個，而中國僅為 3.2 個。

85. Yiyi Lu, *Non-Governmental Organizations in China: The Rise of Dependent Autonomy* (London and New York: Routledge, 2008).

黨／國家締造的，並代表黨／國家執行行政管理職能。事實上，它們是獨立的組織，也不在民政部的監督之下。它們的領導人是由中國共產黨的最高領導層任命的。根據《社會團體登記管理條例》的規定，「機關、團體、企業事業單位內部經本單位批准成立、在本單位內部活動的團體」也可以免除登記註冊的要求。[86] 大學的學生會就屬於這個類別，因為它們不須得到民政部的批准，也不須在民政部登記註冊，只要它們所在的大學同意即可。一些基層組織也不要求在民政部註冊，例如業主委員會，它們是由在一個居民區的業主組織起來的；還有城市社區組織，例如街坊鄰里的居民組織的休閒活動團體。

此外，不同職能領域的非政府組織的發展也是不平衡的。在經濟領域，政府試圖通過建立中間組織，例如貿易協會和商會，來協調行業和執行管理職能，以減少自身直接的管理角色。在社會福利領域，政府希望培植非政府組織，來減輕某些服務部門的壓力。在社會發展領域，政府希望非政府組織動員社會資源來補充其自身的支出。[87] 這些非政府組織必須按照黨的方針來履行它們的職能 ——它們要成為「助手」而非獨立的組織。

中國非政府組織的政治影響力，在不同的領域裏有極大差異，在不同的非政府組織之間也是如此。在一些領域，例如減貧、慈善和環保問題上，非政府組織被鼓勵扮演更重要的角色。但是在其他領域，例如宗教事務、民族和人權問題，非政府組織的影響就弱多了。同樣，一些非政府組織也比其他的更強大。大多數商業組織在影響政府決策過程中極有力量。不難在各級人大和各級政協裏找到商人的蹤跡。但是工人和農民卻不被允許組織起來，因此他們並沒有任何有效的機制來發聲，並聚合他們的利益。事實上，黨員群體中工人和農民比例的下降，表明了他們在中國政治制度中的弱勢。

---

86. 國務院：《社會團體登記管理條例》，北京：國務院，1998 年。

87. Jude Howell, "NGO-State Relations in Post-Mao China," in David Hulme and Michael Edwards, eds., *NGOs, States and Donors: Too Close for Comfort?* (London: Macmillan Press, 1997), pp. 202–215; and Linda Wong, *Marginalization and Social Welfare in China* (London and New York: Routledge, 1998).

　　當強大的社會群體能夠組織起來時，他們就變得更為強大。弱勢的社會群體，例如工人和農民，並沒有什麼有效的手段來推動自己的目標。這部分是因為中國處在經濟發展的初級階段，相比政治參與來說，發展更為重要。工人和農民也許能夠在經濟進一步發展後扮演更重要的角色。我們可以以工會為例。政府對待工人權益的態度一直在變化。今天，甚至是古板的、由政府主導的中華全國總工會（全總），也意識到有必要以更加積極的方式對待工人的權益。中國現在正面臨着日益增加的勞工糾紛，這會使中國社會不穩定，從而破壞中國共產黨的政治合法性。因此，僱主必須更好地理解和尊重《中華人民共和國勞動合同法》所規定的義務。對這新態度的最明顯反映，就是全總在 2003 年的年度大會上，發出了一個直接的呼籲，要求跨國零售公司沃爾瑪允許工人們組建工會。

　　由於非政府組織的本質各不相同，霸權化對這些非政府組織的意味也各不相同。對於新興的工商業群體來說，霸權化意味着這些群體進入了現有體制，並與中國共產黨一同分享權力，同時接受中國共產黨的主導。對於八個全國性群團組織來說，它們繼續代表着黨／國家行事，同時也接觸其他社會力量，這意味着它們也像黨／國家一樣，日益具有接納性。對於大多數非政府組織來說，霸權化通常意味着它們被黨／國家所接受，有時候黨／國家甚至賦權給它們，讓它們代表弱勢社會群體的利益。儘管各種非政府組織的本質各不相同，但是它們都必須在黨／國家劃定的邊界設定內活動。換句話說，它們都必須接受黨／國家的主導。然而，這並不意味着黨／國家就不需要改變自己。為了獲得對社會群體的合法性，黨／國家必須給這些群體在它們自身的領域內留下自由的空間，並允許它們在那些會影響到它們的政策領域裏，表達出它們的關切，代表它們的利益。

6. 小結

本章試圖調和有關國家—社會關係文獻所提出的兩種主要研究方法，也就是自由主義研究方法和統合主義研究方法。按照新葛蘭西主義的視角，本書認為，公民社會是國家和社會力量互動和相互轉型的場所。在中國的例子中，黨／國家和社會力量之間的互動，是主導和合法化的雙重過程。黨／國家為了持續主導社會而努力，尤其是在應對新興社會力量時。然而，有效的主導也是一個合法化的過程。沒有合法性，黨／國家將不得不依賴強制，而這種方式的代價日益高昂且不可持續。合法化的方式有很多種。在本書中，合法化是通過接納社會力量進入體制邊界來實現的。在這個過程中，並不排除民主的手段。因此，本章試圖回答這個問題：中國如何在維繫一黨主導的同時容納民主？以及中國又是如何做到這一點的。換一種問法就是：中國的民主化與其他許多走向多元化或多黨制的民主化國家有何不同？中國又是如何做到這一點的？

公民社會的發展，是改革開放以來中國政治的重要特徵。然而，當公民社會出現在中國時，它發生了轉型。迄今為止，公民社會既沒有推動政治多元化，也沒有與中國的民主發生矛盾。換句話說，公民社會的發展推動了巨大的政治變化，甚至是民主的發展，但是政治變化並不必然產生一個像西方那樣的自由民主制度。

這視角對當前中國的公民社會研究具有一些意義，學者們在這項研究中，要麼關注黨／國家，要麼關注社會力量。而黨／國家和社會關係中的相互轉型的本質，通常被過度低估了，本章已經強調了一些要點。不同的社會力量有着不同的偏好和利益。隨着黨／國家對社會力量的霸權化，一些社會力量相比其他社會力量更加自主，也在政治上更具影響力，一些社會力量也比其他的社會力量組織得更好。例如，比起那些較少組織起來的工人和無組織的農民，組織良好的商業利益能夠對黨／國家施加更多政治影響力。與此相對應，社會力量的政治行為和權力能量也各有不同。即便是對於同一個社會群體，它的政治行為和影響力也是因時而異的，取決於黨／國家在特定時間內賦予它的政治分量。

　　黨／國家和社會力量是通過它們的互動而相互轉型的。過分強調公民社會不過是黨／國家實現對社會力量進行主導的領域，那就是誤解了黨／國家和社會力量之間真實世界的權力鬥爭。黨／國家和社會力量接觸和脫鈎的結果是真實可感的，甚至是重要的，但是其結果卻很少反映任何一方的最終目的。它們的活動通過日積月累，重塑了黨／國家和社會力量。黨／國家或許能夠對社會力量強加自己的主導方式，但不能總是如此。它也許對一些社會力量是這樣做的，但是對另一些則不是。更常見的是，黨／國家不得不調整自身，以容納社會力量。另一方面，社會力量或許會發現，它們也需要在與黨／國家的互動中調整自身。在所有的案例中，黨／國家和社會力量都是相互轉型的，而正是在這樣的互動中，發生了霸權化的過程。

　　黨／國家和社會力量之間的相互轉型關係，為中國的政治參與開啟了不同的可能性。主導和合法化的雙重過程，使得中國共產黨能夠調適自身，以適應不斷變化的、有利於民主化的社會—經濟環境，同時再造其對社會力量的主導。這樣一來，黨／國家和社會之間權力關係的霸權性結構依舊，而黨／國家政權則變得日益容納民主要素。因此，政權變得既非一個傳統意義上的極權主義／威權主義政權，亦非一個西方意義上的民主政權。

第七章

中央黨校：話語、行動和霸權

中國共產黨通過兩個主要的工具來統治中國，即組織和意識形態。如果説組織主導代表了「硬實力」，那麼意識形態主導就可説是「軟實力」。再造中國共產黨的組織化皇權，意味着中國共產黨必須通過容納一個變化中的社會——經濟環境，來維繫其對社會力量的主導。為了實現這個目標，再造不僅發生在組織上，也發生在意識形態上。筆者已經討論了再造的組織維度，中國共產黨通過組織維度的再造，建立並維繫了其對國家（第五章）和社會力量（第六章）的霸權性主導。本章將把注意力轉移到再造的意識形態維度，也就是説，中國共產黨如何努力維繫其對國家和社會的意識形態主導。

中國共產黨是當今世界最大的政治組織。如何治理中國共產黨自身，是黨領導層的一項重要議程。當然，理解中國共產黨的內部治理機制，也是學術界的一項任務。在維繫和再造其對社會力量的主導時，中國共產黨如何成為一個內部統一的政治行為者？儘管本章將會展示黨／國家和社會力量之間的互動如何發生在意識形態領域，但是本章更着重檢視黨校系統在塑造黨的集體「意識」或「認同」上的角色，以及在為黨的集體行動規劃行動方案中的角色。

在社會科學的文獻中，意識形態通常只是表達一種觀念體系。但是對於安東尼奧·葛蘭西和其他新馬克思主義學者來説，意識形態不僅僅是一種觀念體系。意識形態為人們提供了實際行動和道德行為的準則。用葛蘭西的話説，意識形態等同於「一種世俗意義上的宗教，它是世界觀和與之相對應的行為規範之間的信仰的統一」。[1] 各種話語理論都在強調意識形態的作用。在話語分析中，話語通常被認為是一種思考的制度化方式，它是一個社會邊界，界定了某個特定的話題能夠説些什麼。話語影響了我們對所有事物的看法，逃離話語是不可能的。被選定的話語傳遞了詞匯、表達，也許還有溝通所需的風格。話語與各種權力理論和國家理論緊密相連。米歇爾·福柯提出了一套完整話語的原始概念，他將話語定義為系統性的思想，它是由觀念、態度、行動的方向、信仰和實踐構成的，這些東

---

1. Antonio Gramsci, *Selections from the Prison Notebooks*, cited in Roger Simon, *Gramsci's Political Thought: An Introduction* (London: Lawrence and Wishart, 1991), p. 66.

西系統地重構了它們所講述的主題和世界。福柯在更寬泛的合法化和權力的過程中進一步追溯話語的角色，強調重構當前的事實，探究它們如何維繫下來，又帶有何種的權力關係。根據福柯的觀點，話語是一種媒介，權力關係通過它產生講述的主題；權力和知識是相互關聯的，因此，每一種人類關係都是權力的鬥爭和協商。[2]

根據葛蘭西的觀點，一種意識形態的評價標準不是對與錯，而是它能否有效地將一群各異的社會要素凝聚在一起，扮演一種「社會水泥」的作用或是扮演社會統一的代理人。從這個意義上說，為了維繫其主導，霸權性的政治力量必須成功地將其他政治和社會力量、群體和運動的利益，與自身的利益捆綁起來，以創造出葛蘭西所謂的「國民集體意志」。此外，集體意志的鍛造，只能通過知識和道德的改革過程來進行，這一過程將創造出一個共同的世界觀。這裏就出現了代理的問題。雖然處在不同意識形態背後的是物質力量，但是意識形態實踐掌握着自己的代理人，他們以知識分子的身份出現，專門對意識形態作出有機的闡釋，他們的任務是進行道德和知識改革。因此，葛蘭西認為，每一個基礎階級都「創造了一個或多個社會階級的知識分子，這些知識分子賦予這些階級的人以同質性，並讓他們意識到自己的作用，這些作用不僅是在經濟領域，而且在政治和社會領域」。[3]

在維繫和再造霸權的過程中，知識分子的作用是進行意識形態鬥爭，以進行意識形態轉型。意識形態鬥爭的本質是一個轉型過程，在這個過程中，現存意識形態的一些要素被重新排列，並按照與過去不同的方式，與一個新的要核或核心原則重新結合起來。這類過程很重要，因為現存的意識形態需要根據不同時空的變化進行改革。儘管舊的意識形態體系裏普遍的要素需要保留下來，但是其他要素則必須改變，還要加進一些新的要素。新意識形態體系的統一，將來自於其新的要核或核心原則的統一性。因此，知識和道德

---

2. Michel Foucault, *Archaeology of Knowledge*, A. M. Sheridan Smith, trans. (London: Routledge, 2002).

3. Ibid., p. 67.

改革的作用，就是要將不同的意識形態要素與表達某政治力量根本利益的價值結合起來。

中國共產黨的黨校在維繫和再造中國共產黨在意識形態領域的主導上的作用，可以在這背景下理解。為了成功地獲取和維繫主導，中國共產黨不得不創造自己的「有機知識分子」（葛蘭西的術語）。黨校系統就扮演了中國共產黨的「有機知識分子」。具體來說，黨校系統有多重的角色。第一，黨校系統從事和推動黨的意識形態的轉型。中國共產黨建立了強而有力的宣傳系統，通過這個系統，中國共產黨維繫了其對社會的霸權。換句話說，中國共產黨的宣傳系統有助於對社會力量實施意識形態控制。然而，由於改革開放政策的推行，宣傳系統也成為了一個黨／國家和社會互動的領域，前者爭奪主導權，而後者爭奪自由化。相比之下，黨校系統則是一個平台，黨的新理念從這個平台上提出，並在這裏進行試水，黨的新意識形態也在這裏形成。這並不意味黨校系統在本質上傾向於自由化。相反，它意味着中國共產黨必須擁有一個新理念和新意識形態平台，以便維繫和再造其霸權性地位，這些新理念和新意識形態能夠解釋不同時空裏的新現實。黨校系統就起到這樣的作用。第二，作為黨的「有機知識分子」，黨校系統通過連接黨的利益和國家利益，或是將黨的利益以國家利益的名義正名，從而對黨的意識形態進行改革和轉型。如此一來，黨校系統試圖創造葛蘭西所說的「國民集體意志」。第三，黨校系統提出新的政策話語來指導政策制定。黨校系統一方面必須建立和發展黨的認同，另一方面也必須提出政策話語來支持黨的認同，並指導實際的政策制定。只有通過政策話語，黨的認同才能夠轉變為實際的政策。第四，黨校系統致力於黨內建設共識，這個共識有助於黨採取步調一致的行動。一個政黨如果想具有霸權性，就必須以行動為導向。作為世界上最大的政治組織，中國共產黨在執行集體行動時常常遇到巨大的困難。為了克服集體行動的困境，黨校系統提出了各種方法來建立共識，例如為黨員幹部和政府官員提供培訓和再教育項目。對中國共產黨來說，形成自身認同並實際地執行政策，是一個複雜且冗長的過程。這個過程也是主導和霸權再造的過程。黨校系統在每一個再造階段都起到了重要的作用。

本章分為三個部分。第一部分論述了中國共產黨的宣傳機器，用以展示中國共產黨是如何對社會力量施加嚴密的控制。雖然本章的關注點是黨校系統，但是對宣傳機器的論述，有助於詳細闡釋宣傳系統是如何成為國家和社會互動和爭奪利益的場所。為了維繫其主導，黨／國家必須在意識形態領域對社會力量施加控制；但是為了再造其主導，它也必須追求自身的意識形態轉型。事實上，社會控制和內部開放，是中國共產黨在意識形態領域霸權化的兩個重要方面。中國共產黨並不希望社會力量公開挑戰其統治；它也不能僅僅依靠強制手段來控制社會力量。因此，在軟化其對社會力量的統治上，內部的「思想解放」（自由化）就顯得尤為重要。不理解內部開明的必要性，就很難理解黨校系統的「自由化」本質。第二部分概述了中國黨校系統的發展及其組織結構，主要聚焦於中共中央黨校。第三部分檢視中央黨校如何對黨的意識形態進行改革和轉型，並使得中國共產黨能夠調適自身，以適應變化中的環境，從而維繫和再造其主導和霸權。

1. 宣傳和社會控制

2004 年 4 月，當時還是北京大學新聞傳播學院的副教授焦國標，做了一項史無前例的舉動，他在互聯網上貼出了一篇長達14,000 字的文章，攻擊中宣部濫權。這篇文章名為《討伐中宣部》，以其大膽的程度，震驚了每一個人。焦國標列舉了中宣部的 14 種大病，他認為這些大病使得中宣部成為中國最不受歡迎的部門。[4] 根據焦國標的說法，中宣部踐踏了由憲法賦予人民的言論自由權和政治參與權。不改革中宣部，中國的政治進步就無從談起。

中宣部是中國共產黨四個最重要的支柱部門之一。其他三個分別是中組部、中聯部和統戰部。這些部門的一把手往往由高級領導人擔任。例如，2002 至 2012 年中宣部部長是劉雲山，他同時是中央

---

4. 焦國標：《討伐中宣部》，載《亞洲周刊》，2004 年 4 月 18 日，第 32–35 頁。

政治局委員。[5] 更重要的是，當時政治局常委李長春還負責管理整個宣傳機器，[6] 包括中宣部在內，也就是說，他掌管着宣傳系統。這個系統的概念已經在第五章裏介紹過了。

考慮到中宣部所處的地位，任何一個人對它發起這樣的批評，在政治上都是極其冒險的。焦國標的文章隨即在互聯網上引發了大量的討論。在很大程度上，焦國標的文章代表了民眾對中宣部長期的不滿情緒，尤其是在中國的知識界和媒體圈，它們不斷試圖避開中宣部的嚴密控制，並爭取更大的自由。

有關中國共產黨如何控制和管理媒體的文獻已經越來越多了，不管其討論的是對傳統媒體的管控，例如電視、廣播和報紙，還是對新興媒體的管控，例如互聯網和手機，中國共產黨管控它們以維繫其對社會力量的主導。[7] 本章試圖展示，儘管在這個領域內，黨／

---

5. 譯者註：2012 年 11 月 15 日中共十八屆一中全會之後，劉雲山已經升任為政治局常委兼書記處書記；接任劉雲山出任中宣部部長的是原四川省委書記劉奇葆，同時兼有的黨內職務是十八屆中央政治局委員、中央書記處書記。現任中宣部部長為黃坤明，同時兼任中央政治局委員、中央書記處書記。

6. 譯者註：李長春已經於 2012 年黨的十八大上正式退休，與此同時，劉雲山進入常委，出任中央書記處第一書記。由於常委數量由九個變成七個，原來的意識形態工作和黨建工作合併交由劉雲山負責。

7. 一份不完整的著作列表包括：Chin-Chuan Lee, ed., *China's Media, Media's China* (Boulder, CO: Westview, 1994); Yuezhi Zhao, *Media, Market and Democracy in China: Between the Party Line and the Bottom Line* (Urbana and Chicago: University of Illinois Press, 1998); Daniel C. Lynch, *After the Propaganda State: Media, Politics, and "Thought Work' in Reformed China* (Stanford, CA: Stanford University Press, 1999); Chin-Chuan Lee, ed., *Power, Money and Media: Communication Patterns and Bureaucratic Control in Cultural China* (Evanston, Illinois: Northwestern University Press, 2000); Stephanie Hemelrky Donald, Michael Keane and Yin Hong, eds., *Media in China: Consumption, Content and Crisis* (London: RoutledgeCurson, 2002); Hugo de Burgh, *The Chinese Journalist: Mediating Information in the World's Most Populous Country* (London: RoutledgeCurzon, 2003); Jonathan Zittrain and Benjamin Edelman, *Empirical Analysis of Internet Filtering in China*, Harvard Law School, December 2002; Christopher R. Hughes and Gudrun Wacker, eds., *China and the Internet: Politics of the Digital Leap Forward* (London and New York: RoutledgeCurzon, 2003); Shanthi Kalathil and Taylor C. Boas, *Open Networks, Closed Regimes: The Impact of the Internet on Authoritarian Rule* (Washington, DC.: Carnegie Endowment for International Peace, 2003); Zhou Yongming, *Historicizing Online Politics: Telegraphy, the Internet, and Political Participation in China* (Stanford, CA: Stanford University Press, 2006); and Yongnian Zheng, *Technological Empowerment: The Internet, State, and Society in China* (Stanford, CA: Stanford University Press, 2008).

國家和社會之間的互動已經發生了變化，但是中國共產黨依舊嚴密地控制着媒體，而且採用強制手段來維繫其主導。

1.1 宣傳機器

監管中國整個媒體產業的機構，大致上可以分為兩個寬泛的類別：國家機關和（中共）中央機關。圖 7.1 展示了這樣一個監管結構。在國務院裏，相關的重要部門包括：文化部、新華通訊社、[8] 國家無線電管理委員會、國家廣電總局、國務院新聞辦公室 [9] 和國家新聞出版總署[10]。雖然這些部門都是國家級的機關，但是它們在省級或更低層級都有着相應的機關。例如，在文化部裏，分別有不同的部門在處理電影、出版和劇院；在省級和省級之下，也有這樣相對應的分部門。同樣，新華社下面有着由龐大的各分社組成的網絡；在國家廣電總局之下是各省的廣電局，這些省廣電局下面還有更低層級的廣電部門。[11] 偶爾，這些國家機關也會相互合作或是和其他政府部門一同發起全國性的運動。[12]

中國共產黨內負責媒體控制的最重要機關是中共中央宣傳部，它和國家媒體控制機關平行運作。在有關信息傳播和控制上，中宣部直接對政治局常委會負責。表 7.1 展示了中宣部現任和前任的領

---

8. 這裏值得詳細說明的是，新華通訊社通常簡稱新華社，它是中國的國家新聞通訊社，也是一個對各類事件進行報道的權威來源。通常，新華社是黨和政府優先授予發佈重要政策和重大決定的渠道。其他的媒體往往要完整轉載新華社發佈的內容。

9. 譯者註：此外，為了更好地管理互聯網，2011 年 5 月，國家互聯網信息辦公室（簡稱國家互聯網信息辦）正式掛牌。國家互聯網信息辦公室不另設新的機構，在國務院新聞辦公室加掛國家互聯網信息辦公室的牌子。國家互聯網信息辦公室現任主任為徐麟，他同時是中宣部副局長。

10. 譯者註：中華人民共和國新聞出版總署與中華人民共和國國家版權局（簡稱「國家版權局」）為一個機構兩塊牌子，是國務院直屬機構之一。2013 年，為促進新聞出版廣播影視業繁榮發展，將新聞出版總署、廣電總局的職責整合，組建國家新聞出版廣播電影電視總局。國家新聞出版廣播電影電視總局加掛國家版權局牌子。同時，不再保留廣電總局、新聞出版總署。

11. Hugo de Burgh, *The Chinese Journalist*, pp. 19–21.

12. 例如，在臨近中共十六大的 2002 年 4 月，八個政府部門 —— 文化部、國務院新聞辦、公安部、教育部、國家安全部、信息產業部、國家工商行政管理總局和國家保密局 —— 共同發起了一次全國性的運動，來遏制國內互聯網上的不良信息傳播，這些信息的傳播被認為影響了國家安全和社會穩定。參見：〈十六大前，粵率先清網〉，《明報》，香港，2002 年 5 月 3 日。

圖 7.1 負責媒體監管的黨和國家機關 [13]

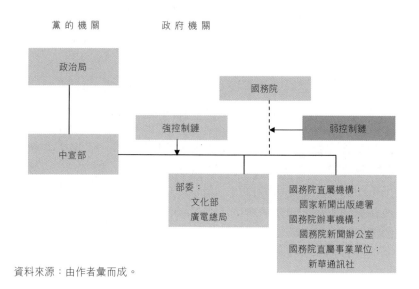

資料來源：由作者彙而成。

導人。中宣部的一把手通常都在其他黨務機關裏兼任職務，例如中央書記處書記或是更為重要的政治局委員。尤其是自 1992 年十四大以來，中宣部的一把手都由政治局委員兼任，表明中國共產黨認為這機構有極重要的角色。中央以下的各個行政層級的宣傳部，在自己的管轄範圍內全面負責監管各種報紙和其他媒體渠道。儘管在國家和黨兩個層面上有着平行的機構，但真正控制媒體的還是中宣部，這種控制是在黨的領導這個原則下進行的，媒體必須在意識形態上與黨保持一致，宣傳黨的信息並遵守黨的政策。事實上，不僅地方上的宣傳部要對中宣部負責，其他肩負着監督媒體重任的中央

表 7.1 歷任中共中央宣傳部部長

名字	任命日期	兼任職務
張平化	1977 年 10 月	中央委員會委員
胡耀邦	1978 年 12 月	政治局委員
王任重	1980 年 2 月	中央書記處書記
鄧力群	1982 年 4 月	中央書記處書記
朱厚澤	1985 年 7 月	中央委員會委員
王忍之	1987 年 1 月	中央委員會委員
丁關根	1992 年 11 月	政治局委員
劉雲山	2002 年 11 月	政治局委員；中央書記處書記

資料來源：《中國共產黨組織史資料》（第五卷），第 69–70 頁。

機關也要對中宣部負責。中宣部指導和監督多個中央國家機關的工作，它們包括廣電總局、國家新聞出版總署和國務院新聞辦公室。在中國的行政術語裏，這些機關處在中宣部的系統裏。任何來自中宣部的指令，它們都必須遵守。[14]

　　在毛澤東時代，中宣部無孔不入地用於控制媒體，以及發動各種群眾運動，進行群眾教化和思想控制，同時動員群眾支持政權特定的經濟政策或外交政策。在建設社會主義社會的過程中，報紙列舉了精心挑選的個人模範，塑造犧牲自我和無私奉獻的典型，並大肆報道。在電視機出現以前，報紙是黨和政府最重要工具，[15] 報紙

---

14. 例如，就在中共十六大召開之前的 2002 年 6 月，中宣部給它的下級宣傳部門下命令，要求確保它們轄區內的各路媒體謹慎報道或禁止報道涉及 32 個主題的事件，例如保護私有財產、農村稅費改革，以及中國入世對行業的衝擊等。參見：〈傳媒編採禁區內容〉，《明報》，香港，2002 年 6 月 21 日。

15. 這樣的個人榜樣包括雷鋒、王進喜和焦裕祿。雷鋒（1940-1962），是一名中共人民解放軍戰士，因他畢生的好人好事而為人紀念；王進喜（1923-1970）又稱「鐵人」，他在攝氏零下的溫度中開挖大慶油田的不屈不撓精神而為人所知；焦裕祿（1922-1964）象徵着黨的模範幹部，他不知疲倦地奉獻自己，服務中國。

被描繪為各種不同的喉舌或是在「指令制度」（commandist system）之下運作。同時，中國共產黨對媒體的控制是無孔不入的、極權式的和壓迫式的。

在改革開放初期，中國共產黨放鬆了對媒體的控制。中國的最高領導人以媒體來劃分他們各自的意識形態立場。政治光譜的一頭，是由華國鋒領導的保守派，他擁護對毛澤東的個人崇拜，並提出了「兩個凡是」（凡是毛主席做出的決策，我們都堅決維護；凡是毛主席的指示，我們都始終不渝地遵循）。在政治光譜的另一頭是鄧小平的改革派，由胡耀邦領導，他利用媒體開展了「解放思想」和「實事求是」的運動。

1989 年事件打斷了改革的勢頭，見證了一次短暫的意識形態爭論，這場爭論是關於社會主義相對資本主義的優越性，但是並沒有回到毛澤東時代。鄧小平 1992 年的南巡，將中國牢牢地帶回了市場改革的軌道。這段時期，儘管黨／國家依舊能夠施加牢固的控制，但是對媒體幾乎全壟斷控制的時代在持續消退。尤其是市場力量和商業化的改革，它們使媒體更加敏銳地關注自身應是否遵從「黨的邏輯」，或是遵從「市場邏輯」這一對矛盾。

1.2 宣傳改革

在後鄧小平時代，江澤民曾試圖強調更多的意識形態重建，因為意識形態已經被鄧小平的實用主義弱化了。國家媒體廣泛報道了兩場由江澤民發起的運動，分別是 1995 年的「講政治」和 1996 年的「三講」教育運動。[16] 但是這些運動卻被媒體和大眾冷遇。江澤民最終放棄了這種舊式的意識形態運動。他在 2000 年 2 月明確提出了「三個代表」重要思想，又在 2001 年 7 月接納私營企業主入黨，這兩項舉措在全國獲得廣泛接受。

---

16. 1995 年，江澤民號召省部級以上幹部要「講政治」，在生活中遵照道德準則。1996 年，江澤民發起了「三講」教育運動，敦促幹部們要「講學習、講政治、講正氣」。

　　儘管中宣部是負責監管和控制媒體的最重要機構，但是這責任變得越來越有挑戰性，因為各類媒體渠道的數量正增加和成長。在過去 30 年，中國的媒體系統經歷了巨大的變化。其中最重要的變化就是分散化和商業化的趨勢。由於政府的放權，中國經歷了一次史無前例的媒體繁榮。更多的報紙、期刊、電視、廣播台及出版社，都在地市一級和縣一級建立起來。媒體體系的分散化在橫向上也發生了。許多報紙和雜誌迎合的是特定的讀者群，並且／或是關注的是特定的話題領域，它們由政府部門、企業和其他的政治與社會機構發行。

　　第二個影響媒體體系的重要趨勢是商業化。從 20 世紀 80 年代中期開始，中央政府大幅度減少了對大眾傳媒的補貼。大眾傳媒向自籌資金方向改革的第一步，就是 1984 年 12 月發佈的一份政策文件，文件規定，除了少數雜誌以外，大多數雜誌都不再享有政府的財政支持。[17] 類似的預算削減，使得截至 1992 年，三分之一的中國報紙變為財政獨立。[18]1992 年推行的商業化出版政策，承認新聞界的「商業本質」，並制定了轉型的時間表。[19]

　　媒體商業化的一個重要結果，就是盈利壓力大增。今天，所有形式的媒體都必須考慮利潤問題。即便是《人民日報》這樣的黨的官方喉舌，也運營着一家盈利性的報紙《環球時報》，它為更廣大的讀者提供了各類新聞。商業化也反映在廣告行業的增長上。由於媒體不能再依靠政府獲得財政資助，它必須尋找其他資金來源。例如，1994 年，廣告總收入只有 200 億元多一點。到 2002 年便超過了 900 億元，是原來的四倍還多。2002 年，報紙、電視、廣播和期刊的廣告收入，分別佔了廣告總收入的 21%、26%、2.4% 和 2%。最重要的是，電視的廣告收入第一次超過了報紙的廣告收入。報紙的廣

---

17. 參見：《國務院關於對期刊出版實行自負盈虧的通知》（1984 年 12 月 29 日），載《中國出版年鑒》（1985），北京：商務印書館，1985 年，第 370 頁。

18. Minxin Pei, *From Reform to Revolution: The Demise of Communism in China and the Soviet Union* (Cambridge, MA: Harvard University Press, 1994), p. 155.

19. Joseph Man Chan, "Commercialisation without Independence: Trends and Tensions of Media Development in China," in Joseph Y. Cheng and Maurice Brosseau, eds., *China Review 1993* (Hong Kong: The Chinese University Press, 1993), p. 25.

告收入份額，從 1995 年的 23.7% 降到了 2002 年的 20.9%，而在同一時期裏，電視廣告的份額，則從 23.8% 上升到了 25.6%。這標誌着電視取代報紙成為最受廣告商歡迎的媒體渠道。[20]

除了傳統的媒體渠道之外，一個更重要的也是最新的現象，是非傳統媒體渠道的增長，例如衛星電視、短信和互聯網。2008 年初，中國的網民超過了美國，成為世界上最大的網民群體。然而，中國的互聯網滲透率依然很低，只佔總人口的 16%，這意味着其增長的空間是巨大的。考慮到互聯網使用的簡易性，以及中國越來越多 18 到 35 歲的年輕人群體被互聯網所吸引，中國共產黨很快就抓住了互聯網這契機，為電子政務和宣傳目的服務。領導層使用互聯網，就各種問題向公眾解釋其政策和立場；反過來，公眾也通過互聯網向政府提供反饋。互聯網不同於傳統的自上而下的溝通過程，來自公眾的網上評論和意見，正在成為決策過程中的重要參考來源。

黨和政府意識到，互聯網和其他形式的通訊手段，例如手機短信，會被別有用心的人利用，從而招致社會—政治的不穩定。尤其是法輪功對中南海的圍攻和許多其他由互聯網助力的社會抗議，都表明不滿的因素會迅速聚集，並挑戰權威的中心。[21] 考慮到媒體渠道的擴散和它們強勁的增長，以及大眾日益增長的期盼，中宣部和負責媒體的相關機構，不得不持續地設計出新的政策和戰略，與時俱進地跟進不斷變化的社會—經濟環境，同時繼續施加嚴密的控制。

然而，從經濟角度看，中國想要更好地為國內媒體參與未來的激烈競爭做準備，因為它已經按照其對世界貿易組織的承諾，對

---

20. 《中國新聞年鑒》（1999），第 106–107 頁。

21. 近年興起一種「快閃」現象，人們在一個預定好的地方聚集，做出特定的行為，然後迅速地消散，消散和聚集都非常迅速。在這種情況下，宣傳部門幾乎無法確認這種社會動員背後的策劃者並先發制人。有關中國共產黨面臨的來自互聯網助力的社會抗議的政治挑戰的論述，參見：Zheng, *Technological Empowerment*.

媒體產業進行了自由化。[22] 媒體重組包括了媒體機構的分離、整合和停辦，旨在使國內的媒體競爭者更加精簡、有效和更能夠利用規模經濟。此外，從政治上來說，黨和政府希望像過去那樣有效地控制市場中的各路媒體渠道，並確保它們報道的內容符合特定的意識形態標準，是不太現實了，也幾乎是不可能了。中宣部和其他相關機構不再是試圖哪裏都插一腳，而是更多地扮演一個監督角色。除了控制起來有難度以外，黨和政府也對一些媒體渠道的運營進行補貼。雖然真實的數字不得而知，但是人們認為，這種補貼對黨和政府的財政資源來說，是一種不必要的耗費。因此，一個更實際的方法是，黨和政府將其財政資源，限定補貼給少部分經過挑選的媒體渠道，以確保黨和政府的觀點和意見能夠繼續在社會上存在。同樣地，這些精心挑選的媒體渠道，將會成為領導層理解社會脈搏的反饋渠道。

　　媒體改革，尤其是報刊行業的改革，其更重要的原因，是為了通過提高黨／國家的形象，尤其是黨的形象，來提升政權的「軟實力」。儘管就數量和涵蓋的範圍廣度來說，新聞和期刊的增長非常迅速，但是也存在着負面的趨勢，那就是內容重複和質量低下的報刊氾濫。更糟的是，這些出版物是強制攤派的，這種行為鼓勵了無效的資源利用和政府濫用職權，因為下級機關通常被要求強制徵訂這些出版物。這些受過審查但是質量低下的媒體出版物，事實上嚴重損害了黨和政府的形象，媒體確實需要通過改革來保證黨和政府能夠回應對自己的需求。前任中宣部部長劉雲山強調，改革是為了回應大多數群眾的意願。為了減輕普通人的負擔，任何報刊都不得向基層和農民搞攤派。[23] 他一再強調，紙媒應該牢牢堅持「貼近實

---

22. 2001 年 11 月，中國成為世界貿易組織的一員。這意味着加入後的第三年，也就是 2004 年，中國應當向海外投資者開放所有書籍、報紙和雜誌的批發與零售部門。中國已經開始執行這一政策，但是進程非常緩慢。

23. 〈中宣部部長談報刊治理：停 673 種 減基層負擔〉，新華網，2003 年 11 月 23 日，http://news.xinhuanet.com/newmedia/2003-11/23/content_1194413.htm

際，貼近生活，貼近群眾」的原則，這樣才能增強紙媒的吸引力和實效性，為加強社會主義作出積極貢獻。[24]

在 2003 年 3 月召開的一次政治局會議上，胡錦濤提出，中央媒體的新聞報道要反映民眾的日常生活，貼近群眾。[25] 胡錦濤還明顯地告誡主要的黨員幹部和政府官員，停止要求媒體大篇幅報道自己。[26] 通過利用宣傳機器，最高領導層試圖將自身描繪為普通民眾的代言人，以增強自身的合法性。自從胡錦濤和溫家寶分別成為黨政最高領導人後，他們有意識地開始建立自己獨特的領導風格，以區別於前任。江澤民的做法是，不間斷地努力吸納屬特權階層的私營企業主入黨；而胡錦濤和溫家寶則是更關注民眾的需求。這個方向性的轉變，旨在使領導層貼近群眾，並增強現任領導層的合法性。要做到這一點，領導層意圖增加透明度，並對民眾負責。

為了實現這個目標，領導層對媒體進行了改革。例如，根據黨和政府發佈的指示，在紙媒領域對三個關鍵的方面進行改革。[27]第一個改革領域是精簡報刊行業的結構。所有隸屬於黨政部門的報刊，在人事、財政和發行上，都必須分開管理。同樣，隸屬於中央和地方部門的所有報刊，在本質上相同或重複的，必須合併為單一的實體。

在中央層面，除了一小部分成功的官方報刊能夠繼續由主管部門負責，其他的都必須轉交給報業集團、出版集團和其他由國務院批准的機構。在省一級，所有的官方報刊，都必須轉交給黨媒集團、廣播媒體集團和出版集團。在省級以下的，必須轉交給黨媒集團。未能滿足國家規定的最低標準的報刊，或是其發行總量中自願徵訂比例低於 50% 的報刊，也必須關停。縣級黨委和政府不允許經營出版物。

---

24. 〈中央部署治理部門報刊散濫、嚴查報刊攤派〉，新華網，2003 年 7 月 18 日，http://news.xinhuanet.com/newmedia/2003-07/18/content_1148263.htm

25. 〈胡錦濤總書記主持召開中共中央政治局會議〉，《上海證券報》，2003 年 3 月 28 日。

26. "Squeezing profits from propaganda," *Far Eastern Economic Review*, 10 July 2003.

27. 〈三大要點解讀《治理報刊攤派實施細節》〉，新華網，2003 年 8 月 15 日。

第二個改革領域是停止強制攤派官方報刊。[28] 除了得到批准的「三報兩刊」外，其他報刊均不准強制性攤派。「三報兩刊」是指中央一級的《人民日報》（隸屬於中共中央）和《求是》雜誌（隸屬於中共中央）、各省市黨報黨刊各一份、各地級市黨報一份。此外，《光明日報》（隸屬於中宣部）和《經濟日報》（隸屬於國務院）也被認為是隸屬於中央一級的黨報，有資格進行強制性攤派。[29]

第三個重要的領域是強調恰當人事管理的重要性，這問題是由媒體改革的變化所引起的。例如，在報刊工作人員和黨政部門工作人員之間，必須要有明確的界限劃分。更重要的是，任何報刊的分離、整合、移交或關停而受到影響的人員，原來的單位必須合理地將他們分流到別的領域。

1.3 自我解放和繼續嚴密控制

快速的社會—經濟轉型要求信息能夠自由流動。分散化和商業化給盈利帶來了更大的壓力。為了抓住來自社會—經濟轉型的機會和滿足來自改革的需求，中國的記者們往往進行自我解放運動，旨在逃避黨和政府的控制。為了控制和管理變革的速度，黨和政府頻繁地回應這些自我解放運動。

多年來，黨以強制性手段來應對自我解放運動。中宣部頻繁發佈新指令，有關敏感領域問題的報道，例如犯罪和災難，僅限於新華社的報道，甚至採取行動整頓了一批被視為跨越了紅線的報紙。通過這些方式，中宣部收緊了政治氛圍。[30] 2003 年 5 月，中國的宣傳部門開除了兩位編輯和一名記者，他們來自於有影響力的《中國青年報》及其旗下的《青年參考》。《青年參考》發表了一篇文章，

---

28. 截止 2003 年 5 月，政府部門已經下令，直到 2003 年 9 月底，除了特定的報刊外，其他的出版物停止接受進一步的訂閱。參見："Reforms seen killing off 800 publications," *South China Morning Post*, 13 September 2003.

29. 〈光明日報經濟日報列入中央級黨報徵訂範圍〉，新華網，2003 年 9 月 11 日，http://news.xinhuanet.com/newmedia/2003-09/11/content_1075981.htm

30. 〈京封殺《財經》雜誌〉，《明報》，2003 年 6 月 25 日。

聲稱湖北有 8%-10% 的女大學生從事賣淫活動。[31] 2003 年 6 月，宣傳部門對北京的一份周報《信報》，進行了停業整頓，因為它發表了一篇不討人喜歡的文章，寫的是中國人的「八大陋習」。這份小報的好幾位編輯和記者被解僱。[32] 2003 年 8 月，廣東省委宣傳部發佈了一份內部通告，斥責了廣州最敢言的日報之一，南方傳媒集團的《南方都市報》。因為它在 2003 年 5 月發表了一篇文章，將「史太林時期的蘇聯和希特拉時代的德國相比較，認為二者都是極權主義，沒有根本性的政治改革」。這份內部通告認為，這類觀點「政治不正確，產生了嚴重的不良後果」。[33] 2004 年 3 月，《南方都市報》總經理喻華峰和總編輯李民英，被法院以挪用公款和賄賂的罪名判處 10 年以上有期徒刑。[34]

這樣的審查不限於報紙，還包括被當局視為撰寫了批評文章的個人。2003 年 6 月，中國政府罕見地坦誠公佈了因危害國家安全罪而被逮捕的人數統計，危害國家安全罪是《中華人民共和國刑法》中最嚴重的罪行。根據時任中國最高人民檢察院檢察長韓杼濱的報告，從 1998 年到 2002 年間，3,400 人因顛覆國家政權罪、煽動顛覆國家政權罪、間諜罪和竊取國家機密罪而遭到逮捕。「網絡異議人士」成為政治犯中增長最快的群體。例如，2003 年 5 月，在互聯網

---

31. "Journalists fired in China for prostitution story," *Financial Times*, 29 May 2003.《中國青年報》是由共青團中央主辦的。

32. "China Shuts Down Tabloid Paper in Media Crackdown," *Reuters News*, 20 June 2003. 24 頁的《信報》發行量高達 30,000 份，它是由中國最大的報紙發行商之一的《工人日報》集團主辦的。

33. "Political Power Machine Keeps Newspaper Toes on Party Line," *South China Morning Post*, 28 August 2001.

34. 2004 年 6 月，廣州市中級人民法院重新審議了《南方都市報》兩位前僱員的案件，將喻華峰的刑期從 12 年減少到 8 年，將李民英的刑期從 11 年減少到 6 年。在解釋這項減刑行為時，廣州法院聲明，定罪是合理的，儘管之前的判決「過重」。《南方都市報》以報道敏感的問題聞名，這些問題包括腐敗、中國愛滋病的傳染和「非典」。人們普遍認為，兩位前僱員是為報紙在這些問題上採取的立場付出了政治代價。他們的事情在互聯網上受到了廣泛的關注，廣東省的前高官和現任高官都強調公平判決的重要性。參見：〈張德江命寬待南都高層〉，《明報》，2004 年 6 月 8 日。

上發表文章批評黨的網絡異議人士黃琦，以及發起「新青年學會」在網上討論政治改革的四位學者，被判處較長的有期徒刑。[35]

黨和國家認識到，由市場化改革和全球化帶來的日益複雜的社會—經濟環境，官員須更加適應和回應民眾的需求。尤其是過去幾年媒體行業所發生的變化，反映了市場力量的影響力在這個領域內的膨脹和深化。媒體已經從過去領導人最重要的意識形態和政治控制工具，變成了不得不和其他非官方媒體競逐收入和發行量，並且吸引讀者的注意力。儘管胡錦濤和溫家寶治下的黨和政府希望官員們提高透明度和責任感，但是他們在這過程上能走多遠，依然還是有限制的。雖然領導層表達了更大的意願，願意在這條路上繼續走下去，但是這並不意味着從此發展就會繼續推動下去。能取得什麼樣的進展，將取決於手頭上問題的性質，以及可能要冒的政治風險。

儘管媒體不得不繼續觀察黨和政府劃定的邊界，但是它們也必須確保自己的運營與市場力量相一致，以在商業上得以持續。今天，一份成功出版物的標準，不再是其是否與特定的意識形態限制相一致，而是它能否滿足讀者更加刁鑽的口味和要求。事實上，有一些報刊甚至對自己能夠對政府行為和政策的缺陷進行調查報道和及時報道而感自豪。同樣，其他替代性媒體的擴張和滲透，例如電視、廣播、互聯網和其他通訊網絡，以及快速的技術進步，正在加速侵蝕黨和政府牢固控制信息和掩蓋信息流動的能力。

黨和政府並非打了一場敗仗，相反，它們調整了策略，從僅僅試圖控制一切，變為一種更加監管性的角色。現在，對於政治領域內的信息和屬社會領域內的信息，黨在其中做了一些區分。社會領域內的信息，就算不是沒有任何干預的話，至少也只是面臨着極小的干預；而政治領域內的信息，很有可能依然被當局所監控。更普

---

35. "A Grim Reminder for the Central Government's Opponents," *South China Morning Post*, 13 June 2003. 黃琦被控顛覆國家政權罪被判處五年有期徒刑。亦可參見："Webmaster Given Five Years for Publishing Essays," *South China Morning Post*, 19 May 2003 and "Ambushes on the Information Highway, *South China Morning Post*, 21 May 2003.

遍的情況是，這兩個領域之間的界限，是由最高領導人自己獨斷設立的。

因此，很容易形成一個錯誤結論：中國當局十分滿意且允許信息和觀點不受拘束地流動。其實中宣部及其部門已經展現了它們的決心，要懲罰任何跨越了許可行為界限的媒體。對黨來說，如果媒體的自我解放運動超出了可控的範圍，黨對社會的主導就會受到挑戰和威脅。迄今為止，所有引入的改革措施都可以被視為黨在媒體領域中對社會力量「霸權化」的舉措，正如它在組織領域中所做的一樣（第五章）。但是這些努力還未被證明是成功的，這意味着中國共產黨很有可能訴諸於強制手段。因此，媒體改革中任何實質性的變化，都必須與中國最高領導層對政治改革的承諾緊密聯繫在一起。沒有政治自由化，一個自由的媒體是不太可能的。

2．中央黨校和思想解放

在意識形態領域，僅靠控制是不能夠保證中國共產黨再造其組織化皇權的。正如之前所論述的，雖然黨的領導層試圖在媒體中引入變化，但是控制依然是慣例。一旦受到了社會力量的挑戰，黨就會使用控制手段。然而，現實中，中國共產黨需要改革其過時的意識形態，這樣才能與時俱進，跟上變化中的環境。如果在改革意識形態的過程中，社會參與是有限的，那麼中國共產黨就不得不尋找其他方法。黨校系統就起到了這樣的功能。如果外部開放（例如：媒體自由化）在政治上有風險，那麼內部開放就勢在必行了。自從改革開放以來，黨校系統就成為了內部思想解放的平台。中國快速變化中的社會—經濟環境，意味着中國共產黨不僅要明辨社會上複雜而多樣的需求，也要跟上變化的速度。更重要的是，黨還必須事先預料到未來的需求，並提出動議來指導變化的過程。

在這個背景下，黨最重要的機構之一的中共中央黨校（中央黨校）就提供了一個獨特的平台，讓中國當下的領導人和胸懷大志的未來領導人，能夠聚在一起相互更好地認識，並熟悉黨的意識形態

中的重要原則。他們可通過這種互動來建立個人網絡，也能夠從中發現具有更大潛力的領導人。幾乎所有高級黨員幹部和政府官員，例如部長和省長，在晉升之前都來這裏培訓和進修過。

除了提供社交平台和進行意識形態灌輸，中央黨校還提供了一個環境，讓黨員幹部和政府官員從一個更廣闊的視角去觀察中國所面臨的挑戰。通過將他們帶入同一個殿堂，黨意圖在他們當中鍛造一種中國未來發展的共識，並使他們沉浸在一種國家目標中。這可鼓勵他們跳出狹隘的地方利益和派系利益去觀察問題。同樣，通過參加中央黨校，黨員幹部和領導人也能夠在他們中間培養出一種同志情懷，這對於他們將來需要互相幫助時是非常有用的。

不過，中央黨校另一個鮮為人知但卻甚至更為重要的功能——作為一個「實驗室」，為新的政治和意識形態動議試水。中央黨校所授課程的任何方向性變化和修訂，都反映了當前主流的政治環境，這反過來又為中國未來的政治方向提供了一些指導。在新的改革動議向全國推廣之前，最高領導人頻繁地利用中央黨校來為新的改革動議試水。尤其是自 20 世紀 90 年代以來，大多數黨的改革動議都首先在中央黨校進行討論和爭論。黨員幹部和政府官員各自代表了特定的民眾，從他們那裏獲得的反饋將表明，一個特定的改革動議在全國的其他地方推行，是會獲得熱烈的歡迎還是遭到冷遇。

多年來，中央黨校調整了自身的培訓課程，以減少意識形態色彩，增加更多實用性，使其緊緊跟上當前主流的社會—經濟環境。然而，「減少意識形態色彩」並不意味着中國共產黨不再需要一個意識形態；相反，它意味着黨需要修正嵌入在中國共產黨話語中原先正統的馬克思主義和毛澤東主義或其他傳統的主義，並對其他有助於黨應對新問題的話語開放。儘管意識形態依舊是黨的合法性的來源，也是黨推動集體行動的來源，但是它也必須務實地解決現實生活中的問題。中央黨校為所有學員提供了一個平台，通過這個平台，他們開始認識到一個多元化的世界。中央黨校聚集了一批知識界的人才。此外，國外的學者和領導人也受邀到中央黨校做報告。在這些過程中，黨得以革新其意識形態，並為其幹部和官員建立新的思維模式。

2.1 黨校系統

自 1933 年在瑞金（江西省）成立以來，中央黨校的稱呼經歷了一系列的變化。它最初被稱為馬克思共產主義學校，在長征到達延安之後，它改名為中央黨校。1948 年，在中國共產黨掌權之前，它改名為馬列學院，七年後，它又改稱為中共中央直屬高級黨校。1967 年開始，它在文化大革命期間停辦了。1977 年復校，重新恢復中央黨校的名稱，並一直沿用至今。

中央黨校的歷史反映了黨對黨員持續的培訓、教育和灌輸的承諾。即便是在文化大革命期間，黨員的培訓也沒有被忽視。當時，「五七幹校」承擔了這一作用，「五七幹校」最初於 1968 年在黑龍江創立，後來擴展到全中國。課堂培訓被田地間的農民體力勞動所取代。除了老弱病殘之外，所有幹部 —— 無論年齡大小、是男是女 —— 都必須到鄉下進行「再教育」。[36] 當時毛澤東確信，這種訓練能夠提振幹部、官僚和知識分子革命精神。

文化大革命後，中央黨校進行了各種改革。圖 7.2 展示了黨校系統當前的組織結構。當文化大革命結束時，黨校系統重新恢復了其各級的組織結構，在一些地方，它甚至延伸到縣級。今天的黨校系統由四個層級構成，中央黨校是最高的一級。在中央黨校之下，是省委黨校和部委黨校（第二級）、市委黨校（第三級）和縣級黨校（第四級）。大型國有企業，例如首鋼集團和國家電網，也按照它們的行政級別建立了各自的黨校。總的算來，全國範圍內大約有 2,000 所黨校。

1988 年，在趙紫陽任總書記的黨的領導層提議下，建立了國家行政學院。領導層這樣做是為了實行黨政分開，這是當時政治改革的一項重要議程。由於 1989 年事件後的政治反對，建立國家行政學院的計劃被暫緩擱置，直到 1994 年江澤民任總書記期間才正式

---

36. 毛澤東在《人民日報》發表的文章發起了建立「五七幹校」的運動。參見：《人民日報》（1968 年 10 月 5 日），第一版。「五七幹校」於 1979 年被停辦。參見：國務院：《關於停辦「五七」幹校有關問題的通知》，1979 年 2 月 17 日。

圖 7.2 黨校的組織結構

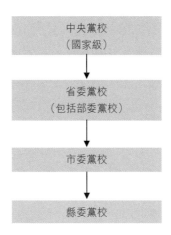

成立。今天，中央黨校和國家行政學院是中國最重要的兩所培訓學
校，但是它們之間有三個重要的不同之處。

　　第一個關鍵不同處，是它們的關注點不同。中央黨校的重點在
於意識形態和「理論」（也就是馬克思主義）培訓；而國家行政學
院比較關注行政和管理技能。總的來說，中央黨校強調的話題範圍
更加寬廣，而國家行政學院的關注點則更加具體。同樣，儘管中央
黨校的學員既可以來自黨也可以來自政府，但是國家行政學院的目
標學員主要是中高級的政府官員。

　　中央黨校和國家行政學院第二個關鍵不同處，是它們覆蓋的
程度不同。國家行政學院並沒有像黨校系統那樣廣泛的覆蓋範圍。
尤其是在市縣一級，這兩個學校系統往往合二為一，而行政學院的
系統一般附在黨校系統的架構上。它們一般稱為「一個機構，兩塊
牌子」。

　　中央黨校和國家行政學院之間的第三個不同，也許是最重要的
區別，就是中央黨校的地位要比國家行政學院高得多。中央黨校的
歷史要長得多，它的校長是黨的高級領導幹部。相比之下，國家行

政學院的校長通常是國務院的高級政府官員。[37] 表 7.2 強調了中央黨校的政治重要性。自 1989 年以來，中央黨校的校長一職，總是由政治局常委中的重要一員出任。從 1989 年到 1993 年，時任政治局排名第二的喬石出任中央黨校校長。從 1993 年到 2002 年，胡錦濤接任喬石出任校長。習近平在 2007 年出任政治局常委後，開始擔任校長。

從建立之初起，中央黨校就根據主流的政治環境和意識形態正統調整其方向和課程。在中華人民共和國成立之前的革命年代，中央黨校主要關注意識形態灌輸，以此培訓大批具有強烈革命熱情的幹部，來與日本侵略者和國民黨戰鬥，並在中國共產黨的領導下建立一個平等的社會。馬克思列寧主義為結成針對黨的敵人的統一戰線提供了正當性。

1949 年中國共產黨取得勝利後，中央黨校花了更多時間和精力在馬列主義和毛澤東思想的研究上。一個更加系統的培訓體系和課程得以建立。它的目的是培養一批領導人和宣傳骨幹，他們準備承擔建設中國共產主義制度和社會的宏偉任務。在文化大革命期間，教學培訓的關注點是毛澤東思想。20 世紀 70 年代末的改革開放標誌着中央黨校歷史上的另一個里程碑。在由文革造成的十年中斷之後，中央黨校於 1977 年復校。為了配合中國從中央計劃經濟轉型為市場驅動的經濟，中央黨校開始改革其方向和培訓課程。作為中國負責吸納新血進入黨和政府的最重要機構，中央黨校必須不斷調整自身，與時俱進。

今天，儘管「意識形態正確」（今天它已經變得更靈活了）依舊是中央黨校的一項主要功能，但卻不是主要的關注點了。儘管依然強調「意識形態」的延續性，但是「意識形態」的革新和創新是黨的領導層更為樂見的。黨員幹部和政府官員被鼓勵通過學習其他學科和與世界發展接軌，來擴大他們的視野。一些當代話題，例如世界經濟、全球化、科技和西方政治思潮都在中央黨校中教授。中

---

37. 參見國家行政學院網站：http://www.nsa.gov.cn/。

表 7.2 中共中央黨校歷任校長

出任年份	校長名字	副校長名字和出任年份
1977 年 3 月 3 日	華國鋒	汪東興（第一副校長），1977 年 3 月 胡耀邦，1977 年 3 月 馬文瑞，1977 年 12 月 馮文彬，1978 年 10 月* 張平化，1978 年 12 月 安子文，1979 年 1 月 李荒，1981 年 10 月
1982 年 4 月 4 日	王震	蔣南翔（常務副校長），1982 年 8 月 馮文彬，1979 年 5 月 韓樹英，1983 年 10 月 陳維仁，1984 年 9 月
1987 年 3 月	高揚	高狄，1988 年 4 月* 蘇星，1988 年 4 月*
1989 年 3 月	喬石	薛駒（常務副校長），1989 年 6 月 馮文彬，1979 年 5 月* 韓樹英，1983 年 10 月* 高狄，1988 年 4 月* 蘇星，1988 年 4 月* 邢賁思，1989 年 7 月 劉勝玉，1993 年 4 月 汪家鏐，1993 年 7 月
1993 年 9 月	胡錦濤	汪家鏐（常務副校長），1993 年 7 月* 蘇星，1988 年 4 月* 龔育之，1994 年 3 月 邢賁思，1989 年 7 月* 劉勝玉，1993 年 4 月 劉海藩，1994 年 3 月 楊春貴，1994 年 3 月 鄭必堅（常務副校長），1997 年 11 月 張志新，1998 年 2 月 王偉光，1998 年 2 月 李君如，2000 年 6 月*

出任年份	校長名字	副校長名字和出任年份
2002 年 12 月	曾慶紅	虞雲耀（常務副校長），2002 年 5 月* 張志新，1998 年 2 月 王偉光，1998 年 2 月 李君如，2000 年 6 月* 石泰峰，2001 年 9 月*
2007 年 9 月	習近平	李景田（常務副校長），2007 年 12 月 李君如，2000 年 6 月 石泰峰，2001 年 9 月 陳寶生，2008 年 5 月 孫慶聚，2003 年 1 月 李書磊，2008 年 12 月

資料來源：以上大多數資料來自於《中國共產黨黨校巡禮》，由中共中央黨校文史教研部和新華社於 2000 年編纂出版。帶有 * 的人物資料，來自於歷年《中國組織別人名簿》。

央黨校又會邀請一些中國受到認可的機構中有名望的人主講這些當代話題。部長和政治局委員也不時被安排來這裏開講座。其他國家的高官也來到黨校向學員們分享他們的領導經驗和視角。

3. 中央黨校和中國共產黨政治

自從改革開放以來，中央黨校在多輪的思想解放運動中起到了關鍵作用，並由此成為了黨的政治中心。當毛澤東掌舵中國共產黨時，中央黨校成為了政治工具，用於給黨員幹部灌輸對黨和毛澤東矢志不渝的忠誠思想。毛澤東絕不容忍任何對他領導地位的挑戰，並且通過意識形態鬥爭和批評來使他的反對者緘默，絲毫沒有為此而感到不安。[38]

---

38. 針對毛澤東的政治挑戰都被粉碎了。例如高崗（1953-1954）、劉少奇（20 世紀 60 年代初-1966）和林彪（1969-1971）。

　　1976 年毛澤東去世後，華國鋒接任中央黨校校長時，[39] 中央黨校見證了保守派和改革派陣營之間一場激烈的意識形態鬥爭。保守派陣營以華國鋒為首，擁有其最堅定的支持者汪東興，他時任中共中央黨校第一副校長，主管中央黨校的意識形態和宣傳工作。汪東興幫助華國鋒提出了「兩個凡是」，[40] 將「毛澤東思想」提升到了荒謬的高度。

　　改革派陣營以鄧小平的幹將胡耀邦為首，他是負責中央黨校日常行政事務的副校長。胡耀邦和一群志趣相投的學者，在中央黨校主辦了一份雜誌《理論動態》，刊載有關共產主義意識形態適用性問題的評論。這些文章的目的是引用馬克思列寧主義的話語，甚至是毛澤東的話語，來批評對意識形態的教條理解和個人崇拜的行為。其中一些文章還轉載到了全國性的日報上，例如《人民日報》、《光明日報》和《解放日報》。[41] 最著名的文章要數 1978 年 5 月發表在《光明日報》上的文章〈實踐是檢驗真理的唯一標準〉，[42] 這篇文章為同年召開的十一屆三中全會提供了重要的支持。[43] 在這次全會上，鄧小平宣佈了中國的改革開放政策。從這個意義上說，鄧小平經濟改革的第一槍是在中央黨校的陣地上打響的。

　　今天，中央黨校內部不太可能再有類似的意識形態衝突了，因為最高領導層已經達成了有關中國往何處去的共識。也許中央黨校最重要的功能是，它提供了一個寶貴的關係網平台，在當前的中國政治環境下，一個官員所認識的人（關係網）依然很重要，遠比制度來得重要。例如，胡錦濤擔任中央黨校校長的九年時間，為他提

---

39. 華國鋒同時還是中共中央主席。

40. Ruan Ming, *Deng Xiaoping: Chronicle of an Empire*, translated and edited by Nancy Liu, Peter Rand and Lawrence R. Sullivan (Boulder CO: Westview Press, 1994), p. 20.

41. 阮銘：《歷史轉折點上的胡耀邦》，新澤西：美國八方文化創作室，1991 年，第 11、15 頁。

42. 這篇文章最先於 1978 年 5 月發表在中央黨校的一份刊物《理論動態》上。同月，它隨即以「特別評論員」的化名發表在《光明日報》上。這是胡耀邦和他的改革派陣營想出來的方法，以繞開中央黨校以汪東興為首的宣傳部門。在那時，所有外部刊物都必須先通過宣傳部門的審查。汪東興絕對會阻止這篇文章登上媒體。

43. 《瞭望》（第 18 期），1986 年 5 月 1 日，第 48 頁。另外兩篇獲得某種官方認可的文章是〈馬克思主義的一個最基本的原則〉和〈一切主觀世界的東西都要接受實踐的檢驗〉。參見：《瞭望》（第 27 期），2001 年 7 月 2 日，第 8 頁。

供了大量地方官員組成的關係網，透過這些關係網，他能夠依靠這些人鞏固自己的權力。當中的一些人，像江蘇省委書記李源潮和河南省委書記李克強，在胡錦濤擔任校長的時候在中央黨校學習，現在他們已經是中央最高領導人中的一員了。

誠然，挑選和培訓一批有能力的忠誠之士，組成核心團隊出任更高的職位，在中國政治中並不是什麼新鮮事。在王朝時代，統治精英在傳統上就起到了執行皇帝意志和保持國家統一的關鍵作用。遼闊的中國疆域，事實上是由一個成熟而龐大的官僚系統治理的。在這個制度裏，統治精英吸收並遵守儒家經典。今天的中央黨校繼續保持了這個傳統，按照時代的要求和需求培育統治精英。儒家經典讓位於馬列主義、毛澤東思想、鄧小平理論，以及其他的當代議題。

3.1 改變課程結構

為了與時俱進並引導政治話語，中央黨校必須不斷地轉變方向，並使課程結構變得現代化。在華國鋒治下，儘管胡耀邦作出了許多努力，但是中央黨校的課程依然是正統的馬列主義和毛澤東思想課程佔據主導。學員們別無選擇，只能選擇被戲稱為「老五門」的課程，也就是馬克思主義哲學、政治經濟學、科學社會主義、中共黨史和黨建。[44] 授課時間在一個較短的時期內完成（即六個月），這被稱為「輪訓班」。[45] 根據一篇新聞報道，從 1977 年到 1982 年，黨校培訓了來自各個政府部門和軍隊系統的 17,833 名幹部。[46]

直到 1982 年，鄧小平的忠實支持者王震被任命為校長，中央黨校課程改革的動力才被激發出來。王震是一名軍人，也是政治局委員。[47] 就在王震被任命為校長之後，在那年秋天召開的黨的十二

---

44. 參見：He Wenyun：〈今日中央黨校〉，《瞭望》（海外版），第 33 期（1986 年 8 月 18 日），第 10 頁。

45. *China News Analysis*, No. 1315 (1 August 1986), p. 2.

46. 〈中央黨校五年培訓幹部 1.7 萬多人〉，《人民日報》，1982 年 8 月 25 日。

47. 〈王震出任新職中央黨校校長〉，《大公報》，1982 年 5 月 5 日。

大後，由於改革呈現蒸蒸日上的勢頭，中國面臨着截然不同的政治環境。鄧小平的改革開放政策正式得到了黨代會的支持，並在大會上通過了新的《中國共產黨章程》。

隨着政治氣候的轉向，中央黨校開始逐步向改革的方向轉變。1982 年，黨中央批准了中央黨校課程的「正規化」政策。[48]「正規化」的定義是對學校進行「全面系統的改革」，在保留黨的傳統的同時，調整新的課程方案。在強調馬列主義和毛澤東思想的同時，黨還強調「掌握現代科學文化知識」的必要。[49] 這標誌着對之前「兩個凡是」的重大突破。[50]

在對黨校課程按照中央要求進行標準化的問題上，王震居功至偉。現在，學員們通過考試進入學校而不再是依靠提名。從 1983 年開始，又引入了長期的課程，而非原來短期的「輪訓班」。這些課程包括了為本科學生開設的二至三年培訓班；為研究型學員開設的兩年半的碩士理論課程；為少數民族幹部開設的專題課程（新疆幹部兩年，西藏幹部三年）。同時也為需要進修的幹部開設短期課程。

黨校的學員們不僅學習課本上的馬克思主義或「老五門」，而且還可選擇其他科目或選修課。有時黨校亦會邀請國外學者來講學，這些學者不僅來自社會主義國家，例如南斯拉夫、朝鮮、民主德國和匈牙利，而且還有越來越多來自資本主義國家的學者，例如聯邦德國、美國和日本。黨校派出的代表團也被允許到國外去考察。[51]

---

48. 〈王震在第二次全國黨校工作會議開幕式上指出：培訓領導骨幹工作要正規化〉，《人民日報》，1982 年 2 月 23 日。

49. 〈辦好黨校，為正規化培訓領導骨幹作出新貢獻〉，《人民日報》，1983 年 3 月 4 日。

50. 正規化的過程拓展到中國的所有黨校。1982 年 12 月，中共中央下發了一份重要文件，名為《中共中央關於批准〈中央黨校今後教學工作的意見〉的通知》，為各級黨校項目的標準化制定了政策。接下來的一年，改革黨校系統（包括中央黨校）的大會在北京召開。在大會上，中共中央下發了另一份重要文件，名為《中共中央關於印發〈中共中央關於實現黨校教育正規化的決定〉的通知》，再次重申了正規化的政策。

51. 《人民日報》，1983 年 3 月 4 日。

1987 年 3 月，高揚接替王震出任校長。[52] 雖然高揚的健康狀況很糟糕，但是黨要求他堅守崗位，並任命了兩名副校長協助他。在高揚擔任校長的兩年時間裏，黨校的課程發生了進一步的變化。當時，當局認為有需要培訓那些沒有經歷過中央黨校培訓的省級幹部和地級市幹部，於是培訓的重點很快便轉移到在職幹部（他們大約有 20,000 人）的培訓上，而不是錄取預備幹部上。[53]

黨校課程按照上述的考慮調整如下：(1) 為地市級開設的在職「進修班」和為省部級開設的在職「讀書班」；(2) 與黨中央和國務院各部門合作開設的「部門幹部班」；(3) 為來自西藏和新疆的幹部開設的「少數民族幹部班」；(4) 為那些打算成為教師或者理論工作者的人開設的碩士和博士「研究生班」；(5) 為地方黨校教師開設的「進修班」；(6) 為預備幹部開設的「培訓班」。[54]

1989 年 4 月，喬石成為中央黨校的校長，[55] 這時正是同年 6 月平息天安門事件之前不久。雖然喬石很有影響力，而且同時擔任多個重要職務，但是在他的四年任期內，他並沒有開展任何重要的改革。天安門事件之後，黨的關注點轉向內部團結，因為黨的許多幹部和黨員參與了針對黨和政府的示威遊行。不久之後，黨又開始應對隨即而來的蘇聯解體和東歐劇變帶來的意識形態挑戰。[56] 考慮到動亂形勢的發展，黨對任何劇烈的改革措施都相當敵視。

到了 1993 年 9 月胡錦濤出任中央黨校校長時，政治環境已經改善了。[57] 改革開放在鄧小平 1992 年的「南巡」後重獲活力。[58] 1992 年

---

52. 高揚從王震手中接過黨校校長一職的時候已經 79 歲了，王震當時 80 歲。

53. 預備幹部指的是正準備要提拔為正式幹部的人。

54. 〈中央同意中央黨校改革報告〉，《人民日報》，1987 年 12 月 4 日。

55. 除了擔任中央黨校校長之外，喬石同時還是政治局常委、中央書記處書記和中央紀律檢查委員會書記。

56. Joseph Fewsmith, *China after Tiananmen: The Politics of Transition* (Cambridge and New York: Cambridge University Press, 2001).

57. 和喬石一樣，胡錦濤也同時擔任各種重要的職務，例如政治局常委和中央書記處書記。

58. John Wong and Zheng Yongnian (eds.), *The Nanxun Legacy and China's Development in the Post-Deng Era* (London and Singapore: World Scientific and Singapore University Press, 2001).

秋天，黨的十四大重申了鄧小平設定的方向，並採納了「社會主義市場經濟」的想法，將中國牢牢地放置在市場經濟的軌道上。按照這種思路，胡錦濤重新調整了中央黨校的方向。

1994 年 5 月，中共中央下發了〈中共中央關於新形勢下加強黨校工作的意見〉。[59]〈意見〉指出，不僅要培訓幹部們堅實的馬克思主義、列寧主義和毛澤東思想的基礎，還要培訓他們應用這些理論解決實際問題的能力，這兩者同等重要。〈意見〉要求，各級黨校在後續的幹部培訓中，要牢牢堅持這一任務。為了與時代同步，中央黨校成立了中國特色社會主義理論體系研究中心。同時，也成立了國際戰略研究所來擴大中央黨校學員的視野。

3.2 擴大政治視野

中央黨校分為三個主要部門：進修部、培訓部和研究生院。中高級領導幹部在進修部培訓，包括了省長和部長。培訓部是所謂的「預備幹部」和少數民族幹部進行培訓的地方。研究生院向具備資格的普通黨員開放，這些黨員對獲得馬克思主義理論方面的更高學位（碩士學位和博士學位）感興趣。[60]

每五年，所有的高級幹部和政府官員都要在中央黨校的培訓部項目裏待上三個月。[61] 他們包括省委書記、省長、部長及相應的副職。對於這些高級幹部來說，參加這樣的項目，相當於離開工作休假，更新他們的知識或是獲取新知識。考慮到他們現有工作的繁重責任，並非很多人都可以離開他們的工作崗位。

這些幹部學習什麼呢？經過多年來對課程的修訂，中央黨校似乎已經定下了兩個關鍵的要旨，除了讓幹部具有意識形態基礎之外，還希望這些幹部熟悉全球化時代的相關課程。這些課程大體上分為兩個類別：第一個類別是「三基本」，是指馬克思列寧主義基

---

59. 〈中共中央關於新形勢下加強黨校工作的意見〉，《黨校年鑒》，北京：中共中央黨校出版社，1995 年，第 3 頁。

60. 參見中央黨校網站：http:// www.ccps.gov.cn

61. 在中央黨校學習期間，他們必須嚴格地遵守住宿要求，沒有書面的允許，不得離開校園。

表 7.3 中央黨校「五個當代」系列下教授的若干課程（2000）

序號	課程名稱	主講人
	當代世界經濟	
1.	「當代世界經濟發展主要趨勢」	張伯里（中共中央黨校經濟學部教授）
2.	「當代世界經濟全球化 世界經濟發展總趨勢」	谷源洋（中國社會科學院學部委員會委員、世經政所研究員）
3.	「經濟全球化與生產全球化」	龍永圖（中國對外經濟貿易合作部副部長）
4.	「貿易全球化及對各國經濟貿易的挑戰」	張漢林（對外經濟貿易大學教授）
5.	「金融全球化及我們的對策」	戴相龍（中國人民銀行行長）
	當代世界科技	
6.	「科學——永無止境的前沿」	周光召（全國人大常委會副委員長、中國科協主席）
7.	「現代生物技術」	強伯勤（中國醫學科學院副院長、中國科學院院士）
8.	「空間技術的發展及其對社會的影響」	閨桂榮（國家 863 計劃航天領域首席科學家、中國科學院院士）
9.	「信息技術及其產業化——以北大方正為實例談計算機產業面臨的問題和機遇」	王選（北大方正技米研究院院長、中國科學院院士）

本問題、毛澤東思想基本問題、鄧小平理論基本問題。這些基本課程是黨員幹部必不可少的。江澤民的「三個代表」也包括在內。

第二個類別包括了與當代世界相關的課程。表 7.3 列出了這個類別中的若干課程。它們被稱為「五個當代課程」或「五當代」，涵蓋了「當代世界經濟」、「當代世界科技」、「當代世界法律和中國法制建設」、「當代世界軍事和中國國防建設」和「當代世界思潮」。這些課程鼓勵幹部認識世界的發展，以及中國如何更好地定位自身。

當代世界法律和中國法制建設		
10.	「當代世界法律格局及其發展趨勢」	石泰峰（中共中央黨校校委委員、政法部教授）
11.	「當代司法制度」	肖揚（最高人民法院院長）
12.	「當代行政法發展特點」	應松年（國家行政學院法學部主任、博士生導師）
13.	「當代中國刑法」	高銘暄（中國人民大學教授）
14.	「當代民商法」	江平（中國政法大學教授）
當代世界軍事和中國國防建設		
15.	「當代世界軍事發展趨勢及戰略思考」	劉精松（中國人民解放軍軍事科學院上將）
16.	「高舉鄧小平理論偉大旗幟大力推進國防和軍隊現代化建設」	邢世忠（國防大學校長）
當代世界思潮		
17.	「當代西方馬克思主義思潮」	張峰（中共中央黨校哲學部教授）
18.	「當代西方哲學—文化思潮」	邢賁思（中共中央黨校教授）
19.	「當代西方政治思潮」	黃憲起（中共中央黨校研究員）
20.	「當代西方經濟思潮」	周為民（中共中央黨校教授）

　　除了本校的教師之外，校外機構卓著的教師也受邀就這些話題開講，這些機構包括中國人民銀行、對外貿易經濟合作部、[62] 中國科學院、軍事科學院和國防大學。這些話題的寬泛性，反映了中央黨校希望讓黨員幹部和政府官員具備最新的知識。

　　此外，還有一個每周一次的課程，由在任的部長、將軍和其他來自黨和政府的名人。這堂課通常在每周五的早上開設，話題根據

---

62. 譯者註：現為商務部。

受邀人的不同而各異。通常，主講人會提供話題範圍的摘要，這些話題範圍包括政治、經濟和國防狀況、外交政策。報告時，不僅學員要出席，講師和教授也要出席。報告的氛圍通常比較輕鬆，在問答環節都有活躍的互動。[63]

中央黨校大約有 600 名教師，其中有 165 位教授、206 位副教授及 37 位具有博士學位的講師。圖書館的藏書量超過 120 萬冊。中央黨校發行 5 份主要刊物：《學習時報》、《理論動態》、《理論前沿》、《中國黨政幹部論壇》和《中共中央黨校學報》。中央黨校還有自己的出版社。

4. 中央黨校和黨的霸權

為了維繫其主導，中國共產黨不能僅僅依靠強制。要具備霸權性，事實上意味着黨不僅必須回應社會 — 經濟發展，而更重要的是，要引導社會 — 經濟發展。因此，黨的政治話語和政策話語的創新就變得很重要。從這個意義上說，中央黨校提供了一個平台，在這個平台上，中國的最高領導人能夠在將新理念推廣到全國之前，先在一群選定的幹部中提出這些新理念。在全球化時代，為了更有效地滿足民眾日益增長的渴望，中央黨校作為思想源頭和這些思想的測試場所的作用，將會更加重要。

江澤民是在 2000 年 2 月的廣東考察中，第一次提出了「三個代表」重要思想。[64] 隨後，「三個代表」在各級黨校系統裏被廣泛討論。據報道，2000 年 5 月，時任中央黨校校長的胡錦濤在中央黨校指出：「一個馬克思主義政黨，如果偏離了『三個代表』的方向，

---

63. 這一信息來自於 2003 年 11 月的一次採訪。

64. 「三個代表」的內容是：「中國共產黨要始終代表中國先進生產力的發展要求；中國共產黨要始終代表中國先進文化的前進方向；中國共產黨要始終代表中國最廣大人民的根本利益。」

就會發生失誤和挫折。」[65] 現在，「三個代表」是所有參加黨校系統
學習的幹部的必修課。當江澤民在 2001 年 7 月呼籲吸收私營企業主
入黨時，他受到了來自黨內左派元老的攻擊，說他放棄了馬克思主
義。儘管有反對的聲音，江澤民仍堅定地推動這項任務，向主流的
社會—經濟環境重新調整黨的方向。中央黨校成為他推進這項艱難
任務的重要平台。那一年，中央黨校史無前例地為私營企業主開設
了為期一周到十天的課程。[66] 這項培訓一直持續到今天。[67]

　　自從成為黨的總書記和國家主席後，胡錦濤努力地通過增加
新的要素來創新黨的意識形態。和江澤民一樣，胡錦濤也有效地利
用了中央黨校的平台功能來為他的新理念服務。例如，當胡錦濤
於 2003 年 2 月在中央黨校發言時，他提出了黨的新「三民主義」，
也就是「權為民所用、情為民所繫、利為民所謀」。領導層的注意
力轉向了普通民眾，這個轉變是對江澤民接納私營企業主入黨的一
種及時的平衡。新「三民主義」很快就發展為胡錦濤建設「和諧社
會」的理論。就其本質而言，這個理論呼籲，從鄧小平和江澤民推
行的發展本位戰略，重新轉向以人為本的政策，旨在解決當今中國
當前堆積如山的社會問題。2008 年 9 月 19 日，胡錦濤在中央黨校
的動員大會上，再次重申了推動「科學發展觀」的重要性。胡錦濤
強調，儘管黨的領導層必須為建設「和諧社會」而努力，但是只有
貫徹落實科學發展觀，才能實現這個目標。來自中央和省一級的所
有重要黨員幹部和政府官員都出席了這次大會，標誌着黨重新引導
中國發展的一次全國性運動的開展。[68]

---

65. "Hu Jintao Urges to Implement Jiang Zemin's Instructions on Party Role," *Xinhua News Agency*, 31 May 2000.

66. 時任中央黨校對外培訓中心主任梁振中說，黨校有一些短期課程不含共產黨理論的系統教育。課堂的規模約為 50 到 100 名學員，參加課程的人要學習經濟理論和西方的商業管理技能，同時還要為私營企業主發掘中國加入世界貿易組織後的機會。參見："Cadre School Admits Capitalists," *South China Morning Post*, 4 December 2001.

67. "Owners of Private Enterprises Study Communist Theory," *South China Morning Post*, 6 June 2003.

68.《胡錦濤在全黨深入學習實踐科學發展觀活動動員大會上發表重要講話》，2008 年 9 月 19 日。

政治話語和政策話語必須有具體的行動相伴。此外，任何集體行動都需要集體認同。中央黨校就為黨員幹部和政府官員接受新理念來行動提供了一個平台。正如之前所述，制定課程就是一個務實的行動。在基礎知識層面上，馬克思主義、列寧主義和毛澤東思想，為幹部們提供了一個理論框架來解釋歷史。更重要的是，它們為黨提供了意識形態合法性。在實際層面上，鄧小平理論提供了另一個框架來理解中國當前的發展。它告訴幹部們要「實事求是」，要發展「社會主義市場經濟」。這些都為市場經濟的發展提供了意識形態上的正當性。「五當代」課程就是鄧小平理論的詳細闡釋。

除了更深入了解中國的狀況之外，中央黨校的課程也強調向最好的國家學習，包括學習西方。黨員幹部和政府官員精通當前西方流行的關鍵領域的知識是很重要的。除了觀察西方的科技、政治思潮和軍事思想外，黨校還強調學習西方哲學家的著作。[69] 從根本上說，為高級幹部開設的培訓課程的三個主要特徵可以概括為「開闊視野、深入反思和西方導向」。

國家級幹部被認為與西方的幹部不相上下，他們的老練程度不比歐洲和北美的領導人差。他們掌握的知識使他們與基層幹部區分開來。他們能夠更好地領會宏大的圖景，能夠相對輕易地討論更廣泛的話題，這些也許是地方幹部無法做到的。他們是一群與地方幹部有着顯著區別的群體，因為他們的知識廣度有所不同。

更重要的是，中央黨校向黨員幹部和政府官員灌輸了重要的「全國性」價值觀、規則和規範，這將使他們超越他們所來之處的地方主義。黨校鼓勵學員們的視野超越狹隘的地方利益，更好地領會黨和中央政府的宏大視野和目標。佔據着中央和地方上關鍵崗位的主要是清華大學和北京大學的畢業生，他們享有一個強大的校友

---

69. 哲學課討論的是自 20 世紀初以來的當代哲學家著作，例如：埃德蒙德·胡塞爾（Edmund Husserl）、馬丁·海德格爾（Martin Heidegger）、漢斯─格奧爾格·伽達默爾（Hans-Georg Gadamer）、保羅·利科（Paul Ricoer）和艾瑞克·弗洛姆（Erich Fromm）。由於這些知識不太能直接解決現實生活中的問題，很難想像幹部們會如饑似渴地學習這一科目。然而，黨的最高領導層或許認為，哲學能夠提供另外一個視角，幫助幹部們反思他們所面臨的問題。

網絡，這都不是秘密。然而，中央黨校強調了一個更廣闊的視角，它超越了校友紐帶。事實上，校友紐帶如果處理不好，會導致幹部中產生派系主義。從黨校畢業後，黨員幹部具備一種新的「語言」，將他們團結在一個群體中。有着共同度過一段時間的經歷，有助他們建立個人關係網，這是他們在黨內和政府中繼續前行的無價之寶。「新語言」的獲得，對於維繫他們之間的團結是非常重要的，而他們之間的團結則有利於維繫中國的統一。換句話說，他們能夠更好地共享一種有關中國的共同願景和任務，這是超越校友網絡的。

在中國的二千多所黨校中，中央黨校被認為是為最好的幹部提供最好的課程的黨校。事實上，下級黨校被認為是對中央黨校的補充。在最高領導層的心目中，只有一所黨校，那就是中央黨校，國家最精英的幹部都在這裏接受培訓。他們的肩上擔負着中國的未來和黨的未來。在 1967 年被關閉之前，毛澤東和劉少奇十分重視中央黨校。後毛澤東時代的領導層依舊認識到中央黨校的重要性。在不同的政治階段，黨校的使命都沒有改變，就是培養一群核心的領導幹部，為黨的利益服務。變化的只是黨的方向和它的課程設置。意識形態灌輸不再佔據最重要的地位，將理論實際運用到現實生活中也同等重要。其目的是打造一批幹部，這批幹部由新理念指引，對各個領域的最新發展瞭如指掌，這些領域包括政治、經濟、社會和科技。如此一來，中國共產黨不只是一個回應和被動的黨，而且是一個引領和領導的黨，這是一個組織化皇權必備的素質，如果它想繼續保持其主導性和霸權性的話。

第八章

組織化皇權、轉型和中國民主的未來

迄今為止，本書已經探索了中國共產黨是什麼，以及它如何維繫和再造自身的組織化皇帝地位。組織化皇權以各種形式的主導表現出來，具體表現為它與國家和社會力量之間的關係。這裏要強調幾個要點。第一，社會有着不同的場域，而中國共產黨是社會裏最重要的場域之一。儘管中國共產黨一直試圖在所有場域裏進行主導，但是它無法取代它們，因為這些場域的運行，要求各個場域有着相對的自主權。此外，相對自主權與這些場域的存在密切相關，雖然中國共產黨能夠控制各個場域的自主程度，但是它無法消除它們。第二，相對自主權的存在，意味着各個場域都有動力來改變它們與其他場域之間的關係，包括與中國共產黨之間的關係。換句話說，儘管中國共產黨試圖維繫和再造其對其他場域的主導，但是其他場域的行為者也試圖改變它們被主導的地位。因此，它們與中國共產黨之間的關係是動態的。第三，中國共產黨也會調整和轉變與其他場域中的行為者之間的關係，有時候是為了回應變化了的現實，有時候是為了繼續領導其他場域的發展。然而，不管中國共產黨做了什麼，其目的都是為了維繫和再造自身的霸權。第四，中國共產黨和其他行為者之間關係的變化本質，意味着組織化皇權及其主導本質必須根據變化中的現實重新定義。

這對中國的政治變化意味着什麼？尤其是對中國共產黨自身來說意味着什麼？本書的最終章將借助之前幾章裏得出的發現和暗示，試圖回答與民主相關的一些關鍵問題，例如：中國是否會在中國共產黨作為組織化皇帝的情況下產生民主？中國將會發展出什麼樣的民主？中國將如何實現這種民主？為了回答這些問題，本章將觀察中國在過去三十多年的發展中蘊含的變化邏輯。[1] 從根本上說，它將展示經濟開放和社會開放如何推動了中國的政治開放。雖然中國共產黨依然是一個組織化皇權，但是現在它幾乎不能獨斷中國的發展，包括政治變化。正如在之前幾章中所論述的，雖然中國共產

---

1. 本章的論述借用了之前一篇探討同樣主題的文章，參見：Zheng Yongnian, "The Party, Class, and Democracy in China," in Kjeld Erik Brodsgaard and Zheng Yongnian, eds., *The Chinese Communist Party in Reform* (London and New York: Routledge, 2006), pp. 231–260.

黨試圖滲透到各個不同的場域，例如政府和社會，但是它也不能夠取代這些場域的行為者。雖然中國共產黨依舊具備霸權性，但是其他行為者也不是如此無助，它們在自身場域中和與中國共產黨的關係上，也很積極地尋求它們的權力。霸權通過創造與這些行為者之間的鏈接形式來維繫自身。換句話說，霸權不得不根據它與這些場域和這些行為者之間的關係，來重新界定自身。如此一來，中國共產黨有時候顯得被動，被迫回應其他場域的變化；有時候又非常主動，努力在這些場域中實現想要得到的變化。從邏輯上說，中國是否將會變得民主，中國將會發展出怎樣的民主，這些問題必須在中國共產黨和這些場域的其他行為者之間的互動背景下回答。

借用第二章中建立的框架和前幾章中的發現，本章會清楚地說明中國向自己的民主方式轉型的路徑。筆者認為，作為組織化皇帝的中國共產黨以某種方式變成了一個開放的政治過程，在這個過程中，發生了兩個維度的轉型。第一，就黨內的派系政治而言，中國共產黨從一個封閉和排外的霸權，邁向了一個競爭性寡頭的霸權，在這個過程中，產生了派系競爭和不同派系間的權力分享。第二，就黨／國家—社會關係而言，中國共產黨從一個封閉和排外的霸權，邁向了一個包容性霸權，在這個過程中，產生了不同社會力量的政治參與。然而，中國共產黨拒絕從一個封閉和排外的霸權邁向一個多元體制，也就是拒絕西方式的民主——不同的政黨共同競逐權力。借用前幾章中的發現，本章也總結了主要行為者和機制在轉型和這種轉型的動力中的作用。

1. 告別革命，不告別的組織化皇帝

1995 年，李澤厚在香港出版了《告別革命》一書。[2] 這本書隨即在海內外的中國知識分子中引起了很大的爭議。自 20 世紀 50 年代成名以來，李澤厚在 80 年代時已經名聲大噪了幾十年，他當時是

---

2. 李澤厚、劉再復：《告別革命》，香港：天地圖書有限公司，1995 年。

中國社會科學院一位知名的自由派學者。在 1989 年的民主運動中，他對這場運動表現出同情心。事件平息後，李澤厚受到政府和圈內親政府學者的批判。1992 年，李澤厚被准許離開中國，流亡美國。在那時，儘管中國的自由派學者，尤其是流亡海外的學者，其關注點大多都在批判中國政府對民主運動的殘忍鎮壓，但是李澤厚卻開始反思革命和 20 世紀中國激進的社會運動。在他的書中，李澤厚認為，中國應當告別革命和激進的運動，例如在 1989 年發生的那種運動。革命和激進運動帶來了巨大的人員傷亡，但卻沒有解決中國的根本問題。自從進入現代以來，雖然中國歷經了許多革命和激進運動，但是它們並沒有造就其領導者所預想的新民主政權；相反，它們再造了其領導者想要推翻的那類政權。因此，李澤厚認為，中國的未來，應不斷努力改革舊制度，而不是推翻它。

李澤厚的觀點事實上並不新鮮。近代以來，中國從不缺乏改良派和革命派之間的辯論。告別革命並不意味着革命永遠不會發生。更普遍的情況是，革命是意料之外的結果。在中國漫長的王朝歷史中，沒有一個政權能夠逃脫被推翻的命運。政黨在中國出現後也是如此。國民黨成功地建立了中華民國，國民黨自身也成為了組織化皇權。然而，這個政權並沒有維繫下去，中國共產黨在進行了漫長而艱苦的鬥爭之後，把它推翻了。今天，儘管共產主義政權依舊具有強制性，但是自從 20 世紀 70 年代的改革開放以來，中國並不缺少社會運動。1978 年的西單民主牆運動、1989 年的民主運動和 1999 年的法輪功運動，都為外界所熟知。事實上，隨着改革開放的深化，中國似乎開啟了一個社會抗爭和大眾反抗的階段，即便它們還算不上革命。[3]

李澤厚的觀點代表了許多中國知識分子對革命和社會運動的反思，以及他們對中國理想的政治變化道路的思考。事實上，這也是自改革開放以來，中國共產黨所進行的各類政治改革的主題。民

---

3. Elizabeth J. Perry and Mark Selden, eds., *Chinese Society: Change, Conflict and Resistance* (New York and London: Routledge, 2000); and Yongnian Zheng, "State Rebuilding, Social Protest and Collective Action in China," *The Japanese Journal of Political Science*, 3: 1 (2002), pp. 45–70.

主化的動力，源於中國共產黨生存和再造其組織化皇權的需求。為了避免被推翻的命運，中國共產黨不得不致力於政治改革，並繼續重新定義其與其他行為者之間的霸權性關係。因此，要回答中國會否變得民主，以及中國將會產生什麼樣的民主，就要觀察民主或民主要素已經如何蘊含在中國共產黨與其他行為者不斷變化的關係之中。

從理論上說，中國有許多民主化路徑。民主的概念最初來到中國時，中國的政治精英就嘗試了不同的政權轉型方式，從君主立憲到共和制，從威權主義到民主制。在今天的中國，有關民主化的辯論經常復蘇，取決於特定時期的政治限制。然而，從實踐來看，如果我們將民主理解為不同的行為者之間的政治競爭過程，也就是多黨競爭，或是理解為中國共產黨內不同派系之間的競爭的話，那麼中國的民主化路徑就有兩種。

這兩種形式的競爭在中國有可能嗎？其先決條件是，要麼中國共產黨之外存在別的政黨，要麼就是中國共產黨內部存在派系。我們可以從毛澤東的一段話中得到一些啟示。1966 年，毛澤東在發動文化大革命後，在黨的八屆十一中全會上說：

> 我們這個黨不是黨外無黨，我看是黨外有黨，黨內也有派，從來都是如此，這是正常現象。我們過去批評國民黨，國民黨說黨外無黨，黨內無派，有人就說，「黨外無黨，帝王思想：黨內無派，千奇百怪」。我們共產黨也是這樣，你說黨內無派？它就是有。[4]

正如在第三章中所論述的，在中國共產黨打敗國民黨並於 1949 年建立中華人民共和國之後，它通過統一戰線，成功地將不同的政黨（也就是八大「民主黨派」）轉變為非政治力量。這意味了中國共產黨之外就沒有政黨了。直到今天，中國共產黨都不容忍任何能夠組建反對黨的潛在政治力量存在。然而，正如毛澤東的評論所指

4.《毛澤東在中共八屆十一中全會閉幕會上的講話》(1966 年 8 月 12 日)，轉引自：逄先知、金沖及：《毛澤東傳，1949–1976》，北京：中央文獻出版社，2003 年，第 1431 頁。

出的，中國共產黨領導層無法阻止黨內出現派系。總的來說，直到今天，建立多黨制和中國共產黨黨內派系政治的形成，被普遍視為是中國民主化的兩條可能路徑。2006 年 3 月 4 日，中國經濟體制改革研究會在北京的西山組織召開了一場非正式會議，這是中國自由派知識分子和智庫研究員的一次聚會。這次會議被稱為「新西山會議」。[5] 在這次會議上，與會者討論了中國改革面臨的主要問題。就有關政治改革的話題，北京大學的法學教授和法律學者賀衞方認為，中國共產黨應該正式分為兩個派系；從長遠來看，中國政治的未來取決於多黨制的建立。[6]

儘管中國共產黨不會容忍反霸權（葛蘭西的術語）的出現，但是它卻能夠吸納所有原本會推動這種反霸權出現的政治力量。自從改革開放以來，無論何時，當中國共產黨面臨着嚴峻的公開挑戰時，它都會訴諸強制。它作出了巨大的努力來發展制度性機制，以抑制這些挑戰的出現。同時，它也積極地發展制度性能力來吸納新興社會力量，從而將它們的挑戰降低到最低限度。換句話説，生存和再造不僅僅是通過強制手段來實現，而且還要通過容納新興的社會力量。通過向黨內外的不同行為者開放政治過程，中國共產黨實現了這個目標。正如在第二章中所論述的，開放有兩個維度，也就是內部開放和外部開放。內部開放指的是對不同派系開放政治過程，這就是中國共產黨領導層所説的「黨內民主」。外部開放指的是對不同的社會力量開放政治過程，這個過程被稱為「人民民主」或社會民主。

我們可以援引美國經濟學家奧爾森教授（Mancur Olson）的理性選擇理論來強調開放對於作為組織化皇帝的中國共產黨的生存和再造的重要性。在奧爾森的著作《國家的興衰：經濟增長、滯脹和

---

5. 1925 年 11 月 23 日，中國國民黨 14 名中央執行委員、中央監察委員和候補中央執行委員在中國北京西山碧雲寺召開所謂的「國民黨一屆四中全會」。這次會議被稱為「西山會議」。在這次會議上，國民黨宣佈中國共產黨是一個非法政黨。

6. 這些參會的自由派人士遭到了左派人士的嚴厲批評和攻擊。有關這次會議的會議記錄和來自左派的回應，參見：http://chinaps.cass.cn/xishanhuiyi.htm，（最後瀏覽時間：2008 年 8 月 27 日）。

社會僵化》一書中，[7] 他有力地提出，穩定的社會中的個人和公司行為，導致了勾結性的卡特爾游説集團的密集網絡的形成，這使經濟變得低效且缺乏動力，政治的治理能力大大下降。一個社會越是長久不經歷大的變動，這些組織的力量就越強大，而且經濟增長也就越慢。社會中這些狹隘的利益集團，如果被戰爭或革命所摧毀，就更有可能獲得更快的經濟增長。

從奧爾森的邏輯出發，我們可以合理地認為，王朝的衰敗主要有以下幾個原因：第一，這些政權未能維繫社會—經濟的發展；第二，這些政權對新興社會力量關上了接納的大門。反思地看，作為組織化皇帝的中國共產黨的生存和再造，一方面意味着迄今為止，中國共產黨已經成功地維繫了社會—經濟發展；另一方面意味着對新興社會力量保持開放。換句話説，開放使得中國共產黨抑制了反霸權的形成，並因此阻止了革命的發生。事實上，這兩方面的開放，也就是內部開放和外部開放，中國共產黨都做到了，並以此來維繫其統治。

2．政治開放過程

傳統上，中國共產黨聲稱代表五個主要群體的利益，也就是工人、農民、知識分子、中國人民解放、政府官員和幹部。正如在第六章中所論述的，隨着中國共產黨接受來自所有社會階層的「先進分子」，包括私營企業主或資本家，這種情況已經發生了變化。這意味着中國共產黨現在對新興社會力量開放。事實上，中國共產黨並沒有太多選擇，它只能向這些社會力量開放其政治過程，以便維繫和再造其主導。從這個意義上説，中國共產黨變成了一個包容性霸權（參見第二章的論述）。自從改革開放以來，中國共產黨在不同的歷史階段裏，逐步對各社會群體打開了大門。

---

7. Mancur Olson, *The Rise and Decline of Nations: Economic Growth, Stagflation, and Social Rigidities* (New Haven, CT: Yale University Press, 1982).

2.1 技術官僚的主導

在後毛澤東時代，第一個主導中國政治的社會群體是技術官僚。換句話說，政治開放的第一個歷史階段是技術官僚的主導。為了從事改革事業，20世紀80年代初，中國共產黨的領導層首先向技術官僚開放了政治過程。這隨即導致了技術官僚運動的興起。[8] 技術官僚政治是指一種治理制度，在這個制度中，受過專業技能訓練的專家，憑藉他們的專業知識和在重要的政治經濟機構中的地位進行治理。[9] 作為一種治理制度的技術官僚政治的崛起，被認為是現代政治制度和治理的複雜本質的結果。[10] 自馬克斯·韋伯以降，學者們認為，當代政治是由兩個群體的精英所塑造的，即：受過技術訓練的職業行政人員和職業的政黨政治家，並且對這兩種角色有着不同的技能要求。因此，從定義上看，與政治家通過選舉而獲得權力不同，技術官僚是受過專業技能訓練的精英，是通過選拔而獲得權力的。技術官僚精英的招募和升遷，取決於普遍的、不受個人影響的和以成就為導向的標準。技術官僚被認為能夠利用他們的科學知識和技術方法來解決社會—經濟問題。他們解決社會問題的科學方法是獨特的，他們駕馭着科學的語言，只唯實不唯上。因此，比起政治事務，技術官僚對技術事務更感興趣，並且他們更加關注任務而非權力。[11]

基於這些優點，技術官僚政治而非民主政治，成為了中國領導人可接受的方案。第一，技術官僚政治是一種由接受過教育的精英進行統治的政治制度。這樣一種制度，正好迎合了中國的儒家政治傳統。通過採用技術官僚政治制度，中國領導人很容易建立起一種政治合法性的天然基礎。第二，接受技術官僚治理方案，回應了毛澤東式的精英招募政策。在毛澤東時代，有一個主要的議題，就是

---

8. Cheng Li, China's Leaders: *The New Generation* (Lanham, MD: Rowman & Littlefield Publishers, 2001); and Hong Yung Lee, *From Revolutionary Cadres to Party Technocrats in Socialist China* (Berkeley, CA: University of California Press, 1991).

9. Jean Meynaud, *Technocracy* Paul Barnes, trans.(New York: Free Press, 1969).

10. Daniel Bell, *The Coming of Post-Industrial Society: A Venture in Social Forecasting* (New York: Basic Books, 1973).

11. Meynaud, *Technocracy*.

「紅」與「專」之間的矛盾。在中華人民共和國成立後的前 30 年裏，尤其是文化大革命期間（1967–1977），毛澤東發動了一輪又一輪的運動來針對知識分子和專業人士。在鄧小平掌權後，這種精英招募政策被扭轉過來。領導層開始欣賞「專」的角色，並開始貶低「紅」的作用。為了推動國家的經濟發展，必須將「專」置於政治制度的核心。第三，為了減少意識形態在決策中的作用，也需要技術官僚政治。隨着領導人的代際交替，他們需要重新定義權力的基礎。舊時的革命家可以利用他們的個人魅力和意識形態來發動群眾運動，但是新的領導人並沒有這樣有力的資源，他們不得不轉向更世俗和更現實的政治權威形式。對技術官僚而言，不能把意識形態當成一種教條，指望它對眼前的政治和經濟問題提供立竿見影、絕對可靠的解決方案。出於他們的實用主義，技術官僚能夠克服困難來達成共識。[12]

　　學者們發現，技術官僚運動對中國的精英政治產生了深遠的影響，例如在提出決策的科學方法、建立一種科學的精英招募政策和對黨政官員的科學管理上。[13] 其他學者也嘗試詳細說明技術官僚運動對國家—社會關係的影響。他們發現，在接受市場經濟和新興社會力量上，技術官僚型領導人更加務實。這是因為，技術官僚有着現代化的意識形態、對政治的厭惡之情、對自由企業制度的信仰和對發展的奉獻精神。對於技術官僚型領導人來說，政治改革和民主化是工具性的，只要它們能夠提高和鞏固政權的合法性，就可以接受它們。[14]

---

12. Lee, *From Revolutionary Cadres to Party Technocrats*.
13. 有關科學決策的論述，參見：Hamrin, *China and the Challenge of the Future*. 有關精英招募的論述，參見：Li, *China's Leaders*; Lee, *From Revolutionary Cadres to Party Technocrats*; and Xiaowei Zang, *Elite Dualism and Leadership Selection in China* (New York: RoutledgeCurzon, 2004). 有關幹部管理的論述，參見：Kjeld Erik Brodsgaard, "Institutional Reform and the Bianzhi System in China," *The China Quarterly*, 170 (June 2002), pp. 79–104; and Brodsgaard, "Management of Party Cadres in China," in Kjeld Erik Brodsgaard and Zheng Yongnian, eds., *Bringing the Party Back In: How China is Governed* (Singapore, London and New York: Eastern Universities Press, 2004), pp. 57–91.
14. Zheng Yongnian, "Technocratic Leadership, Private Entrepreneurship, and Party Transformation in the Post-Deng Era," John Wong and Zheng Yongnian, eds., *China's Post-Jiang Leadership Succession: Problems and Perspectives* (London and Singapore: World Scientific and Singapore University Press, 2002), pp. 87–118.

　　技術官僚主導還意味着中國共產黨（及其行政機構，也就是國家）能夠位於所有主要的階級之上，並保持自主性。這種方法有其優點。國家學派的學者長期以來都認為，國家的自主性在推動社會—經濟發展中很重要。根據這些學者的觀點，國家既不像自由多元主義理論所說的那樣，是一個總體被動的社會代理人，各種不同的利益集團在國家裏橫向競爭；也不像原始的馬克思主義所說的那樣，是統治階級的執行委員會；相反，國家是一個富有活力的獨立力量。馬克思主義認為，階級利益將在其本質對立中走向僵局，使得統治階級追求獨立的強化政策，這些政策可能與每一個階級的自身利益都相背離。[15] 學者們還發現，國家自主性在領導東亞奇跡上起到了重要作用。[16]

　　雖然中國共產黨被認為是一個基於階級的政黨，但是它保持了應有的彈性來代表任何階級的利益。例如，黨聲稱代表工人和農民階級的利益。但是在現實中，它從不允許工人和農民聚集起來並主張他們的利益。高度的國家自主性，使得黨／國家能夠在共產主義革命成功後，進行大量影響深遠的社會改造，例如土地改革、集體化和工商業的國有化。很明顯，這些影響深遠的社會改造，並非與所有階級的利益相一致。國家自主性也幫助黨／國家開啟了後毛澤東時代的經濟改革。只要技術官僚階層能夠向其他社會階層提供經濟產品，就能實現和維持一種平衡，也就是說，技術官僚階層將起領導作用，而其他所有社會階層將會追隨他們。換句話說，組織化皇權通過技術官僚對政治事務的主導而再造了。

　　如果中國共產黨不代表任何特定階層的利益，它代表的當然是自己的利益。這意味着技術官僚階層在政治上佔據主導，而且能夠使自身與任何社會階層脫鈎。但是對黨而言，這樣存在着許多與

---

15. 例如：P. B. Evans, D. Rueschmeyer, and T. Skocpol, eds., *Bringing the State Back In* (Cambridge and New York: Cambridge University Press, 1985).

16. 例如：Robert Wade, *Governing the Market: Economic Theory and the Role of the Government in East Asian Industrialization* (Princeton, NJ: Princeton University Press, 1990); and Alice H. Amsden, *Asia's Next Giant: South Korea and Late Industrialization* (New York: Oxford University Press, 1989).

生俱來的風險和問題。第一，黨面臨的所有挑戰，並非都可以依靠技術官僚來解決。技術官僚也許擅長解決一些問題，但是他們卻未必擅長解決其他問題。中國面臨着許多結構性挑戰，這些挑戰都要求用一整套不同的技能來解決。結構性問題的一個例子就是黨的改革，這要求領導人要有政治遠見、決心和勇氣，這遠遠超過了技術官僚的技能所能承擔的範圍。革命領袖，例如毛澤東和鄧小平，具有這種必要的遠見、決心和政治意願來處理這種本質上屬結構性的問題。考慮到當時的環境，這些領導人是以很不同的方式「磨練」出來的，他們在克服了似乎不可戰勝的困難後獲勝。他們在長征中倖存下來，打倒國民黨來擴大他們的權力基礎，並最終掌權。他們作出艱難決定的膽識和能力，是一種技術官僚天生不具備的特質。技術官僚領導層，就算還不至於無法應對結構性問題，至少也是更難處理這些問題。

　　第二，作為一個階層本身而言，技術官僚不太可能解決政治合法性的問題。黨培育了一個技術官僚階層，以便推動經濟增長。現在，經濟績效成為最重要的政治合法性來源，即便它不是唯一的來源。然而，基於經濟績效的合法化是高度隨機的。因此，正如馬克斯・韋伯所指出的，作為一個長期的權威基礎，它是不可靠的。[17] 在市場經濟和全球化力量的作用下，經濟績效通常不完全處在技術官僚領導層的掌控中。好的經濟績效不僅取決於技術官僚領導層的能力，還取決於全球經濟的狀況。[18]

　　政治合法性的問題，還可能因為技術官僚階層自己的既得利益和他們與群眾的脫節而產生。「黨」意味着群眾的一部分，它在政府過程中反映了人民的意願，並代表人民的利益。但是一旦技術官僚階層成為了一個階層，它就很難提供一個有效的渠道來代表人民的利益。最終，黨將無法理解社會的變化，並根據變化中的現實

---

17. Max Weber, *Theory of Social and Economic Organization*. Talcott Parsons, ed. (New York: Free Press, 1964), p. 125.

18. 有關這一點，參見：Muthiah Alagappa, "The Base of Legitimacy," in Alagappa, ed., *Political Legitimacy in Southeast Asia: The Quest for Moral Authority* (Stanford, CA: Stanford University Press, 1995), p. 41.

來調整自身。到那時，黨所做的所有事情，都是為了自身的生存和擴張，個人理性盛行。它絲毫不關注社會利益。黨／國家統治着人民，卻不允許社會群體聚集起來並主張他們的利益。由於政治制度對民眾關上了大門，社會群體就不再認為黨／國家合法了。有許多經驗證據可以支持這一觀察結論。技術官僚階層曾經主導了蘇聯，但是蘇聯共產黨依然垮台了。技術官僚階層也曾經主導了亞洲的大多數政黨，例如韓國、台灣和印尼的政黨。但是它們都已經失去主導了。在韓國和台灣，執政黨被反對黨以民主的方式取代，而在印尼，執政黨被人民的力量暴力推翻了。

第三個相關的要點是，技術官僚階層並不能解決腐敗的問題。技術官僚階層按照他們的意志來統治國家。沒有來自外部的制約，統治階層內的腐敗就不可避免。黨／國家也傾向於具有掠奪性。在中國，儘管技術官僚在統治着，但是自 20 世紀 90 年代初以來，腐敗變得日益嚴重。政府發動了數輪反腐敗運動，但是腐敗依舊猖獗。腐敗導致了社會和政治不穩定。腐敗導致了民眾對中共無力確保公平的不快，也讓他們質疑中國共產黨統治國家的合法性。更嚴重的是，黨員幹部和政府官員的腐敗進一步導致了社會主義道德崩潰。普通民眾看見黨員幹部和政府官員積累了大量財富，他們開始愈發難以理解為什麼要限制自己。他們逐漸認定，自己身處的制度對他們不公平。同時，各級政府官員也發現，愈發難以在城鄉居民中維持道德感和社會共同體。由於黨員幹部和政府官員中的腐敗現象日益嚴重，普通民眾中的犯罪現象也變得普遍起來。[19] 在毛澤東時代，搶劫和武裝襲擊是不可想像的事情，現在卻成了民眾日常生活的一部分。各種調查都顯示，自 20 世紀 90 年代初以來，「腐敗問題嚴重」和「社會治安問題」成為中國普通民眾最關注的兩個問題。[20]

---

19. Borge Bakken, "State Control and Social Control in China," in Kjeld Erik Brodsgaard and Susan Young, eds., *State Capacity in Japan, Taiwan, China and Vietnam* (Oxford: Oxford University Press, 2000), pp. 185–202.

20. 這項年度調查報告是由中國社會科學院社會學研究所組織進行的。參見其年度報告：汝信等編：《社會藍皮書：中國社會形勢分析與預測》，各年份版本，北京：社會科學文獻出版社。

2.2 技術官僚—企業主聯盟的主導

這些因素都破壞了這種平衡——技術官僚領導，其他社會階層追隨。中國共產黨的第二個歷史階段是與新興企業主階層形成政治聯盟。隨着私營企業主加入中國共產黨，維繫國家自主性的第一階段變成問題了。台灣、韓國及泰國的經驗，都表明經濟增長和工業化產生了新的社會—經濟和政治群體，要容納它們的需求，政權的性質就不可能不改變。

吸納私營企業主入黨，黨的領導層或許是想通過擴大其社會基礎，來鞏固其一黨主導。問題在於，黨能否在決策中排除企業主的干擾。換句話説，正如黨對工人和農民所做的那樣，在吸納私營企業主入黨的同時，能否不給予他們政治參與的機會？迄今為止，答案是「不能」。領導層決定吸納私營企業主入黨，是因為他們有着強烈的政治參與需求。在作出這個決定前，黨面臨着將新興私營企業主納入政治秩序的壓力。初生的新社會階層要求政府傾聽他們的聲音，這有着強烈的正當性，因為政府政策影響着他們的利益。越來越多私營企業主希望參與決策，或至少對決策有所影響。此外，私營部門不僅受到相關政府政策的影響，而且也受到各種形式的社會和政治實踐的影響。要改變這種社會和政治實踐並不是一項輕鬆的任務，它要求私營企業主的政治參與。

事實上，企業主十分努力參與中央和地方的政治過程。隨着企業主開始分享政治權力，技術官僚階層和企業主階層之間的政治聯盟也變得可能了。這種聯盟導致了第二個平衡：技術官僚—企業主領導，其他社會階層追隨。這種安排的優點如下：第一，正如已經提到過的，它使黨得以擴大其社會基礎，從而為黨提供新的政治合法性來源，至少在短期內是如此。對黨而言，在從社會動員轉型到依法治國的階段中，階層依然重要。不接納私營企業主入黨，黨的社會基礎就會進一步萎縮。第二，這個方法有利於維持一段時期內的政治穩定。由於任何地方的新興社會精英都會對當下政權提出政

治挑戰，應對這種挑戰的一個有效方式就是將他們納入政權。[21] 第三，它能夠為可持續的經濟發展提供新動力。隨着企業主與黨一道分享權力，領導層在作出經濟決策的時候就會更加小心。人們可以預料到，經濟政策將會對私營部門更加有利。自中國開始經濟改革以來，這已經得到了證實。市場經濟原則逐漸合法化，並獲得憲法保護。

然而，這種安排也有其缺點。其中有兩點值得特別注意。第一，和技術官僚主導一樣，技術官僚—企業主聯盟不能解決腐敗的問題。和其他地方一樣，政商之間的緊密結合通常滋生腐敗、任人唯親和裙帶主義。這個趨勢在中國的發展中已經很明顯了。黨允許私營企業主入黨，但是許多黨員幹部和政府官員已經開始經商了。各項研究表明，黨員幹部和政府官員是私營企業中最大的群體。[22] 不管是私營企業主入黨或是黨政幹部從事商業活動，這兩種做法都使得私營經濟有利可圖。當權錢可以進行交易的時候，腐敗就變得不可避免且日益嚴重了。

第二，形成技術官僚—企業主聯盟的同時，不對其他社會力量開放政治過程，使得黨／國家政權更加具有強制性。為了維繫經濟增長，穩定壓倒了一切。這一聯盟往往具有強制性，以防止任何不穩定的因素浮出水面。因此，工人運動經常受到壓制，人權也往往遭到侵犯。20 世紀 60 年代和 70 年代，當依附型經濟發展模式推行的時候，一些拉美國家就發生了這樣的現象。[23] 在很長一段時間裏，這種現象在亞洲國家裏也很盛行。1949 年以前，國民黨在大陸也使用這種模式，當其敗退到台灣以後，這種模式多少也存續下來了。這種模式也存在於印尼和馬來西亞的經濟發展中。

---

21. 有關精英招募和政治穩定的經典研究，參見：Gaetano Mosca, *The Ruling Class*, trans. Hannah D. Kahn, ed. and revised, with an introduction, by Authur Livingston (New York: McGram-Hill Book Company, 1939).

22. 劉兆佳：《市場、階級與政治》，香港：香港中文大學香港亞太研究所，2000 年，第 328 頁。

23. 例如：Guillermo A. O'Donnell, *Modernization and Bureaucratic Authoritarianism: Studies in South American Politics* (Berkeley, CA: Institute of International Studies, 1979).

第三，在技術官僚—企業主聯盟之下，技術官僚很有可能在決策中受到很大的制約。技術官僚或許會認為，他們只不過是執行企業主決策的工具。因此，他們或許會轉向尋求其他社會階層的政治支持，以減少或限制企業主的影響。

這些缺點意味着，第二種平衡——技術官僚—企業主聯盟領導，其他社會階層追隨——也許在短期內能夠奏效，但是長遠而言是不可持續的，正如台灣、印尼和其他國家和地區的經驗所展示的。在台灣，政權逐漸對社會群體開放其政治過程，並最終開啟了民主化的進程。但是在印尼，政權施加的強制力超過了社會群體所能容忍的程度，並導致了民眾以革命手段推翻政權。

2.3 政治參與和民主化

當第二種平衡難以繼續時，黨不得不進入第三個歷史階段，就是不僅向企業主開放政治過程，還向工人和農民，以及其他社會群體開放政治過程。民主化的發生是由多個原因造成的。一個具有說服力的觀點是，階級鬥爭導致了民主，沒有階級力量的民主化是根基不牢和不可持續的。[24] 我們可以認為，中國民主化的動力在於階層社會的出現。在某種程度上，市場經濟的發展滋生了民主化的各要素。經濟發展導致了利益分化，從而導致了社會階層之間的利益衝突。民主的優勢在於實現階級利益之間的和平調解。此外，由於企業主掌握了經濟權力，他們通常都是第一個要求政治參與的群體，但是當其他群體的利益不能通過追隨企業主來得到滿足時，他們的政治參與要求也會隨後跟進。

中國共產黨的領導層試圖通過促進經濟增長和吸納私營企業主入黨，來改善和加強政治合法性的基礎。然而，經濟增長對政治合法性可能產生反作用，因為經濟增長所帶來的代價和收益，並不是平均分配的，經濟增長拉闊了不同社會群體和不同地區之間的貧富

---

24. 有關階級社會和民主之間關聯的完整解釋，參見：Dietrich Rueschemeyer, Evelyne H. Stephens and John D. Stephens, *Capitalist Development and Democracy* (Chicago: Chicago University Press, 1992).

差距。為了增強合法性，好的經濟績效必須有分配正義。[25] 民主化的一個重要動力，就蘊含在這種不平等的經濟收益分配中。

經濟收益分配的不平等，是中國後毛澤東時代發展的特點。經濟發展造成了不同社會群體之間的分配衝突。一些群體獲得的收益比其他的群體多。既有贏家，也有輸家。那些能夠參與市場發展過程的人獲得了利益，而那些未能參與市場發展過程的人變得貧困。快速的經濟發展和不平等的收益分配，產生了兩個具有重大政治影響的後果。第一，正如之前所述，私營部門產生了巨大的政治參與需求。第二，日益增加的收入差距改變了其他社會群體的動力結構，尤其是工人和農民群體。我們可以從博弈論觀點的視角來觀察。在經濟改革的初始階段，私營部門領導，工人和農民追隨。當鄧小平號召允許一部分人和一部分地區先富起來時，沒有人持反對態度。這是因為不同的社會群體都能夠從經濟增長的蛋糕中獲益，即便私營部門的利益是最大的。這類似於阿爾伯特·赫希曼（Albert Hirschman）所說的「隧道效應」（tunnel effect）。赫希曼展示了一個模型，在這個模型構建的情況下，當社會群體看到其他群體前行得更快時，他們不會那麼快就灰心喪氣。他把這些社會群體的情況比喻為：在一個兩車道的隧道中，司機們都被堵在裏面。當其中一條車道的車開始移動時，另外一條車道上的司機即使還堵着不能動，但卻會感到高興，因為另一車道的車子移動，也許就預示着他們不久也可以移動了。[26]

然而，在後一個階段裏，當經濟增長深化，收入差距擴大，但是國家未能改變這個狀況時，工人和農民將會失去耐心。他們會表達沮喪，希望國家能夠做些什麼來糾正這些問題。當情況依舊，他們的需求沒有得到滿足時，就會決定不再追隨。他們也許會訴諸於一系列其他原則。這就是當下中國的情況。收入差距持續擴大，政府未能實現「分配正義」。事實上，在一些地區，自從 20 世紀 90

---

25. Alagappa, "The Base of Legitimacy," p. 41.

26. 參見：Albert Hirschman, "Changing Tolerance for Income Inequality in the Course of Economic Development," *World Development*, 1: 12 (1973), pp. 24–36.

年代後期以來，下崗工人和農民就開始通過各種形式的公開抗爭來「聲張」他們的利益。[27] 老左派的復蘇和新左派的崛起，很大程度上就是對國家未能應對收入差距擴大的回應。雖然老左派和新左派有着不同的意識形態導向，但是他們都反對吸納私營企業主入黨，他們都試圖代表工人和農民的利益，以及其他社會底層的利益。不同於官方的意識形態準則，他們訴諸於毛澤東主義的社會公正原則和更加平等主義的政策。在過去，毛澤東主義的革命呼籲窮苦的社會階層推翻舊政權並建立新政權；今天的左派人士則往往訴諸於民主的原則來解決收入差距的問題。

這種狀況很可能導致第三種平衡，也就是，參與—技術官僚領導，其他社會成員追隨。[28] 這與第一種平衡不同，在第一種平衡裏，技術官僚階層是唯一的統治階層，而其他的社會基層則被排除在政權之外。「參與」則包容了所有社會階層，但是技術官僚能夠擁有相對的自主性。技術官僚能夠訴諸人民的權力來獲取企業主的合作。這種情況下，就形成了技術官僚和底層社會階層的聯盟，這種聯盟能夠迫使企業主進行合作。一方面，技術官僚精英的和普通民眾的聯盟的形成，能夠制約企業主的自私行為。另一方面，技術官僚也能夠訴諸企業主的經濟權力，來制約其他社會群體，因為平等主義的經濟政策很有可能會導致所有人都受損。

3. 政治開放的動力

因此，問題就被歸結為，在經驗層面，中國的政治制度如何民主化。民主的核心，一方面是建立不同利益的聚合和表達機制，另一方面是建立這些利益的政治參與機制。由於快速的社會—經濟轉型，中國已經成為一個階層社會或利益社會。儘管中國依然保留着列寧主義的政治制度，但是中國共產黨已經試圖為社會群體的利益

---

27. 例如：Zheng, "State Rebuilding, Popular Protest and Collective Action in China".
28. 「參與」和民主是不同的，「參與」意味着不同的社會階層能夠參與政治過程；而民主是指：代表引領，民眾跟隨。筆者認為「參與」是民主的最初階段。

聚合和表達建立不同的機制，不管是正式的還是非正式的。不過，這些機制對這些群體來說是不對稱的。這些社會群體和中國共產黨之間的互動，為政治制度的開放提供了越來越大的動力。

3.1 技術官僚階層

正如之前所論述的，技術官僚是統治階層。他們主導了所有重要的國家機關和政府職位。雖然這個階層為中國改革年代可持續的經濟增長作出了巨大的貢獻，但是他們也獲得了不小的利益。由於他們自己就是決策者，當他們制定政策時，他們的利益毫無疑問被納入了考慮。這並不意味着他們的利益總是最先得到滿足。隨着從計劃經濟到市場經濟的轉型，他們當中的很多人也未能從轉型中分享到經濟成果。然而，作為決策者，他們能夠有效地聚合和表達他們的利益。當中的許多人利用自己原有職位的優勢「下海」經商，而另一些人則利用他們的公權力進行權錢交易，並從事各種形式的腐敗活動。從某種意義上說，不管是「下海」還是腐敗，都可以解釋為是對領導層的無聲「抗議」，表明他們的經濟利益沒有得到滿足。那些未能參與這種「抗議」的官員，依然能夠要求更多的經濟利益。從近年來的工資提升幅度，就能看出確實如此。例如，從1999 年到 2002 年，他們的工資增加到原來的四倍，與此同時，其他階層，尤其是農民，收入卻持續下跌。[29] 領導層批准了漲工資，以便建立一個更加清廉的政府，並控制大範圍的腐敗。不管出於什麼原因，技術官僚階層變得非常能夠表達自己的利益，並在政治過程中加入他們的需求。

3.2 企業主階層

企業主階層推動了快速的經濟發展，他們也是經濟蛋糕做大的主要貢獻者。毫無疑問，企業主是這個蛋糕最大的受益者。這一階層的復蘇，是由於黨的領導層決定改革中國的經濟，並建立市場體制。但是企業主階層一旦形成，他們就非常能夠表達他們的利

---

29. 其中一次漲工資行為受到了《工人日報》的批評。參見：《明報》，香港，2002 年 6 月 10 日。

益。企業主階層的主要利益是：合法化他們的存在，獲得憲法對他們權益的保護，以及參與政治過程來施加他們的政治影響力。在很大程度上，他們逐漸實現了這些目標。在 20 世紀 80 年代初，他們的存在和發展幾乎不被認可，各種政策都針對及歧視他們。但是在 20 世紀 90 年代末，私營部門被合法化了，部分是由於他們日漸增加的經濟重要性，部分也是由於領導人對可持續經濟發展的渴望。1998 年，第三次憲法修正案進一步為私營部門提供了憲法保護。[30] 一旦他們的經濟利益得到滿足，他們很快就轉向政治需求。工商界協會是中國最有力的民間組織，它在不同的國家機關裏都有代表，例如各級的人大和政協。根據《福布斯》雜誌的統計，2001 年，中國最富有的 50 位企業家裏，有 12 位是全國人大代表。[31] 正如之前所論述的，企業主十分努力參與各級政府的政治過程，越來越多私營企業主入黨。這些因素都使得黨的領導層接受了企業主。

3.3 知識分子

值得提一提知識分子。知識分子可否被視為一個階級還有待爭論，但是他們毫無疑問構成了一個社會階層。縱觀中國歷史，知識分子或受過教育的人起到了「社會良心」的作用。雖然他們是統治階級的一部分，但是他們在統治者和被統治者之間具有重要的作用。他們代表皇帝統治國家，但在某種程度上，他們必須代表民眾的利益；他們這樣做不是為了民眾的利益，而是為了避免民眾推翻皇帝這種最壞的結局。中華人民共和國成立後，知識分子被排除在統治階級之外。然而，他們繼續扮演這種傳統角色。許多知識分子勇於批評毛澤東針對不同社會群體的激進政策，在毛澤東時代，他們被粗暴地對待。但是自改革開放以來，這狀況發生了巨大的改變。第一，由於鄧小平認為「科技是第一生產力」，並使其成為 20 世紀 80 年代初以來的政策導向，知識分子被認為是工人階級的一部分，或是統治階級的一部分。第二，多輪的技術官僚運動有效地

---

30. K. Zou and Y. Zheng, "China's Third Constitutional Amendment: A Leap Forward Towards Rule of Law in China," in A. J. de Roo and R. W. Jagtenberg, eds., *Yearbook Law & Legal Practice in East Asia*, vol. 4. (The Hague: Kluwer Law International, 2000).

31. 參見 http://www.forbes.com/

將知識分子吸納到體制裏。技術官僚運動旨在吸收年輕、受過良好教育的人進入體制。在專業階層，大部分人都是知識分子。第三，20世紀90年代初對市場經濟的合法化，給予了知識分子巨大的經濟機會，這意味着他們被賦予了享受經濟增長蛋糕中較大份額的權利。和技術官僚一樣，「下海」經商也是他們的選擇之一。對於那些沒有「下海」的人來說，他們也能夠要求更多的經濟資源。自從20世紀90年代末以來，政府向知識分子分配了大量的經濟資源，尤其是向中國的頂級名校，例如北京大學、清華大學，等等。對於其他低姿態的大學來說，地方政府也為它們提供了相當豐富的財政資源。當然，並不是每一位知識分子都獲得了這樣的經濟收益。在貧困地區，教師通常待遇低下，他們付出的教學努力，通常數月得不到回報。

中國共產黨有效地對知識分子施加了其霸權。今天，許多知識分子位列人大代表和政協委員，甚至在各級黨委裏也有他們的身影。他們自身已經成為統治階級的一部分。事實上，在知識經濟的時代，知識分子發現，他們在表達自己的利益並對政治過程施加影響時，毫無困難。此外，知識分子自身也成為了一個社會階層。在主流知識分子中，他們傳統上作為「社會良心」的角色急劇縮減。他們表達自己的利益，以及表達那些能夠給他們帶來更多經濟收益的階級的利益。當然，也有一些知識分子為底層代言，例如為工人、農民、下崗工人等。新興的新左派就在這個意義上發聲。然而，其政治影響力非常有限，因為新左派知識分子非常邊緣化。

3.4 工人階級和農民[32]

自從改革開放以來，工人階級的處境日益困頓。市場導向的改革不僅削弱了工人的傳統特權，而且還導致他們下崗。他們的利益聚合和表達機制非常弱，在市場經濟中，工人正快速地變得無法自我保護。他們也不被允許自組工會。中華全國總工會是官方承認的

---

32. 就階級利益而言，「工人」和「農民」是不同的。在本章中，筆者將他們放在同一類別裏討論，因為筆者認為，相比於技術官僚和企業主，他們都屬從屬階層。

工會，但它更多地代表了政府的利益，而非工人的利益。此外，工人也沒有罷工的權利。最初工人擁有這種權利，但是在 1982 年憲法中，該權利被廢除了。1992 年通過的《中華人民共和國工會法》也不包括這項權利。正如在第六章中所論述的，只有到了最近幾年，全總才開始強調有關工人權益的問題。此外，在某種程度上，工人階級能夠通過一些非正式渠道來表達他們的利益，例如各種形式的抗議。[33] 工人們能夠利用組織起來這種手段，解決「搭便車」的問題，並往往成功發動抗議來表達他們的利益訴求。雖然對工人的剝削是不可避免的，因為企業主已經佔據了主導，但是工人們可以通過反抗來減緩這個過程。

相比工人而言，農民更少表達出他們對利益的訴求。縱觀中華人民共和國的歷史，農民從來沒有有效的機制來表達利益訴求，雖然它們是革命時期的主要革命力量。農民總是處在一個消極的政治地位上，幾乎對政治沒有影響。在毛澤東治下，他們的利益在工業化的進程中犧牲巨大。只有在鄧小平發動經濟改革後，農民們才在中華人民共和國的歷史上第一次獲得經濟收益。然而，隨着城市改革的開啟，農民很難增加他們的收入。自從 20 世紀 90 年代初以來，這種狀況又惡化了。

和工人不同，農民們沒有自己的組織。早在 20 世紀 80 年代末，中央領導人就提出了組建農會的問題。今天還能聽到有關組建農會的聲音，但是誰都知道，黨／國家不太可能同意。黨／國家不願意給予農民任何組織起來的手段，因為從其自身的革命經歷來看，黨知道這樣的組織會成為針對黨的武器。在國家權力無處不在的侵犯下，農民很大程度上不能夠自我保衛。一些農民進行了抵抗但卻毫無效果，而另一些農民只能選擇自殺。在某些農民能夠發起集體行動的地方，最終的結果也幾乎是一樣的，那就是被政府無情地鎮壓，相比之下，工人的抗議還是相對成功的。

---

33. 有關工人運動的論述，參見：Feng Chen, "Subsistence Crisis, Managerial Corruption and Labor Protests in China," *The China Journal*, 44 (July 2000), pp. 41–63.

4. 政治開放和政治參與的邏輯

基於以上論述，我們可看到，每一個社會階層都面臨着三個選擇：(a) 技術官僚主導；(b) 技術官僚—企業主主導；(c) 參與或社會民主。對不同的階層來說，其順序偏好如下：

1. 技術官僚： a > b > c
2. 企業主： b > a > c
3. 工人和農民： c > a > b

從他們的偏好和他們相互之間的權力關係角度看，技術官僚主導是最有可能的，而參與是最不可能的。但是在不同的情況下，階層的實際選擇可能會不同於他們的偏好，而是要服從於不同社會階層之間的權力分配。我們可以設想兩種場景。

(A) 當企業主階層變得足夠強大，要求獲得政治權力，而技術官僚也發現，拒絕的代價高於容納他們的代價時，這三個階層的實際選擇如下：

1. 技術官僚： b > a > c
2. 企業主： b > a > c
3. 工人和農民： c > a > b

這種選擇的結果，就是技術官僚—企業主主導。技術官僚願意與企業主分享權力，但是依然將工人和農民排除在執政政權之外。

(B) 當工人和農民變得足夠強大，要求獲得政治參與，而技術官僚和企業主聯盟也發現，拒絕的代價高於容納他們的代價時，這三個階層的實際選擇如下：

1. 技術官僚： c > a > b
2. 企業主： c > b > a
3. 工人和農民： c > a > b

他們選擇的結果就是「發聲」和參與。技術官僚——企業主聯盟願意與工人和農民分享權力，不同的社會階層在執政政權裏有他們自己的代表，工人和農民的「聲音」得到傾聽。

更具體的說，雖然技術官僚和企業主都不喜歡參與，但是從長期來看和從中國政治的背景來看，參與仍然可能發生。接下來做一些解釋。

技術官僚。作為統治階層，技術官僚當然喜歡選項 (a)：對政治權力的壟斷或是封閉的霸權，不與其他社會階層分享權力。只有通過排除所有社會階層，技術官僚才能夠通過操縱不同的社會利益來全面執掌國家。但是這個選擇變得日益不可行，因為崛起中的企業主階層要求政治參與。為了維繫其對企業主的主導，黨決定吸收私營企業主入黨，這意味着它選擇了選項 (b)。換句話說，通過容納企業主，中國共產黨得以對新興社會群體施加其霸權。對於技術官僚而言，選項 (b) 比選項 (c) 更合意，因為他們能夠通過個人與企業主的權錢交易來獲得更多收益。中國共產黨也能夠從這個選項中獲益，因為這個社會群體對於國家可持續的經濟發展日益重要，而可持續的經濟發展又是黨的政治合法性的來源。這種選擇導致了場景（A）。

選項 (b) 也許能在一段時期內見效，但是從長遠來看，是不可持續的，因為正如之前所述，在這個選項下，腐敗變得不可避免，強制手段也有可能超出其他社會階層的容忍度。更重要的是，中國的歷史反覆上演的故事表明，財富的不公平分配如何導致了農民起義，如果這種事情再次發生，就會推翻政權。國民黨在大陸就遭遇了這種事情。中國共產黨在 1989 年也面臨着類似的危機。為了避免這種革命，技術官僚和企業主變得願意與其他社會階層一起分享權力，這就產生了政治參與的可能性——選項 (c)。這導致了場景（B）。

企業主。當企業主變得強大時，他們喜歡選項 (b) 勝過選項 (a) 和 (c)，因為，在選項 (b) 的情況下，他們能夠影響政策，使得他們的經濟收益最大化。場景（A）反映了這種情形。當選項 (b) 導致了

工人和農民反抗企業主時，企業主將被迫首先選擇選項 (a) 而非選項 (c)。在這個選項之下，雖然企業主和其他社會階層都被排除在政治過程之外，但是企業主比其他社會階層更能夠影響政策，因為他們手中握有經濟權力。相比選項 (c)，選項 (a) 將使企業主能夠保護他們的利益。但是如果選項 (a) 和 (b) 依然不能避免反抗，企業主或許會被迫選擇不拒絕社會對政治參與的要求，這意味着他們會被迫選擇選項 (c)。這導致了場景（B）。

工人和農民。工人和農民都喜歡選項 (c)，因為市場經濟日漸剝奪了他們的利益。他們是民主的最大贏家，因為只有通過政治參與，他們才能夠參與政治過程，進而影響政府政策。如果參與不太可能的話，他們寧願選擇選項 (a)，因為在選項 (a) 之下，黨／國家不得不以某種方式，實現經濟財富在不同社會階層之間的合理、公平分配。選項 (b) 是他們最不願意看到的選擇。在選項 (b) 之下，政權變得富有強制性，工人和農民很有可能被嚴重地剝削。他們隨即要求政治參與，並呼籲用民主的手段來實現分配正義，這意味着選項 (c) 成為了他們的選擇。但是如果剝削和壓迫超出了工人和農民能夠容忍的程度，反抗還是很可能會發生的。正如之前所述，在特定的情況下，技術官僚和企業主可能會賦予工人和農民政治參與的權利，這意味着選項 (c) 再次成為可能。對工人和農民來說，場景（B）是理想的。

5．民主化的路徑

中國是否會民主化，取決於中國的政治現實。如果我們將民主理解為不同的政治行為者之間的競爭形式，不管是政黨之間還是政治派系之間，那麼我們可以合理地認為，民主是不可避免的。正如毛澤東所觀察到的，中國的政治現實要麼是「黨外有黨」，要麼是「黨內有派」。毛澤東隱晦地暗示，執政黨和其他社會力量之間，或是執政黨內部的派系之間，權力競爭都是不可避免的。當然，在毛

澤東時代，政治競爭表現為領導人之間和不同派系之間各種形式的權力鬥爭。

如果民主化是不可避免的，那麼問題就在於，它將會如何發生。同樣，正如毛澤東的觀察中所暗示的，我們可以得出兩條路徑。第一，當中國出現多黨制的時候，民主化就發生了，這意味着中國共產黨允許其他政黨出現。第二，中國共產黨內的派系政治得到合法化和正規化。正如之前所述，這兩條路徑也是中國的自由派知識分子所期望的道路。

5.1 多黨制的出現

多黨制是大多數學者呼籲的選項。他們認為，民主意味着多黨制。沒有黨派之間的政治競爭，就沒有民主。正如之前所述，對中國共產黨而言，這個選項就是「黨外有黨」。在 20 世紀 90 年代初，存在着建立反對黨的需求，而且這個需求非常明顯，例子就是中國民主人士組建反對黨的嘗試。[34] 在 1998 年的幾個月內，中國民主黨就在中國 31 個省市中的 23 個建立起籌備委員會，又在 14 個省市中提出了註冊新政黨的申請。[35] 這事件的進展也表明，在反對黨的問題上，中國共產黨的領導人之間存在着不同的意見。

對許多觀察家來説，多黨制是民主的理想形式。當然，多黨制的發展也是可能的。中國共產黨也許最終會放棄一黨制，就像國民黨在台灣所做的一樣。然而，現實地講，這制度在近期內是不可能發生的。除了中國海內外的異議人士，大多數民眾並沒有對多黨制有迫切需求。在俄羅斯、台灣和印尼，以多黨制為特徵的民主化，並沒有使得那裏的政權像中國一樣，有效地改善民眾的生活水平。相反，腐敗、社會衰敗和經濟混亂在那些地方盛行。大多數觀察家

---

34. Xiao Gongqin, "The 'China Democratic Party' Event and Political Trends in Post-Deng China," in Wang Gungwu and Zheng Yongnian, eds., *Damage Control: The Chinese Communist Party in the Jiang Zemin-Era* (London and Singapore: Eastern Universities Press, 2003), pp. 320–349.

35. John Pomfret, "Why 'Beijing Spring' Cooled: Dissidents Overstepped," *International Herald Tribune*, 4 January 1999, pp. 1, 7.

更願意選擇另外一條道路。此外，中國共產黨喜歡採用自上而下的方式。儘管領導層努力容納新興社會群體，但是他們不會容忍社會群體發起直接的政治挑戰。在很大程度上，民主並不是一個由社會群體來決定的選項。

中國也許最終會產生多黨制，但是黨外黨的出現未必是通往這個制度的唯一選擇。不同派系的黨內競爭，或許是多黨制的第一階段。一旦競爭開始，就為中國共產黨黨內的派系發展成不同的黨派開闢了可能性，這也將會為有別於中國共產黨的其他政治力量和黨派的出現創造一個制度環境。因此，更現實的做法是，關注中國會否產生黨內不同派系之間的競爭。這種情況下，中國共產黨就成為了競爭性寡頭，這意味着權力在中國共產黨內的不同派系之間分享，也在中國共產黨與其霸權範圍內的其他政治力量之間分享。

5.2 黨內的派系政治

要使中國的政治制度民主化，相比多黨制而言，一條更可行的路徑是將中國共產黨的「黨內有派」合法化和制度化。和其他政黨一樣，中國共產黨黨內也存在着派系。即便是在毛澤東的強制統治下，最高領導人之間的派系鬥爭都從未消失過。當然，在毛澤東的治下，派系是不太可能被制度化的。正如在第四章中所論述的，自從以鄧小平為核心的一代離開政治舞台後，事實上存在的派系政治已經在很大程度上被制度化了，許多基於組織的派系已經形成了，例如黨、全國人大和國務院。其他派系也同時存在，例如上海幫、清華幫（從清華大學畢業的人）、共青團系、太子黨等。這些派系有自己的利益和認同，也有着自己的利益聚合和表達方式。

黨內的半競爭性選舉也逐漸實現了。隨着強人時代的逝去，中國共產黨內不同政治勢力之間的權力競爭變得激烈。沒有強人壓陣，政治繼承就更需要民主的機制。當沒有一個領導人能夠決定自己的繼承人時，民主就必須出場。迄今為止，黨內繼承人的挑選，是基於不同政治派別之間的共識政治。然而，共識政治是非常精英主義的。它是一種自上而下的方式，有可能造成不穩定。例如，誰會成為胡錦濤的接班人？是習近平還是李克強？他們兩人有着相似

的政績。即便是在共青團系裏也有競爭，例如李克強和李源潮之間的競爭。如果不同的政治勢力不能達成妥協的話，就會出現僵局。

　　當出現了政治僵局時，民主就成為解決問題的手段。正如在第四章中所述的，這就是在黨的十七大上所發生的事情。在黨的十七大之前，中組部在省部級以上幹部中間進行了一個測試性選舉，要求他們對進入政治局常委會的候選人投票。習近平獲得了最多的票數，之後是李克強、賀國強和周永康。[36] 雖然胡錦濤喜歡李克強，因為他們都有共青團系的背景，但是為了政治穩定的考慮，胡錦濤和其他領導人接受了選舉結果，這意味着這次投票對決定黨的未來領導人至關重要。儘管這次「選舉」不透明且缺乏監督，但是它快速地改變了繼承問題的遊戲規則，並成為推動「黨內民主」的重要一步。

　　同樣，在 2007 年黨的十七大上，政治局及其常委會的選舉依舊使用了「等額選舉」的方式，這意味着黨對每一個職位只提名一位候選人。但是「差額選舉」的方式被用於選舉中央委員會的 204 名成員。被提名的候選人數比實際當選的委員人數多出了 8%。

6. 精英民主和社會民主

　　儘管黨內民主的勢頭很強大，但是不宜誇大它的作用。派系政治或黨內民主無助於為不同的社會群體建立「發聲」機制。為了實現利益聚合和表達，領導層不得不首先將派系政治合法化，其次是聯繫起派系政治和社會力量或利益集團。沒有派系政治的合法化，派系競爭就只能以非正式的方式進行。派系的合法化和制度化有助於使政治過程更加透明。社會力量從而能夠確立它們與特定派系的利益關聯。更重要的是，黨必須允許不同派系代表不同社會力量的利益。基於組織的派系或許只能代表這些組織的利益，而非社會力

---

36. "The Election Process of New Members in the Standing Committee," *Duowei Yuekan*, Dec. 2007, Vol. 33, p.2.

量的利益。一旦派系合法化了，這些派系將會在競逐政治權力的過程中，訴諸於不同的社會力量。權力競爭將進一步推動黨去建立黨內民主的機制，因為如果沒有這種機制，黨就會四分五裂。一方面，派系使得黨能夠代表不同的社會利益，另一方面，黨內民主使得黨能夠保持團結。

這就是在第二章中概述的黨內民主和社會參與的兩個不同維度，也是自改革開放以來，中國共產黨所實踐的東西。黨內民主就是要為領導人的選拔建立機制，而社會參與就是要將選拔合法化。黨內競爭意味着，中國共產黨正從一個封閉性霸權邁向一個競爭性寡頭。這可以看作是一種精英民主，旨在解決例如領導層接班、權力競爭和領導人選舉等問題。正如之前所述，它意味着「內部開放」，也就是說，對黨員開放政治過程。此外，還有參與或社會民主的維度（或者以中國共產黨的術語說，「人民民主」）。社會民主意味着中國共產黨從一個封閉和排外的霸權，邁向一個包容性霸權，它有助於將不同的社會利益納入政治過程。它因而可以被視為是「外部開放」。如果說選拔是為了再造組織化皇權，那麼選舉就是為了將選拔合法化。迄今為止，黨的領導層將重點放在黨內選舉上，而非社會參與上。例如，中國共產黨在 2007 年十七大上的報告中指出，在中國的政治發展中，黨內民主將會引領社會民主。[37] 黨內選舉的意義，要大於人大制度裏的選舉。然而，即便是在現有的架構內，也有社會民主的空間。

在實行參與時，中國共產黨可以輕易地利用現有的機制，也就是人大制度（包括全國人大和地方各級人大）和中國人民政治協商會議。這兩個機構都已經在過去發生了巨大的變化，但是還需要進一步改革。第一，人大制度是不同社會力量表達它們利益的最可行機制。為了實現這個目標，必須引入改革，使人大轉型為一個真正

---

37. Yongnian Zheng, "Hu Jintao's Road Map to China's Future," *Briefing Series*, Issue 28, China Policy Institute, University of Nottingham, October 2007.

代表人民的機構。人大代表必須由人民來選拔和選舉。[38] 第二，全國政協制度必須重組並事實上去政治化。在 1954 年人大制度建立以前，全國政協扮演了一個重要的政治角色，代表了不同政黨和和功能團體的利益。1949 年以後，中國並沒有產生多黨制。全國政協而非政黨，起到了利益聚合和表達的作用。在印尼第一任總統蘇加諾設計印尼的政治制度時，這個模式啟發了他。為了避免由大量政黨之間的激烈競爭帶來的政治混亂和不穩定，印尼建立了專業集團黨（Golkar），用於利益表達和代表。[39] 在中國，1954 年後，全國政協隨着全國人大的建立而不受重視了。今天，全國政協有討論議題的權利，但是沒有投票的權利。在很大程度上，它是一個沒有任何政治重要性的政治組織。要重振全國政協，它就必須被賦予投票權。此外，它還必須回到之前的角色，代表不同的功能團體（社會利益）。它與人大的關係也必須釐清。第三，在社會層面，公民社會和社會組織必須調整它們的功能。正如在第六章中所述，縱觀改革年代，社會群體的數量迅速增長。但是現在，這些社會組織都未能聚合和表達社會利益，甚至連自己的利益也不能表達。社會組織的發展極度不均衡。經濟和社會組織發展得比政治組織好，城市組織發展得比農村組織好。此外，這些社會組織都高度依賴黨／國家。為了賦權給它們，讓他們表達社會利益，黨／國家必須先賦予它們更大的自主權；其次是允許它們形成它們自己的認同。

---

38. 有關中國人大制度的一些論述，參見：Kevin O'Brien, "Chinese People's Congresses and Legislative Embeddedness: Understanding Early Organizational Development," *Comparative Political Studies*, vol. 27, no. 4 (1994), pp. 80–107; O'Brien, "Institutionalizing Chinese Legislatures: Trade-offs between Autonomy and Capacity," *Legislative Studies Quarterly*, vol. 23, no. 1 (1998), pp. 91–108; and Murray Scot Tanner, *The Politics of Lawmaking in Post-Mao China: Institutions, Processes and Democratic Perspectives* (New York: Oxford University Press, 1998).

39. David Reeve, *Golkar of Indonesia: An Alternative to the Party System* (Singapore: Oxford University Press, 1985). 值得指出的是，專業集團黨（Golkar）的衰弱，不僅是因為其制度設計有問題，而且還因為其內部缺乏民主。

7. 霸權和民主化

今天的中國共產黨依然是一個組織化皇帝，並且必定會繼續努力通過對其他政治力量——不管是體制內的政府或是體制外的社會力量——的霸權化，再造其主導。然而，這並不意味着中國共產黨與民主或者民主要素不相容。除了個別例子外，過去幾個世紀裏，大多數傳統上基於家族的皇權都被推翻了。儘管許多皇權存續下來了，但是它們被邊緣化了，成為了民主環境中的一種政治象徵。沒有人能保證中國共產黨一定會生存下去。但是作為組織化皇帝，迄今為止，它已經成功地再造其主導和霸權性地位。在再造的過程中，中國共產黨至少試圖容納民主要素，儘管它並不接受整套民主制度。

正如本書所論述的，中國共產黨內外都存在着巨大的動力。在內部，對黨內競爭有着越來越多的需求。但最重要的是近幾十年快速的經濟—社會變化帶來的外部動力。當未來的歷史學家回望中國共產黨的歷史時，他們或許會發現，沒有什麼比接納企業主入黨更重要的了。歷史不會簡單地重複，但是相似的歷史事件會重複地發生。中國並沒有重複歐洲國家在幾個世紀前做過的事情，但是中國商人階層扮演的角色，很有可能與歐洲商人在過去扮演的角色相似。

市場經濟產生了中國的中產階級。這是一個有「牙齒」的階層。雖然中國共產黨採用了實用主義而非意識形態，但是這樣一個新興階層並不必然威脅着對霸權。事實上，中國共產黨已經從毛澤東時代的敵視市場經濟的黨，轉型為積極容納企業主的黨。十年前，誰也不會想到，中國共產黨會發生這樣劇烈的轉型。出於企業主會要求民主的擔憂，1989 年事件後，中國共產黨正式拒絕企業主入黨。但是黨的領導層最終採取了大膽的一步，吸納企業主入黨，儘管黨內外都有強烈的反對聲音。

儘管企業主入黨的影響才剛剛開始，但是其他的社會力量，例如工人和農民，已經發現他們處於不利的地位了。商人階層有其方

式將觀點納入中國的決策過程中，但是工人和農民則沒有被賦予任何有意義的渠道，使其在政府決策中有發言權。然而，工人和農民能夠採取集體行動來改變他們的處境。當發生了集體行動時，社會穩定乃至政權穩定都會出問題。因此，江澤民任總書記時，黨似乎是向新興社會階層傾斜，而胡錦濤—溫家寶領導層自從掌權開始，就更多地關注底層社會階層的需求。這並不意味着新的領導層不再繼續擴大中國共產黨的階級基礎，但是它確實意味着底層階層不再被忽視，否則就會產生重大的政治後果。縱觀中國歷史，政權和富人階層往往被窮人推翻。換句話說，中國共產黨不能僅僅依靠新興的富人階層來生存和持續主導。如果財富無法在不同階層之間公平地分配，就會出現各種形式的威脅。這就是胡錦濤—溫家寶新領導層開始重視底層階層背後的原因。

中國共產黨領導層意識到，只有通過代表不同階層的利益，黨才能生存，並與時俱進跟上變化中的中國社會。我們已經指出，黨的未來取決於民主。但是領導層並不知道中國應該發展出一種什麼形式的民主，以及這種民主如何發展起來。現在，「利益代表」已經成為黨的新正統，領導層也許對黨前行的方向微微有所察覺。很明顯，這說起來容易，做起來難。利益代表要求擁有利益聚合和表達的制度，而且聚合和表達不同的社會利益要求政治參與。從長期來看，為了實現基礎廣泛的利益代表，民主化是中國共產黨的唯一選擇。

為了進行再造和主導，中國共產黨不得不容納民主要素。然而，正是中國共產黨容納民主要素的能力，使得它能夠維繫霸權性，從而在西方看來是非民主的。中國共產黨領導層反覆強調，中國不會變成一個以多黨競爭為特徵的西方式民主國家。當孫中山致力於建設一個現代中國國家時，他就背離了西方有關政黨的話語。對孫中山來說，「天下為公」必須成為建黨的原則。胡錦濤接過了這個原則，強調「立黨為公」。和孫中山一樣，胡錦濤也曾努力地在新環境中再造組織化皇權。只要中國共產黨能夠將自身再造為組織化的皇帝，中國就不太可能出現西方式的民主。

　　那麼，中國的政治制度會走向何方？只要組織化皇權願意容納民主要素，它就會繼續存在下去。只有通過容納民主，組織化皇權才能在不同的時空下再造自身；但是組織化皇權不會導致中國成為一個西方意義上的民主國家。這對學者們來説是一個傷腦筋的問題，尤其是當他們使用現有的西方話語去解釋中國共產黨時。中國依然是一個文明和文化國家，這樣的困境還會繼續下去。

參考文獻

中文參考文獻

鄧小平：《鄧小平文選》（第二卷），北京：人民出版社，2002 年。

鄧小平：《鄧小平文選》（第三卷），北京：人民出版社，2002 年。

董必武：《董必武選集》，北京：人民出版社，1985 年。

甘懷真：《皇權、禮儀與經典詮釋：中國古代政治史研究》，台北：喜馬拉雅基金會，2003 年。

高華：《紅太陽是怎樣升起的：延安整風運動的來龍去脈》，香港：香港中文大學出版社，2000 年。

黃大熹：《中國共產黨組織結構發展路徑的歷史考察》，天津：天津人民出版社，2004 年。

焦國標：〈討伐中宣部〉，載《亞洲周刊》，2004 年 4 月 18 日，第 32–35 頁。

劉兆佳：《市場、階級與政治》，香港：香港中文大學香港亞太研究所，2000 年。

李澤厚：《告別革命》，香港：天地圖書有限公司，1995 年。

劉澤華：《中國的王權主義》，上海：上海人民出版社，2000 年。

中共中央文獻研究室：《新時期黨的建設文獻選編》，北京：人民出版社，1991 年。

逄先知、金沖及：《毛澤東傳，1949–1976》，北京：中央文獻出版社，2003 年。

彭真：《彭真文選》，北京：人民出版社，1991 年。

錢穆：《中國歷代政治得失》，北京：三聯書店，2001 年。

阮銘：《歷史轉折點上的胡耀邦》，新澤西：美國八方文化創作室，1991 年。

孫中山：《孫中山全集》，北京：中華書局，第 9 卷，1986 年。

吳國光：《趙紫陽與政治改革》，香港：香港太平洋世紀研究所，1997 年。

吳玉章：《論辛亥革命》，北京：人民出版社，1972 年。

宗鳳鳴：《趙紫陽軟禁中的談話》，香港：開放出版社，2007 年。

英文參考文獻

Alagappa, Muthiah. "The Anatomy of Legitimacy," in Alagappa, ed. *Political Legitimacy in Southeast Asia: The Quest for Moral Authority*. Stanford, CA: Stanford University Press, 1995.

Alagappa, Muthiah. "The Base of Legitimacy," in Alagappa, ed. *Political Legitimacy in Southeast Asia: The Quest for Moral Authority*. Stanford, CA: Stanford University Press, 1995.

Alagappa, Muthiah, ed. *Political Legitimacy in Southeast Asia: The Quest for Moral Authority*. Stanford, CA: Stanford University Press, 1995.

Amsden, Alice H. *Asia's Next Giant: South Korea and Late Industrialization*. New York: Oxford University Press, 1989.

Arendt, Hannah. *On Violence*. New York: Harcourt Brace & Co, 1970.

Badie, Bertrand. *The Imported State: The Westernization of the Political Order*. Stanford, CA: Stanford University Press, 2000.

Bakken, Borge. "State Control and Social Control in China," in Kjeld Erik Brodsgaard and Susan Young, eds. *State Capacity in Japan, Taiwan, China and Vietnam*. Oxford: Oxford University Press, 2000.

Barnett, A. Doak, ed. *Chinese Communist Politics in Action*. Seattle and London: University of Washington Press, 1969.

Barnett, A. Doak. *Cadres, Bureaucracy, and Political Power in Communist China*. New York: Columbia University Press, 1987.

Baum, Richard. "China's Road to Soft Authoritarian Reform," *U.S.-China Relations and China's Integration with the World*, Aspen Institute, 19, no. 1 (2004): 15–20.

Baum, Richard. "The Road to Tiananmen: Chinese Politics in the 1980s," in Roderick MacFarquhar, ed. *The Politics of China: The Eras of Mao and Deng*, second edition. New York: Cambridge University Press, 1997.

Baum, Richard and A. Shevchenko. "The 'State of the State'," in M. Goldman and R. MacFarquhar, eds. *The Paradox of China's Post Mao Reforms*. Cambridge, MA: Harvard University Press, 1999.

Baum, Richard. "Jiang Takes Command: The Fifteenth National Party Congress and Beyond," in Hung-mao Tien and Yun-han Chu, eds. *China under Jiang Zemin*. Boulder, CO: L. Rienner Publishers, 2000.

Baum, Richard. "The Limits of Consultative Leninism," in Mark Mohr ed. *China and Democracy: A Contradiction in Terms?* Asia Program, Special Report, no. 131 (Jun 2006), Woodrow Wilson International Center for Scholars.

Becker, Jasper. *The Chinese*. New York: The Free Press, 2000.

Bell, Daniel. *The Coming of Post-Industrial Society: A Venture in Social Forecasting*. New York: Basic Books, 1973.

Bickford, Thomas. *A Retrospective on the Study Chinese Civil-Military Relations since 1979*, paper to CAPS/RAND Conference, Washington DC (1999).

Binder, Leonard, James S. Coleman, Joseph LaPalombara, Lucian W. Pye, Sidney Verba, Myron Weiner. *Crisis and Sequences in Political Development*. Princeton, NJ: Princeton University Press, 1971.

Bo, Zhiyue. *China's Elite Politics: Political Transition and Power Balancing*. Singapore and London: World Scientific Publishing, 2007.

Bourdieu, P. *Outline of a Theory of Practice*. Cambridge and New York: Cambridge University Press, 1977.

Bourdieu, P. *Distinction: A Social Critique of the Judgment of Taste*, trans. Richard Nice. Cambridge, MA: Harvard University Press, 1984.

Bourdieu, P. *In Other Words: Essays toward a Reflective Sociology*. Stanford, CA: Stanford University Press, 1990.

Bourdieu, P. *Language and Symbolic Power*. Cambridge, MA: Harvard University Press, 1991.

Bourdieu, P. and Loïc Wacquant. *An Invitation to Reflexive Sociology*. Chicago, IL: University of Chicago Press, 1992.

Bourdieu, P. *Practical Reason: On the Theory of Action*. Stanford, CA: Stanford University Press, 1998.

Bourdieu, P. *Acts of Resistance: Against the Tyranny of the Market*. New York: New Press, 1999.

Brødsgaard, Kjeld Erik and Susan Young, eds. *State Capacity in East Asia: Japan, Taiwan, China and Vietnam*. Oxford: Oxford University Press, 2000.

Brødsgaard, Kjeld Erik. "Institutional Reform and the Bianzhi System in China," *The China Quarterly*, 170 (2002): 79-104.

Brødsgaard, Kjeld Erik. "Management of Party Cadres in China," in Kjeld Erik Brødsgaard and Zheng Yongnian, eds. *Bringing the Party Back In: How China is Governed*. Singapore, London and New York: Eastern Universities Press, 2004.

Brødsgaard, Kjeld Erik and Zheng Yongnian, eds. *Bringing the Party Back In: How China is Governed*. Singapore and London: Eastern Universities Press, 2004.

Brødsgaard, Kjeld Erik and Zheng Yongnian, eds. *The Chinese Communist Party in Reform*. London: Routledge, 2006.

Burns, John P, ed. *The Chinese Communsit Party's Nomenklatura System*. Armonk, NY: M. E. Sharpe, 1989.

Burns, John P. "Strengthening Central CCP Control of Leadership Selection: The 1990 Nomenklatura," *The China Quarterly*, 138 (1994): 458–491.

Carothers, Thomas. "The End of the Transition Paradigm," *Journal of Democracy*, vol. 13, no. 1 (Jan 2002): 5–21.12

Chan, Joseph Man. "Commercialisation without Independence: Trends and Tensions of Media Development in China," in Joseph Y. Cheng and Maurice Brosseau, eds. *China Review 1993*. Hong Kong: The Chinese University Press, 1993.

Chang, Gordon. *The Coming Collapse of China*. New York: Random House, 2001.

Chen Fang. *Tiannu Renyuan: Jiang Zemin vs. Chen Xitong (Wrath of God and Resentment of Man: Jiang Zemin vs. Chen Xitong)*. Hong Kong: The Pacific Century Publishing, 1999.

Chen, Feng. "Subsistence Crisis, Managerial Corruption and Labor Protests in China," *The China Journal*, 44 (July 2000): 41–63.

Chen, Jie. *Popular Political Support in Urban China*. Stanford, CA: Stanford University Press, 2004.

Cohen, Jean L. and Andrew Arato. *Civil Society and Political Theory*. Cambridge, MA: MIT Press, 1992.

Cohen, Paul A. *Between Tradition and Modernity: Wang Tao and Reform in Late Ch'ing China*. Cambridge, MA: Harvard University Press, 1974.

Cohen, Paul A. "Post-Mao Reform in Historical Perspective," *The Journal of Asian Studies*, 47, 3 (1988): 519–541.

Constitution of the People's Republic of China. Beijing: Foreign Languages Press, 1999.

Dahl, Robert A. "The Concept of Power," *Behavioral Science*, 2 (1957): 201–215.

Dahl, Robert A. *Polyarchy: Participation and Opposition*. New Haven and London: Yale University Press, 1971.

de Burgh, Hugo. *The Chinese Journalist: Mediating Information in the World's Most Populous Country*. London: RoutledgeCurzon, 2003.

de Tocqueville, Alexis. *The Old Regime and the French Revolution*. trans. Stuart Gilbert. New York: Anchor Books, 1955.

Deng Xiaoping. "Reform System of the Party and State Leadership," in Deng, *Selected Works of Deng Xiaoping (1975–1982)*. Beijing: Foreign Languages Press, 1984.

Dennerline, Jerry. *Qian Mu and the World of Seven Mansions*. New Haven. CT: Yale University Press, 1988.

Di Palma, Giuseppe. *To Craft Democracies: An Essay on Democratic Transition.* Berkeley, CA: University of California Press, 1990.

Diamond, Larry ed. *Political Culture and Democracy in Developing Countries.* Boulder, CO: L. Rienner Publishers, 1993.

Diamond, Larry and Marc F. Plattner eds. *Nationalism, Ethnic Conflict, and Democracy.* Baltimore, MD: The Johns Hopkins University Press, 1994.

Diamond, Larry, Juan J. Linz and Seymoure Martin Lepset, eds. *Politics in Developing Countries: Comparing Experiences with Democracy.* Boulder, CO: L. Rienner Publishers, 1995.

Diamond, Larry, Marc F. Plattner, Yun-han Chun and Hung-mao Tien, eds. *Consolidating the Third Wave Democracies.* Baltimore: The Johns Hopkins University Press, 1997.

Diamond, Larry and Richard Gunther, eds. *Political Parties and Democracy.* Baltimore and London: The Johns Hopkins University Press, 2001.

Dickson, Bruce J. *Democratization in China and Taiwan: The Adaptability of Leninist Parties.* Oxford: Clarendon, 1997.

Dickson, Bruce J. "Political Instability at the Middle and Lower Levels: Signs of Decaying CCP, Corruption, and Political Dissent," in Shambaugh ed. *Is China Unstable? Assessing the Factors.* Armonk, NY: M.E. Sharpe, 2000.

Dickson, Bruce J. *Red Capitalists in China: The Party, Private Entrepreneurs, and Prospects for Political Change.* New York: Cambridge University Press, 2003.

Dickson, Bruce. "Populist Authoritarianism: China's Domestic Political Scene," paper presented at the Third American-European Dialogue on China, Washington, 23 May, 2005.

Dirlik, Arif. "The Ideological Foundation of the New Life Movement: A Study in Counterrevolution," The *Journal of Asian Studies*, 34: 4 (Aug 1975): 945–980.

Dittmer, Lowell. *Liu Shao-chi and the Chinese Cultural Revolution: The Political Mass Criticism.* Berkeley, CA: University of California Press, 1974.

Dittmer, Lowell, Haruhiro Fukui and Peter N. S. Lee, eds. *Informal Politics in East Asia.* New York: Cambridge University Press, 2000.

Donald, Stephanie Hemelrky, Michael Keane and Yin Hong, eds. *Media in China: Consumption, Content and Crisis.* London: RoutledgeCurson, 2002.

Dong, Lisheng. "Grassroots Governance and Democracy in China's Countryside," in Zhengxu Wang and Colin Durkop, eds. *East Asian Democracy and Political Changes in China: A New Goose Flying?* Singapore: Konrad Adennauer Stiftung, 2008.

Downs, Anthony. *An Economic Theory of Democracy.* New York: Harper, 1957.

Durkheim, Emile. *The Rules of Sociological Method*, 8th edition, Sarah A. Solovay and John M. Mueller, trans., George E. G. Catlin, ed. New York: Free Press, 1895, 1938, 1964.

Duverger, Maurice. *Political Parties: Their Organization and Activity in the Modern State*. London: Methuen, 1964.

Eckstein, Harry. "Party Systems," in David L. Sills, ed. *International Encyclopaedia of the Social Sciences*, Vol. 11. New York: The Free Press, 1968.

Eley, Geoff and Keith Nield. "Why Does Social History Ignore Politics?" *Social History*, 5 (1980).

Eley, Geoff. "Nations, Publics, and Political Culture: Placing Habermas in the Nineteenth Century," in Craig Calhoun, ed. *Habermas and the Public Sphere*. MA, Cambridge, MA: The MIT Press, 1992.

Evans, Peter. *Embedded Autonomy: States and Industrial Transformation.* Princeton, NJ: Princeton University Press, 1995.

Evans, P. B, Dietrich Rueschemeyer, and Theda Skocpol, eds. *Bringing the State Back In.* Cambridge and New York: Cambridge University Press, 1985.

Fairbank, John King, ed. *The Chinese World Order: Traditional China's Foreign Relations.* Cambridge, MA: Harvard University Press, 1968.

Fairbank, John King. *The United States and China*, Fourth Edition. Cambridge, MA: Harvard University Press, 1983.

Fewsmith, Joseph. *China since Tiananmen: The Politics of Transition.* Cambridge and New York: Cambridge University Press, 2001, 2008.

Fewsmith, Joseph. *Elite Politics in Contemporary China.* Armonk, NY: M.E. Sharpe, 2001.

Fitzgerald, John. *Awakening China: Politics, Culture, and Class in the Nationalist Revolution.* Stanford, CA: Stanford University Press, 1996.

Foster, K. W. "Embedded within State Agencies: Business Associations in Yantai," *The China Journal*, 47 (Jan 2002): 41–65.

Foucault, Michel. *Discipline and Punish: The Birth of the Prison*, trans. Alan Sheridan. New York: Vintage, 1977.

Foucault, Michel. *The History of Sexuality*, Vol. 1: An Introduction, trans. Robert Hurley. New York: Vintage, 1979.

Foucault, Michel. "Two Lectures," in Colin Gordon ed. *Power/Knowledge: Selected Interviews and Other Writings, 1972–1977.* New York: Pantheon, 1980.

Foucault, Michel. "Afterword: The Subject and Power," in Hubert Dreyfus and Paul Rabinow, *Michel Foucault: Beyond Structuralism and Hermeneutics*, 2nd ed. Chicago, IL: University of Chicago Press, 1983.

Foucault, Michel. *Archaeology of Knowledge*, A. M. Sheridan Smith, trans. London: Routledge, 2002.

Friedrich, Carl J. "The Evolving Theory and Practice of Totalitarian Regimes," in Carl J. Friedrich, Michael Curtis, and Benjamin R. Barber, *Totalitarianism in Perspective: Three Views.* New York: Praeger, 1969.

Goetze, Catherine. "Whose Civil Society Is it Anyway?" in Zheng Yongnian and Joseph Fewsmith, eds. *China's Opening Society: The Non-State Sector and Governance.* London and New York: Routledge, 2008.

Goldman, Merle. *Sowing the Seeds of Democracy in China: Political Reform in the Deng Xiaoping Era*. Cambridge, MA: Harvard University Press, 1994.

Goldman, Merle. "The Phrase 'Democracy and China' is Not a Contradiction," in Mark Mohr, ed. *China and Democracy: A Contradiction in Terms? Asian Program*, Special Report, no. 131 (Jun 2006). Woodrow Wilson International Center for Scholars.

Goldstein, Avery. *From Bandwagon to Balance-of-Power Politics: Structural Constraints and Politics in China, 1949–1978*. Stanford, CA: Stanford University Press, 1991.

Goldstein, Avery. "Trends in the study of Political Elites and Institutions in the PRC," *The China Quarterly,* 139 (Sept 1994): 714–730.

Gramsci, Antonio. *Selections from the Prison Notebooks*. London and New York: International Publishers, 1971.

Guillermaz, Jacques. *The Chinese Communist Party in Power, 1949–76*. Boulder, CO: Westview Press, 1976.

Habermas, Jürgen. *Legitimation Crisis*. Thomas McCarthy, trans. Cambridge: Polity Press, 1988.

Hall, J. A. "In Search of Civil Society," in J. A. Hall, *Civil Society: Theory, History, Comparison*. Cambridge: Blackwell, 1955.

Hamrin, Lee Carol. *China and the Challenge of the Future: Changing Political Patterns*. Boulder, CO: Westview Press, 1990.

Hasegawa, Tsuyoshi. "The Connection between Political and Economic Reform in Communist Regimes," in Gilbert Rozman, ed. *Dismantling Communism*. Washington, D.C. and Baltimore: The Woodrow Wilson Center Press and The Johns Hopkins University Press, 1992.

He, Baogang, *The Democratization of China*. New York: Routledge, 1996.

He, Zengke. "Institutional Barriers to the Development of Civil Society in China," in Zheng Yongnian and Joseph Fewsmith, eds. *China's Opening Society: The Non-State Sector and Governance*. London and New York: Routledge, 2008.

Hirschman, Albert. "Changing Tolerance for Income Inequality in the Course of Economic Development," *World Development*, 1: 12 (1973): 24–36.

Hobbes, Thomas Hobbes. *Leviathan*. New York: Penguin Books, 1985 [1641].

Holmes, Leslie. *The End of Communist Power: Anti-Corruption Campaigns and Legitimation Crisis*. Cambridge: Polity Press, 1993.

Hook, Brian, ed. *The Individual and the State in China*. Oxford: Clarendon Press, 1996.

Howell, Jude. "NGO-State Relations in Post-Mao China," in David Hulme and Michael Edwards eds. *NGOs, States and Donors: Too Close for Comfort?* London: Macmillan Press Ltd, 1997.

Howell, Jude. "An Unholy Trinity? Civil Society, Economic Liberalization and Democratization in post-Mao China," *Government and Opposition*, 33: 1(1998): 56–80.

Hsiao Pen. "Separating the Party from the Government," in Carol Lee Hamrin and Suisheng Zhao, eds. *Decision-Making in Deng's China: Perspectives from Insiders*. Armonk, NY: M. E. Sharpe, 1995.

Huang, Yasheng. *Inflation and Investment Controls in China: The Political Economy of Central-Local Relations during the Reform Era*. New York: Cambridge University Press, 1996.

Hughes, Christopher R. and Gudrun Wacker, eds. *China and the Internet: Politics of the Digital Leap Forward*. London and New York: RoutledgeCurzon, 2003.

Hunt, Michael H. "Chinese National Identity and the Strong State: The Late Qing-Republican Crisis," in Lowell Dittmer and Samuel S. Kim, eds. *China Quest for National Identity*. Ithaca, NY: Cornell University Press, 1993.

Huntington, Samuel P. *Political Order in Changing Societies*. New Haven, CT: Yale University Press, 1968.

Huntington, Samuel P. *The Third Wave: Democratization in Late Twentieth Century*. Norman, OK: University of Oklahoma Press, 1991.

Jepperson, Ronald L., Alexander Wendt, and Peter Katzenstein. "Norms, Identity, and Culture in National Security," in Katzenstein, ed. *The Culture of National Security: Norms and Identity in World Politics*. New York: Columbia University Press, 1996.

Jin, Qiu. *The Culture of Power: The Lin Biao Incident in the Cultural Revolution*. Stanford, CA: Stanford University Press, 1999.

Johnson, Chalmers. *MITI and the Japanese Miracle: The Growth of Industrial Policy, 1925–75*. Stanford, CA: Stanford University Press, 1982.

Kalathil, Shanthi and Taylor C. Boas. *Open Networks, Closed Regimes: the Impact of the Internet on Authoritarian Rule*. Washington, DC: Carnegie Endowment for International Peace, 2003.

Kasza, Gregory J. *The Conscription Society: Administered Mass Organizations*. New Haven: Yale University Press, 1995.

Katzenstein, Peter J. "Introduction: Alternative Perspectives on National Security," in Katzenstein, ed. *The Culture of National Security: Norms and Identity in World Politics*. New York: Columbia University Press, 1996.

Kau, Michael Y. M, ed. *The Lin Piao Affairs: Power Politics and Military Coup*. White Plains, NY: International Arts and Sciences Press, 1975.

Kaufmann, Daniel Aart Kraay and Massimo Mastruzzi. "Governance Matters VI: Governance Indicators for 1996–2006," *World Bank Policy Research Working Paper* no. 4280 (July 2007), available online at: http://ssrn.com/abstract=999979 (accessed 20 February 2007).

Keane, J, ed. *Civil Society and the State: New European Perspectives*. London, Verso, 1988.

Keane, J. *Civil Society: Old Images, New Visions*. Cambridge and Oxford, Polity Press, 1988.

Kitschelt, Herbert, Zdenka Mansfeldova, Radoslaw Markowski and Gabor Toka. *Post-Communist Party Systems: Competition, Representation, and Inter-Party Cooperation*. New York: Cambridge University Press, 1999.

Kohn, Richard. "Out of Control: The Crisis in Civil-Military Relations," *National Interests*, vol. 35 (1994): 3-17.

Kornhauser, William. *The Politics of Mass Society*. Glencoe, IL: The Free Press, 1959.

Kuhn, Philip A. "Local Self-Government under the Republic: Problems of Control, Autonomy, and Modernization," in Frederic Wakeman, Jr. and Carolyn Grant, eds. *Conflict and Control in Late Imperial China*. Berkeley, CA: University of California Press, 1975.

Laclau, Ernesto. *Politics and Ideology in Marxist Theory*. London, NLB, 1977.

Lai, Hairong. *The Causes and Effects of the Development of Semi-Competitive Elections at the Township Level in China since the 1990s*, PhD thesis, Department of Political Science, Central European University, Budapest, 2008.

Laliberte, Andre and Marc Lanteigne, eds. 2007. *The Chinese Party-State in the 21st Century*. London: Routledge. 2007.

Lampton, David M. "China's Foreign and National Security Policymaking Process: Is It Changing, and Does It Matter?" in David M. Lampton. ed. *The Making of Chinese Foreign and Security Policy in the Era of Reform*. Stanford, CA: Stanford University Press, 2001.

LaPalombara, Joseph and Myron Weiner, eds. *Political Parties and Political Development*. Princeton, NJ: Princeton University Press, 1969.

Lasswell, Harold D. *Politics: Who Gets What, When, How*. New York: McGraw-Hill, 1936.

Lee, Chin-Chuan, ed. *China's Media, Media's China*. Boulder, Colorado: Westview, 1994.

Lee, Chin-Chuan ed. *Power, Money and Media: Communication Patterns and Bureaucratic Control in Cultural China*. Evanston, IL: Northwestern University Press, 2000.

Lee, Hong Yung. *From Revolutionary Cadres to Party Technocrats in Socialist China*. Berkeley, CA: University of California Press, 1991.

Leib, Ethan J. and Baogang He, eds. *The Search for Deliberative Democracy in China*. New York: Palgrave Macmillan, 2006.

Levenson, Joseph L. *Modern China and Its Confucian Past: The Problem of Intellectual Continuity*. New York: Anchor Books, 1964.

Lewis, John. *Leadership in Communist China*. Ithaca, NY: Cornell University Press, 1963.

Li, Cheng. *China's Leaders: The New Generation*. Lanham, MD: Rowman and Littlefield Publishers, 2001.

Li, Fan. "Is Democratic Development in China Sustainable," in Zhengxu Wang and Colin Durkop, eds. *East Asian Democracy and Political Changes in China: A New Goose Flying?* Singapore: The Konrad Adennauer Stiftung, 2008.

Li, Lianjiang. "The Two-Ballot System in Shanxi Province: Subjecting Village Party Secretaries to a Popular Vote," *The China Journal*, no. 42 (July 1999): 103–118.

Li, Lianjiang and Kevin O'Brien. "The Struggle for Village Elections," in Merle Goldman and Roderick MacFarquhar, eds. *The Paradox of China's Post-Mao Reforms*. Cambridge, MA: Harvard University Press, 1999.

Li, Lianjiang and Kevin O'Brien. "Accommodating 'Democracy' in a One-Party State: Introducing Village Elections in China", *The China Quarterly*, no. 162 (Jun 2000): 465–489.

Li, Lianjiang. "The Politics of Introducing Direct Township Elections in China," *The China Quarterly*, no. 171 (Sept 2002): 704–723.

Lieberthal, Kenneth. *Governing China: From Revolution Through Reform*. New York: W. W. Norton, 1995.

Liu, Alan P. L. *Political Culture and Group Conflict in Communist China*. Oxford: Clio Books, 1976.

Liu, Guy S., Pei Sun, and Wing Thye Woo. "The Political Economy of Chinese Style Privatization: Motives and Constraints," *World Development*, vol. 34, no. 12 (2006): 2016–2033.

Lu Ning. "The Central Leadership, Supraministry Coordinating Bodies, State Council Ministries, and Party Departments," in David M. Lampton, ed. *The Making of Chinese Foreign and Security Policy in the Era of Reform*. Stanford, CA: Stanford University Press, 2001.

Lu Yiyi. *Non-Governmental Organizations in China: The Rise of Dependent Autonomy*. London and New York: Routledge, 2008.

Lukes, Steven. *Power: A Radical View*. London: Macmillan, 1974.

Lynch, Daniel C. *After the Propaganda State: Media, Politics, and "Thought Work' in Reformed China*. Stanford, CA: Stanford University Press, 1999.

Ma. Qiusha. *Non-Governmental Organizations in Contemporary China: Paving the Way to Civil Society?* London and New York: Routledge, 2006.

MacFarquhar, Roderick. "The Anatomy of Collapse," *New York Review of Books*. (Sept 1991): 5–9.

Machiavelli, Niccolo. *The Prince and the Discourse*, Luigi Ricci and Christian E. Detmond. trans. New York: The Modern Library, 1940.

Mainwaring, Scott and Timothy R. Scully, eds. *Building Democratic Institutions: Party Systems in Latin* America. Stanford, CA: Stanford University Press, 1995.

Meynaud, Jean. *Technocracy*, Paul Barnes, trans. New York: Free Press, 1969.

Michels, Robert. *Political Parties: A Sociological Study of the Oligarchical Tendencies of Modern Democracy*. New York: Collier, 1962.

Migdal, Joel S, Atul Kohli and Vivienne Shue, eds. *State Power and Social Forces: Domination and Transformation in the Third World*. New York: Cambridge University Press, 1994.

Migdal, Joel S. *State in Society: Studying How States and Societies Transform and Constitute One Another*. New York: Cambridge University Press, 2001.

Montero, Jose Ramon and Richard Gunther. "Introduction: Reviewing and Reassessing Parties," in Richard Gunther, Jose Ramon Montero, and

Juan J. Linz, eds. *Political Parties: Old Concepts and New Challenges.* New York: Oxford University Press, 2002.

Morgenthau, Hans J. "The Paradoxes of Nationalism," *Yale Review*, xlvi, 4 (1957).

Mosca, Gaetano. *The Ruling Class*, translated by Hannah D. Kahn, edited and revised, with an introduction, by Authur Livingston. New York: McGram-Hill Book Company, 1939.

Nathan, Andrew J. "Authoritarian Resilience," *Journal of Democracy* 14(1) (Jan 2003): 6–17.

Nevitt, C. E. "Private Business Associations in China: Evidence of Civil Society or Local State Power," *China Journal*, 36 (July 1996): 25–43.

O'Brien, Kevin. "Chinese People's Congresses and Legislative Embeddedness: Understanding Early Organizational Development," *Comparative Political Studies*, vol. 27, no. 4 (1994): 80–107.

O'Brien, Kevin. "Institutionalizing Chinese Legislatures: Trade-offs between Autonomy and Capacity," *Legislative Studies Quarterly*, vol. 23, no. 1 (1998): 91–108.

O'Donnell, Guillermo A. *Modernization and Bureaucratic Authoritarianism: Studies in South American Politics.* Berkeley, CA: Institute of International Studies, 1979.

O'Donnell, Guillermo and Philippe C. Schmitter. *Transitions from Authoritarian Rule: Tentative Conclusions About Uncertain Democracies.* Baltimore: Johns Hokpins University Press, 1986.

Oksenberg, Michel. "China's Political System: Challenges of the Twenty-First Century," *The China Journal*, 45 (Jan 2001).

Olson, Mancur. *The Logic of Collective Action: Public Goods and the Theory of Groups.* Cambridge, MA: Harvard University Press, 1965.

Olson, Mancur. *The Rise and Decline of Nations: Economic Growth, Stagflation, and Social Rigidities.* New Haven: Yale University Press, 1982.

Pearson, M. *China's New Business Elite: The Political Consequences of Economic Reform*. Berkeley, California: University of California Press, 1997.

Peerenboom, Randall. *China's Long March toward Rule of Law*. New York: Cambridge University Press, 2002.

Pei, Minxin. *From Reform to Revolution: The Demise of Communism in China and the Soviet Union*. Cambridge, MA: Harvard University Press, 1994.

Pei, Minxin. "'Creeping Democratization' in China," *Journal of Democracy*, 64 (1995): 65–79.

Pei, Minxin. "China's Governance Crisis," *China Review* (Autumn-Winter 2002): 7–10.

Pei, Minxin. *China's Trapped Transition: The Limits of Developmental Autocracy*. Cambridge, MA: Harvard University Press, 2006.

Perry, Elizabeth J. "Trends in the Study of Chinese Politics: State-Society Relations," *The China Quarterly*, 139 (1994): 704–713.

Perry, Elizabeth J. and Mark Selden, eds. *Chinese Society: Change, Conflict and Resistance*. New York and London: Routledge, 2000.

Philp, M. "Foucault on Power: A Problem in Radical Translation?" *Political Theory*, vol. 11, no. 1 (1983).

Pitkin, Hanna Fenichel. *Wittgenstein and Justice: On the Significance of Ludwig Wittgenstein for Social and Political Thought*. Berkeley, CA: University of California Press, 1976.

Poggi, Gianfranco. *The Development of the Modern State: A Sociological Introduction*. Stanford, CA: Stanford University Press, 1978.

Powell, Walter W. and Paul J. DiMaggio. *The New Institutionalism in Organizational Analysis*. Chicago and London: The University of Chicago Press, 1991.

Pye, Lucian W. "Party Systems and National Development in Asia," in LaPalombara and Weiner, eds. *Political Parties and Political Development*. Princeton, NJ: Princeton University Press, 1969.

Pye, Lucian W. *Asian Power and Politics: The Cultural Dimensions of Authority*. Cambridge: Harvard University Press, 1985.

Pye, Lucian. "China: Erratic State, Frustrated Society," *Foreign Affairs*, 69: 4 (Fall 1990): 56–74.

Reeve, David. *Golkar of Indonesia: An Alternative to the Party System*. Singapore: Oxford University Press, 1985.

Ren, Xin. *Tradition of the Law and Law of the Tradition: Law, State and Social Control in China*. Westport, CT: Greenwood Press, 1997.

Rose, Richard and Ezra Suleiman, eds. *Presidents and Prime Ministers*. Washington, DC: American Enterprise Institute for Public Policy Research, 1980.

Ruan Ming. *Deng Xiaoping: Chronicle of an Empire*, translated and edited by Nancy Liu, Peter Rand, and Lawrence R. Sullivan, with a foreword by Andrew Nathan. Boulder, CO: Westview Press, 1994.

Rush, M. *How Communist States Change Their Leaders*. Ithaca, NY: Cornell University Press, 1974.

Saich, Tony. "Negotiating the State: The Development of Social Organizations in China," *The China Quarterly*, no.161 (2000): 124–141.

Saich, Tony, *Governance and Politics of China*. New York: Palgrave, 2001.

Sandby-Thomas, Peter. *The Legitimating Logic of Stability: Analysing the CCP's Stability Discourse*, Thesis submitted to the University of Nottingham for the Degree of Doctor of Philosophy, 2008.

Sartori, Giovanni. *Parties and Party Systems*. New York: Cambridge University Press, 1976.

Scalapino, Robert A, ed. *Elites in the People's Republic of China*. Seattle and London: University of Washington Press, 1972.

Schlesinger, Joseph A. "Party Units," in David L. Sills, ed. *International Encyclopaedia of the Social Sciences*, vol. 11. New York: The Free Press, 1968.

Schrecker, John E. *Imperialism and Chinese Nationalism: Germany in Shantung*. Cambridge, MA: Harvard University Press, 1971.

Schumpeter, Joseph A. *Capitalism, Socialism and Democracy*. New York: Harper Torchbooks, 1975.

Schurmann, Franz. *Ideology and Organization in Communist China*. Berkeley, CA: University of California Press, 1968.

Schwartz, Benjamin. *In Search of Wealth and Power*. New York: Harper Torchbook, 1964.

Shambaugh, David. "The Chinese Leadership: Cracks in the Façade," in Shambaugh, ed. *Is China Unstable? Assessing the Factors*. Armonk, NY: M.E. Sharpe, 2000.

Shambaugh, David. *Modernising China's Military: Progress, Problems and Prospects*. Berkeley: University of California Press, 2003.

Shambaugh, David. *China's Communist Party: Atrophy and Adaptation*. Washington, DC and Berkeley: Woodrow Wilson Center Press and University of California Press, 2008.

Shi, Tianjian. "Village Committee Elections in China: Institutional Tactics for Democracy," *World Politics* 51: 3 (Apr 1999): 385–412.

Shirk, Susan. *The Political Logic of Economic Reform in China*. Berkeley, CA: University of California Press, 1993.

Shirk, Susan. *China: Fragile Superpower, How China's Internal Politics Could Derail Its Peaceful Rise*. Oxford: Oxford University Press, 2007.

Shue, Vivienne. "State Power and Social Organization in China," in Joel S. Migdal, Atul Kohli and Vivienne Shue, eds. *State Power and Social Forces: Domination and Transformation in the Third World*. New York: Cambridge University Press, 1994.

Shue, Vivienne. "Legitimacy Crisis in China? " in Peter Hays Gries and Stanley Rosen, eds. *State and Society in 21st-century China: Crisis, Contention and Legitimation*. London: RoutledgeCurzon, 2004.

Simon, Roger. *Gramsci's Political Thought: An Introduction*. London: Lawrence & Wishart, 1991.

Snyder, Jack. *From Voting to Violence: Democratization and Nationalist Conflict*. New York: W.W. Norton, 2000.

組織化皇權：中國共產黨的文化、再造和轉型

Solinger, Dorothy J. "Worker Protests in China: Plentiful but Pre-empted," *Project Syndicate* (2005). http://www.project-syndicate.org/ commentary/solinger1 (accessed on 9 June, 2008).

The State Council. "Shehui Tuanti Dengji Guanli Tiaoli" (Regulations on the Registration and Management of Social Organizations). Beijing: the State Council, 1998.

The State Information Office, The State Council. 2007. *The White Paper on China's Political Party System*, Beijing, 15 November.

Steinmo, Sven, Kathleen Thelen and Frank Longstreth, eds. *Structuring Politics: Historical Institutionalism in Comparative Analysis*. New York: Cambridge University Press, 1992.

Strange, Susan. *The Retreat of the State: The Diffusion of Power in the World Economy*. Cambridge: Cambridge University Press, 1996.

Sun Yat-sen. *San Min Chu I, The Three Principles of the People*, Frank W. Price, trans, L. T. Chen, ed. Chungking: Ministry of information of the republic of China, 1943[1924].

Swilder, Ann. "Culture in Action: Symbols and Strategies," *American Sociological Review*, vol. 51, no. 2 (1986): 273–286.

Tang, Wenfang. "Political and Social Trends in the Post-Deng Urban China: Crisis or Stability? " *The China Quarterly,* 168 (Dec 2001): 890–909.

Tanner, Murray Scot. *The Politics of Lawmaking in Post-Mao China: Institutions, Processes and Democratic Perspectives*. New York: Oxford University Press, 1998.

Teiwes, Frederick C. and Warren Sun. *The Tragedy of Lin Biao: Riding the Tiger during the Cultural Revolution 1966–1871*. Honolulu: University of Hawaii Press., 1996

Teng, Ssu-yu and John King Fairbank. *China's Response to the West: A Documentary Survey, 1839–1923*. Cambridge, MA: Harvard University Press, 1979.

Thurston, Anne F. *Muddling Toward Democracy: Political Change in Grassroots China*. Washington, D. C.: United States Institute of Peace, 1998.

Tsai, Kellee. *Capitalism without Democracy: The Private Sector in Contemporary China*. Ithaca, N.Y.: Cornell University Press, 2007.

Tsou, Tang. "Chinese Politics at the Top: Factionalism or Informal Politics? Balance-of-power Politics or a Game to Win All," in Jonathan Unger, ed. *The Nature of Chinese Politics: From Mao to Jiang*. Armonk, NY: M.E. Sharpe, 2002.

Unger, J. and A. Chan. "Corporatism in China: A Developmental State in an East Asian Context," in B. L. McCormick and J. Unger , eds. *China after Socialism: In the Footsteps of Eastern Europe or East Asia*. Armonk, New York: M. E. Sharpe, 1996.

Unger, Jonathan, ed. *The Nature of Chinese Politics: From Mao to Jiang*. Armonk, NY: M.E. Sharpem 2002.

Wade, Robert. *Governing the Market: Economic Theory and the Role of the Government in East Asian Industrialization*. Princeton, NJ: Princeton University Press, 1990.

Walder, Andrew G. *Communist Neo-Traditionalism: Work and Authority in Chinese Industry*. Berkeley, CA: University of California Press, 1986.

Wang, Gungwu and Zheng Yongnian, eds. *Damage Control: The Chinese Communist Party in the Jiang Zemin Era*. Singapore and London: Eastern Universities Press, 2003.

Wang, Shaoguang and Angang Hu. *The Chinese Economy in Crisis: State Capacity and Tax Reform*. Armonk, New York: M.E. Sharp, 2001.

Wang, Zhengxu. "Political Trust in China: Forms and Causes," in Lynn White. ed. *Legitimacy: Ambiguities of Political Success or Failure in East and Southeast Asia*. London and Singapore: World Scientific Press, 2005.

Wang, Zhengxu and Yongnian Zheng. "Key Policy Outcomes of the 17th National Congress of the Chinese Communist Party," *Briefing Series*, Issue 31, November, The China Policy Institute, University of Nottingham, 2007.

Wasserstrom, Jeffery. "Beijing's New Legitimacy Crisis," *Far Eastern Economic Review*, vol. 168, no. 1 (Dec, 2004): 25–30.

Weber, Max. "Politics as a Vocation," in Hans Gerth and C. Wight Mills, eds. *From Max Weber: Essays in Sociology*. New York: Oxford University Press, 1958.

Weber, Max. *The Theory of Social and Economic Organization*. Talcott Parsons, ed. New York: Free Press, 1964.

Weber, Max. *Economy and Society: An Outline of Interpretive Sociology*, trans. Ephraim Fischoff, et al. Berkeley, CA: University of California Press, 1978.

White, G. "Prospects for Civil Society: A Case Study of Xiaoshan City," in D. S. G. Goodman and B. Hooper, eds. *China's Quiet Revolution: New Interactions between State and Society*. Melbourne: Longman Cheshire, 1994.

White, Gordon, Jude A. Howell and Xiaoyuan Shang. *In Search of Civil Society: Market Reform and Social Change in Contemporary China*. Oxford: Clarendon Press, 1996.

Whiting, S. "The Politics of NGO Development in China," *Voluntas*, 2:2 (1991): 16–48.

Whitney, Joseph. *China: Area, Administration, and Nation Building*. Department of Geography, Research Paper No. 123. The University of Chicago, 1970.

Wibowo, Ignatius. "Party Recruitment and the Future of the Chinese Communist Party," Unpublished manuscript, East Asian Institute, National University of Singapore, 2001.

Williams, Gwyn A. "The Concept of 'Egemonia' in the Thought of Antonio Gramsci: Some Notes in Interpretation", *Journal of the History of Ideas*, 21 (1960).

Williams, Raymond. *Marxism and Literature*. Oxford: Oxford University Press, 1977.

Wong, John and Zheng Yongnian, eds. *The Nanxun Legacy and China's Development in the Post-Deng Era*. London and Singapore: World Scientific and Singapore University Press, 2001.

Wong, Linda. *Marginalization and Social Welfare in China.* London and New York: Routledge, 1998.

Xiao Gongqin. "The 'China Democratic Party' Event and Political Trends in Post-Deng China," in Wang Gungwu and Zheng Yongnian, eds. *Damage Control: The Chinese Communist Party in the Jiang Zemin-Era.* London and Singapore: Eastern Universities Press, 2003.

Yan Huai. "Organizational Hierarchy and the Cadre Management System," in Carol Lee Hamrin and Suisheng Zhao, eds. *Decision-Making in Deng's China: Perspectives from Insiders.* Armonk, New York: M. E. Sharpe, 1995.

Yep, R. 2000. "The Limitations of Corporatism for Understanding Reforming China: An Empirical Analysis in a Rural County," *Journal of Contemporary China*, 9:25 (2000): 547–566.

You, Ji. "Beyong Symbiosis: The Changing Civil-Military Relationship after Mao," in Wang Gungwu and Zheng Yongnian, eds. *China and the New International Order.* London and New York: Routledge, 2008.

Young, Ernest P. *The Presidency of Yuan Shih-K'ai: Liberalism and Dictatorship in Early Republic China.* Ann Arbor: University of Michigan Press, 1977.

Zang, Xiaowei. *Elite Dualism and Leadership Selection in China.* New York: RoutledgeCurzon, 2004.

Zang, Xiaowei. "Institutionalization and Elite Behaviour in Reform China", *Issues and Studies*, vol. 41, no. 1 (Mar 2005): 204–217.

Zhang Liang. *The Tiananmen Papers: The Chinese Leadership's Decision to Use Force Against Their Own People- In Their Own Words,* Andrew J. Nathan and Perry Link eds. New York: Perseus Books, 2001.

Zhao, Yuezhi. *Media, Market and Democracy in China: Between the Party Line and the Bottom Line.* Urbana and Chicago: University of Illinois Press, 1998.

Zheng, Shiping. *Party vs. State in Post-1949 China: The Institutional Dilemma.* Cambridge and New York: Cambridge University Press, 1997.

Zheng, Shiping. "Crossing the Political Minefields of Succession," in John Wong and Zheng Yongnian. eds. *China's Post-Jiang Leadership Succession: Problems and Perspectives*. Singapore and London: Singapore University Press and World Scientific, 2002.

Zheng, Shiping. "The Age Factor in Chinese Politics," in Wang Gungwu and Zheng Yongnian. eds. *Damage Control: The Chinese Communist Party in the Jiang Zemin Era*. Singapore and London: Eastern Universities Press, 2003.

Zheng, Yongnian. "Power and Agenda: Jiang Zemin's New Political Initiatives at the CCP's Fifteenth Congress," *Issues and Studies*, 33: 11 (Nov 1997): 35–57.

Zheng, Yongnian and Li Jinshan. "China's Politics after the Ninth National People's Congress: Power Realignment," in John Wong, Zheng Yongnian and Li Jinshan, *China After Ninth National People's Congress: Meeting Cross-Century Challenges*. Singapore and London: World Scientific and Singapore University Press, 1998.

Zheng, Yongnian. *Discovering Chinese Nationalism in China: Modernization, Identity, and International Relations*. Cambridge: Cambridge University Press, 1999.

Zheng, Yongnian. "Political Incrementalism: Political Lessons from China's 20 Years of Reform," *Third World Quarterly*, vol. 20, no. 6 (1999): 1157–1177.

Zheng, Yongnian. "The Politics of Power Succession," in Wang Gungwu and Zheng Yongnian, eds. *Reform, Legitimacy and Dilemmas: China's Politics and Society*. London and Singapore: World Scientific and Singapore University Press, 2000.

Zheng, Yongnian. "State Rebuilding, Popular Protest and Collective Action in China," *The Japanese Journal of Political Science*, 3: 1 (2002): 43–68.

Zheng, Yongnian. "Technocratic Leadership, Private Entrepreneurship, and Party Transformation in the Post-Deng Era," John Wong and Zheng Yongnian, eds. *China's Post-Jiang Leadership Succession: Problems and Perspectives*. London and Singapore: World Scientific and Singapore University Press, 2002.

Zheng, Yongnian. *Globalization and State Transformation in China*. Cambridge: UK: Cambridge University Press, 2004.

Zheng, Yongnian. "The Sixteenth National Congress of the Chinese Communist Party: Institutionalization of Succession Politics," in Weixing Chen and Yang Zhong, eds. *Leadership in a Changing China*. New York: Palgrave, 2005.

Zheng, Yongnian. "The Party, Class, and Democracy in China," in Kjeld Erik Brodsgaard and Zheng Yongnian, eds. *The Chinese Communist Party in Reform* (London and New York: Routledge, 2006.

Zheng, Yongnian. *De Facto Federalism: Reforms and Dynamics of Central-Local Relations*. Singapore and London: World Scientific, 2007.

Zheng, Yongnian. "Hu Jintao's Road Map to China's Future," *Briefing Series*, Issue 28, China Policy Institute, University of Nottingham, 2007.

Zheng, Yongnian. *Technological Empowerment: The Internet, State, and Society in China*. Stanford, CA: Stanford University Press, 2008.

Zhou, Yongming. *Historicizing Online Politics: Telegraphy, the Internet, and Political Participation in China*. Stanford, CA: Stanford University Press, 2006.

Zittrain, Jonathan and Benjamin Edelman. *Empirical Analysis of Internet Filtering in China*. Cambridge: Harvard Law School, 2002.

Zou, K. And Y. Zheng. "China's Third Constitutional Amendment: A Leap Forward Towards Rule of Law in China," in A. J. de Roo and R. W. Jagtenberg, eds. *Yearbook Law & Legal Practice in East Asia*, vol.4 (2000). The Hague: Kluwer Law International.

Zou Keyuan. "The Party and the Law," in Kjeld Erik Brodsgaard and Zheng Yongnian, eds. *The Chinese Communist Party in Reform*. London and New York: Routledge, 2006.

中國的八大「民主黨派」

中國國民黨革命委員會（簡稱民革）：1947 年 11 月，中國國民黨民主派和其他愛國民主人士第一次聯合會議在香港舉行。1948 年 1 月 1 日，會議宣佈中國國民黨革命委員會正式成立。民革以同原中國國民黨有關係的人士、同民革有歷史聯繫和社會聯繫的人士、同台灣各界有聯繫的人士及其他人士為對象，着重吸收其中有代表性的中上層人士和中高級知識分子。目前，民革在 30 個省、自治區、直轄市建立了組織，現有黨員 81,000 多人。

中國民主同盟（簡稱民盟）：1941 年 3 月 19 日在重慶秘密成立，當時的名稱是「中國民主政團同盟」。11 月 16 日，張瀾在重慶公開宣佈中國民主政團同盟成立。1944 年 9 月，中國民主政團同盟在重慶召開全國代表會議，決定將「中國民主政團同盟」改為「中國民主同盟」。民盟主要由從事文化教育及科學技術工作的中高級知識分子組成。目前，民盟在 30 個省、自治區、直轄市建立了組織，現有盟員 181,000 多人。

中國民主建國會（簡稱民建）：1945 年 12 月 16 日由愛國的民族工商業者和知識分子發起，在重慶成立。民建主要由經濟界人士組成。目前，民建在 30 個省、自治區、直轄市建立了組織，現有成員 108,000 多人。

中國民主促進會（簡稱民進）：1945 年 12 月 30 日，以文化教育出版界知識分子為主，聯合一部分工商界愛國人士，在上海正式宣告成立中國民主促進會。民進主要由從事教育文化出版工作的中

高級知識分子組成。目前，民進在 29 個省、自治區、直轄市建立了組織，現有成員 103,000 人。

中國農工民主黨（簡稱農工黨）：1930 年 8 月 9 日，國民黨左派領導人鄧演達在上海主持召開了第一次全國幹部會議，成立中國國民黨臨時行動委員會，1935 年 11 月 10 日改名為中華民族解放行動委員會，1947 年 2 月 3 日改名為中國農工民主黨。農工黨主要由醫藥衞生界的中高級知識分子組成。目前，農工民主黨在 30 個省、自治區、直轄市建立了組織，有成員 99,000 多人。

中國致公黨（簡稱致公黨）：1925 年 10 月，由華僑社團發起，在美國舊金山成立。1947 年 5 月，致公黨在香港舉行第三次代表大會，進行改組，成為一個新民主主義的政黨。致公黨主要由歸僑僑眷中的中上層人士組成。目前，致公黨在 19 個省、自治區、直轄市建立了組織，有黨員 28,000 多人。

九三學社：1944 年底，一批進步學者為爭取抗戰勝利和政治民主，繼承和發揚五四運動的反帝愛國與民主科學精神，在重慶組織了民主科學座談會。為紀念 1945 年 9 月 3 日抗日戰爭和世界反法西斯戰爭的偉大勝利，改建為九三學社。1946 年 5 月 4 日，在重慶正式召開九三學社成立大會。九三學社主要由科學技術界的中高級知識分子組成。目前，九三學社在 30 個省、自治區、直轄市建立了組織，現有成員 105,000 多人。

台灣民主自治同盟（簡稱台盟）：在台灣人民「二·二八」起義以後，一部分從事愛國主義運動的台灣省人士於 1947 年 11 月 12 日在香港成立了台灣民主自治同盟。台盟由台灣人士組成。目前，台盟在 13 個省、直轄市建立了組織，現有成員 2,100 多人。

資料來源：中華人民共和國國務院新聞辦公室：《中國的政黨制度》（白皮書），2007 年 11 月 15 日。

詞彙索引

十畫

十二畫

譯後記

這是譯者為鄭永年老師翻譯的第三本書，由於各種原因，翻譯的進程長達將近兩年，翻譯過程充滿了酸甜苦辣，興奮與壓抑同在。在此，需要對自己的翻譯工作有個善始善終的交代，並對一些人表達我的謝意。

有關翻譯

和上一本書一樣，本書的翻譯工作依然由譯者獨立完成，以使得全書前後的翻譯風格能夠保持一致。在翻譯之前，譯者參考了許多優秀的譯著，以盡可能學習別人的長處。在翻譯過程中，譯者盡量在譯文中破開原有的英文長句，用中文短句來表達原文的意思，以使得譯文更加符合中國人的語言閱讀習慣，因為一旦譯著的文句保留了英文的長句風格和多重嵌入的定語，將會令譯文非常拗口且晦澀難解，特別是在理論性較強的部分。

在翻譯的過程中，還有一些地方需要特別明示。

首先，原書的註釋是尾註，均在全書的末尾部分。考慮到讀者在閱讀全書的過程中需要參考這些註釋，而尾註的註釋方法將會使讀者閱讀時不夠順手，因而譯者將全書所有的尾註都改為了腳註，以方便讀者閱讀、查閱和學習。

其次，對一些英文中有特定含義、翻譯成中文可能有所誤解的地方，進行了不同的處理。例如，"state"一詞雖然翻譯成國家，但是在英文中，表示國家的詞匯有"nation"、"state"和"country"，"state"表示的是代表國家的政府（政權）。在一般情況下翻譯為「國

家」，中國的讀者是能夠理解的，但是有些地方就會出現問題。比如中國讀者可能難以理解國家為什麼是社會的一部分，因為在中文的語境下，國家大於社會，國家是社會＋政府的組成。而在西方語境下，社會大於代表政府的國家（也就是 state），先有社會，後有國家（state），特別是民族國家（nation-state），這是西方政治學的基本常識。因此，在容易引起誤解的地方，均採用符合中國習慣的翻譯，這樣中國讀者就能更好地理解其中的含義。類似這樣的翻譯還有很多。

再次，外國的學者，若有中文名的，一律翻譯為中文名，而不對其名字再進行音譯，但是在中文名後會將其英文原名放置在括號內，例如，謝淑麗（Susan Shirk）就不再翻譯為蘇姍·史瑞克。

然後，譯者盡量在有礙讀者理解或是覺得需要添加背景知識的地方增加了許多譯者註，為讀者提供一個更加完整的框架和歷史背景，以方便讀者更好地理解本書的內容。在書中引用的參考文獻如果已經有中文版的，譯者也嘗試借鑒和參考了現成的譯著。

最後，原著中存在少許筆誤或事實錯誤，在翻譯的過程中，受鄭永年老師的委託，譯者盡己可能查證資料，對原著中的錯誤在中文版裏做了校訂，當然，限於時間、精力和資料的限制，有些錯誤可能依然留在書中。不過，任何由翻譯造成的紕漏，都由譯者負責。由於譯者的水平有限，在許多句子的理解，特別是理論性較強的句子和術語的理解上，難免存在許多不足甚至錯誤，希望能夠得到廣大讀者的指正。

翻譯此書也是一個學習的過程，讓譯者對新馬克思主義、新制度主義等相關理論，以及對中國共產黨的認識，都有了一個更加全面和深入的學習與體會。翻譯過程中翻閱查找的大量中英文文獻，都讓譯者受益匪淺，無論這些知識是歷史經驗事實抑或是理論性研究。

翻譯此書同時是一次再創造的過程。由於英文和中文表達和思維上的區別，許多理論性的文字或是以英語語言習慣表達的句子，

首先都需要由自己先行吃透理解其真實想要表達的意思，然後再將其轉化為中文思維方式和語言進行再闡述，這樣才能夠使讀者對原著的理解更加直觀和明瞭，而非糾纏於語句中而失去了對書本內容的整體把握。從這個意義上來說，翻譯工作好比在作者和讀者之間搭起了一座理解的橋樑，其意義也體現在這裏。

致謝

翻譯鄭永年老師的書，始終是一個精益求精的過程，譯者在翻譯完全書後，自行逐字逐句校對了兩遍。在翻譯過程中，譯者得到了鄭老師的全力支持和幫助，他在百忙之中抽空親自通讀了所有譯稿，並親自對其做了很多修改和校訂工作。在這些校訂文字的背後，譯者看到了鄭老師深厚的文字功底和語言表達能力，這對他作品的高產無疑是一個強大的助力，他的勤勉和認真一直是鞭策譯者完成這部譯著的巨大動力。可以說，此書的中文版面市，首先必須感謝鄭老師本人。

最後，譯者必須要對一批人的辛苦付出表達謝意，他們是這本譯著的無名英雄。北京大學的幾位本科生替我處理了一些文字和資料上的問題。經濟學院的葛藝璇同學幫我錄入了「索引」部分的全部英文內容，國際關係學院的劉思雨同學幫我校對和整理了「參考文獻」和「註釋」部分的所有英文原文，張宇軒同學幫我查找了所有來自中文原書的原文資料，這些都是比較瑣碎和花費時間的工作；那些在我的專業學習和英語學習之路上幫助我的良師益友和長輩們，是這本譯著背後的支撐者。

可以說，沒有以上所有人的努力，這本書將無法順利面市。同時，也要感謝在美國康奈爾大學一年的聯合培養時間和國家留學基金委對此的資助，這裏美麗的校園，世界一流的圖書館和資料庫，睿智的世界級學者，都是極其寶貴的財富，令我受益匪淺，讓我能夠在這裏安靜地學習和從事研究工作，吸取大量知識和思想，一邊完成自己的學業論文，一邊翻譯此書。

　　最後，希望所有對中國共產黨感興趣和關心中國政治未來發展的讀者，都可以從這本書中有所啟發。

邱道隆

2015 年 11 月 5 日於美國康奈爾大學